"十四五"职业教育国家规划教材

职业教育汽车类专业"互联网+"创新教材
汽车技术服务与营销专业"校企合作"精品教材

汽车配件管理与营销

（配实训工单）

北京运华科技发展有限公司　组编
主　编　郭　捷　刘　铭
副主编　权春锋　张　鑫
参　编　杨　涛　鲁　玺　王俊喜　赵一敏　王晓杰

机械工业出版社
CHINA MACHINE PRESS

本书是"十四五"职业教育国家规划教材，是职业教育汽车类专业"互联网+"创新教材。本书是理实一体化教材，包括**理论知识**和**实训工单**两部分。**理论知识**包括汽车配件管理与营销岗前准备、汽车配件的采购、汽车配件的保管与养护、汽车配件市场调研、汽车配件的销售、汽车配件的营销、汽车配件售后服务与客户关系维系七个项目。**实训工单**配套对应每个项目，每个实训项目以接受工作任务、信息收集、制订计划、计划实施、质量检查、评价反馈六个环节为实训主线，结合理论知识内容进行实践操作，形成理实一体化教学模式。

本书采用"校企合作"模式，双色印刷，图片清晰美观，内容新颖全面，同时运用了"互联网+"形式，在理论知识部分嵌入二维码，配以视频、动画、AR配件等多媒体资源，方便读者理解相关知识，以便更深入地学习。

本书可作为职业院校汽车营销、汽车维修等相关专业的教学用书，也可作为汽车维修企业内部培训资料，还可用作汽车维修技术人员和4S店工作人员的参考书。

为方便教学，本书配有电子课件、电子教案及实训工单答案等配套资源，同时还配有"示范教学包"，可在超星学习通上实现"一键建课"，方便混合式教学。凡选用本书作为授课教材的教师均可登录www.cmpedu.com，免费注册下载，或咨询编辑：010-88379201。

图书在版编目（CIP）数据

汽车配件管理与营销：配实训工单/郭捷，刘铭主编．—北京：机械工业出版社，2019.10（2024.11重印）

职业教育汽车类专业"互联网+"创新教材　汽车营销与服务专业"校企合作"精品教材

ISBN 978-7-111-63800-1

Ⅰ.①汽⋯　Ⅱ.①郭⋯②刘⋯　Ⅲ.①汽车-配件-市场营销学-高等职业教育-教材　Ⅳ.①F766

中国版本图书馆CIP数据核字（2019）第219200号

机械工业出版社（北京市百万庄大街22号　邮政编码100037）
策划编辑：师　哲　　责任编辑：师　哲
责任校对：张　征　　封面设计：张　静
责任印制：邓　博
天津嘉恒印务有限公司印刷
2024年11月第1版第17次印刷
184mm×260mm・16.25印张・395千字
标准书号：ISBN 978-7-111-63800-1
定价：45.80元（含实训工单）

电话服务	网络服务
客服电话：010-88361066	机 工 官 网：www.cmpbook.com
010-88379833	机 工 官 博：weibo.com/cmp1952
010-68326294	金 书 网：www.golden-book.com
封底无防伪标均为盗版	机工教育服务网：www.cmpedu.com

关于"十四五"职业教育
国家规划教材的出版说明

为贯彻落实《中共中央关于认真学习宣传贯彻党的二十大精神的决定》《习近平新时代中国特色社会主义思想进课程教材指南》《职业院校教材管理办法》等文件精神，机械工业出版社与教材编写团队一道，认真执行思政内容进教材、进课堂、进头脑要求，尊重教育规律，遵循学科特点，对教材内容进行了更新，着力落实以下要求：

1. 提升教材铸魂育人功能，培育、践行社会主义核心价值观，教育引导学生树立共产主义远大理想和中国特色社会主义共同理想，坚定"四个自信"，厚植爱国主义情怀，把爱国情、强国志、报国行自觉融入建设社会主义现代化强国、实现中华民族伟大复兴的奋斗之中。同时，弘扬中华优秀传统文化，深入开展宪法法治教育。

2. 注重科学思维方法训练和科学伦理教育，培养学生探索未知、追求真理、勇攀科学高峰的责任感和使命感；强化学生工程伦理教育，培养学生精益求精的大国工匠精神，激发学生科技报国的家国情怀和使命担当。加快构建中国特色哲学社会科学学科体系、学术体系、话语体系。帮助学生了解相关专业和行业领域的国家战略、法律法规和相关政策，引导学生深入社会实践、关注现实问题，培育学生经世济民、诚信服务、德法兼修的职业素养。

3. 教育引导学生深刻理解并自觉实践各行业的职业精神、职业规范，增强职业责任感，培养遵纪守法、爱岗敬业、无私奉献、诚实守信、公道办事、开拓创新的职业品格和行为习惯。

在此基础上，及时更新教材知识内容，体现产业发展的新技术、新工艺、新规范、新标准。加强教材数字化建设，丰富配套资源，形成可听、可视、可练、可互动的融媒体教材。

教材建设需要各方的共同努力，也欢迎相关教材使用院校的师生及时反馈意见和建议，我们将认真组织力量进行研究，在后续重印及再版时吸纳改进，不断推动高质量教材出版。

机械工业出版社

二维码索引

序　号	二维码	名　称	页　码
1		中国汽车配件行业介绍	3
2		燃油滤清器	8
3		空气滤清器	8
4		点火线圈	9
5		火花塞	9
6		离合器片	10
7		万向节	10
8		减振器	10

（续）

序　号	二　维　码	名　　称	页　码
9		制动盘	11
10		电喇叭	12
11		风窗刮水器电动机	12
12		汽车配件验收技巧有哪些	35
13		采购员的苦恼	43
14		库存配件管理	50
15		入库验收工作中发现问题时怎么办	54
16		汽车配件陈列有讲究	56
17		如何进行市场调研	81
18		如何进行汽配市场需求预测	82

（续）

序　号	二维码	名　称	页　码
19		如何撰写调研报告	88
20		汽车配件销售程序简介	107
21		常用销售模式解析	112
22		客户咨询如何做，产品介绍有妙招	132
23		汽车配件财务知识普及	137
24		财务核算中的数据介绍	145
25		流转资金分析	151

前言

　　随着我国汽车产销量、保有量的持续增加以及配件采购的全球化，我国汽车配件行业取得了长足的发展。汽车配件行业是汽车工业的重要组成部分，对汽车工业整车制造有强大的推动力。在国家产业政策和汽车行业高速增长的推动下，我国汽车配件行业前景广阔。目前，我国从事汽车配件生产与销售的企业众多，需要大量具备汽车配件管理与销售技能的专业技术人才。

　　为了满足汽车配件行业对人才的需求以及职业院校汽车类专业的教学要求，突出职业教育的特点，北京运华科技发展有限公司牵头组织编写了本系列教材，天津硕恒科技有限公司大力支持并开发对应的课程体系。本系列教材采用"基于工作过程"的方法进行开发。在对汽车配件管理与营销岗位进行调研的基础上，分析出岗位典型工作任务，然后根据典型工作任务提炼了行动领域，在此基础上构建了工作过程系统化的课程体系。为方便职业院校开展一体化教学和信息化教学，本系列教材中每一本教材都包括**理论知识**和**实训工单**两部分，理论知识以项目任务引领，每个任务以知识储备为主线，辅以知识拓展来丰富课堂教学。实训工单部分配套对应每个项目，每个实训工单以接受工作任务、信息收集、制订计划、计划实施、质量检查、评价反馈六个环节为实训主线，结合理论知识内容进行实践操作，形成理实一体化教学模式。同时，在理论知识部分运用了"互联网＋"技术，在部分知识点附近嵌入了二维码，使用者用智能手机进行扫描，便可在手机屏幕上显示和教学资料相关的多媒体内容，可以方便读者理解相关知识，以便更深入地学习。

　　本书包括**理论知识**和**实训工单**两部分，两部分内容单独成册构成一个整体。本书**理论知识**主要包括汽车配件管理与营销岗前准备、汽车配件的采购、汽车配件的保管与养护、汽车配件市场调研、汽车配件的销售、汽车配件的营销、汽车配件售后服务与客户关系维系。**实训工单**部分配套对应每个项目，以接受工作任务、信息收集、制订计划、计划实施、质量检查、评价反馈为实训主线。

　　本书由陕西国防工业职业技术学院郭捷、北京运华科技发展有限公司刘铭担任主编，权春锋、张鑫担任副主编。参与编写的还有杨涛、鲁玺、王俊喜、赵一敏、王晓杰。具体编写分工如下：郭捷编写了项目五、项目六、项目七及对应的实训工单，刘铭编写了项目二的实训工单，权春锋编写了项目一及对应的实训工单，张鑫编写了项目三及对应的实训工单，杨涛编写了项目二和项目四，鲁玺、王俊喜、赵一敏、王晓杰共同编写了项目四的实训工单。郭捷、刘铭负责全书的统稿工作。

　　在本书编写过程中，北京运华科技发展有限公司开发了配套的实训项目和设备，在此表示衷心的感谢。

　　由于编者水平有限，书中难免有错漏之处，敬请读者批评指正。

编　者

目录

二维码索引
前言

项目一 汽车配件管理与营销岗前准备	1	任务一	汽车及配件行业的认知	1
		任务二	汽车配件基础知识的认知	4
		任务三	汽车配件管理系统的操作	14

项目二　汽车配件的采购　23
　　任务一　日常汽车配件的采购　23
　　任务二　汽车配件采购计划的制订及配送验收　35
　　任务三　汽车配件的采购成本预算及配送投保索赔　43

项目三　汽车配件的保管与养护　50
　　任务一　汽车配件常规仓储管理　50
　　任务二　汽车配件的优化管理与养护方法　68
　　任务三　汽车配件的库存成本核算与养护制度　75

项目四　汽车配件市场调研　79
　　任务一　调研、分析汽车配件市场信息　79
　　任务二　分析现有资源数据并完成营销计划　82
　　任务三　制订调研方案与管理　90

项目五　汽车配件的销售　102
　　任务一　日常汽车配件销售业务　102
　　任务二　汽车配件销售业务中的问题处理　118
　　任务三　汽车配件销售业务开拓　125

项目六　汽车配件的营销　135
　　任务一　普通配件柜陈列与销售核算　135
　　任务二　店面宣传与订立经济合同　139
　　任务三　订立配件展会合同与资金管理　146

项目七　汽车配件售后服务与客户关系维系　152
　　任务一　客户建立与索赔　152
　　任务二　客户关系维系与简单售后问题处理　159
　　任务三　客户数据分析与投诉处理　164

参考文献　166

项目一

汽车配件管理与营销岗前准备

任务一　汽车及配件行业的认知

任务目标

知识目标	技能目标	素养目标
1. 了解汽车工业的重要性。 2. 熟悉汽车配件行业的发展现状。	1. 具有讲述汽车工业重要性的能力。 2. 具有讲述配件行业发展现状的能力。	1. 提高行业认知力。 2. 培养行业自豪感。

建议学时

2学时。

相关知识

一、汽车工业与汽车产业

1. 汽车工业对中国经济发展的作用

（1）汽车工业是对相关产业带动力最强的工业部门之一　根据有关方面利用模型进行的投入产出分析，中国汽车工业所带动的上游产业主要是林业、黑色金属采选业、有色金属采选业、纺织业、石油加工及炼焦业、化学原料及制品制造业、橡胶制品业、塑料制品业、黑色金属冶炼及延压加工业、有色金属冶炼及延压加工业、机械制造业、电气机械和器材制造业、电子及通信设备制造业等。其中，汽车工业直接需求最大的主要是黑色金属冶炼及延压加工业、机械制造业和橡胶制品业3个行业；除了这几个行业之外，还有化学原料及制品制造业、纺织业等。

（2）汽车工业对服务业有重要的带动作用　在一些发达国家，购买一辆汽车的费用中，约有40%要支付给金融、保险、法律咨询、产业服务、科研设计、广告公司等各种服务业。据有关资料显示，在几个汽车工业发达的发达国家中，汽车工业的投入，可以导致主要相关服务业增加30%~80%的投入。在中国，汽车工业发展对公路建设、运输业、汽车维修和保养、加油站、汽车保险业、金融信贷等服务业起很大的促进作用。

(3) 汽车工业不仅可以带动大量的直接就业，也可以带动高比例的间接就业　在作为主要汽车生产国和消费国的发达国家，与汽车相关的工业和服务业都拥有较大的就业人数，如果考虑到诸如道路建设、管理服务机构及其他与汽车使用有关部门的就业，则间接就业的比重要高很多。

2. 国内汽车产业市场情况

(1) 汽车消费市场　如图 1-1 所示，2017 年全球汽车销量一举突破 9000 万辆大关，中国以 2888 万辆成为全球第一大汽车消费市场。

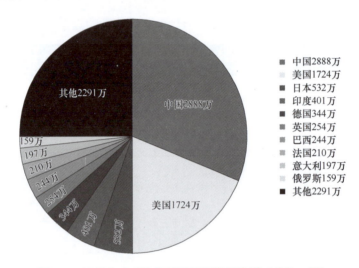

图 1-1　2017 年全球汽车销量国别份额比例（单位：辆）

(2) 销售维修体系　我国汽车企业在销售维修体系方面的建设也在加速。中国的大汽车生产企业已经在全国建立了比较完整的销售系统。尽管如此，与国际大汽车公司相比，中国汽车企业在这些方面起步较晚。到目前为止，汽车的分销、售后服务，包括维修、汽车市场、汽车租赁、销售等方面都在不断发展。

二、汽车配件行业

1. 全球汽车配件行业的市场状况

汽车配件行业是汽车工业发展的基础，是支撑汽车工业持续稳步发展的前提条件。随着经济全球化和市场一体化进程的推进，汽车配件行业在汽车工业体系中的市场地位逐步得到提升。与此同时，国际汽车配件供应商正走向独立化、规模化的发展道路，原有的整车装配与配件生产一体化、大量配件企业依存于单一汽车厂商以及配件生产地域化的分工模式已出现变化。

2. 全球汽车配件行业的市场格局

当前全球汽车配件行业由德国、美国、法国及日本等传统汽车工业强国主导，涌现出一批年销售收入超过百亿美元的大型汽车配件集团。我国配件企业实力也不断增强，延锋、海纳川、中信戴卡、德昌电机、五菱工业、敏实集团等已跻身全球汽车零部件供应商百强榜。随着国内汽车消费市场的迅速崛起，国际领先配件巨头也纷纷涌入中国市场并积极实施本土化战略。

2018 年全球汽车零部件配套供应商排名前十的公司，见表 1-1。

表1-1 十大汽车配件供应商

排　名	公 司 名 称	营业收入/亿美元
1	博世（德）	475.00
2	电装（日）	407.82
3	麦格纳（加）	389.46
4	大陆集团（德）	359.10
5	采埃孚（德）	344.81
6	爱信精机（日）	338.37
7	现代摩比斯（韩）	249.84
8	李尔（美）	204.67
9	法雷奥（法）	193.60
10	佛吉亚（法）	191.70

3. 全球汽车配件行业的发展趋势

（1）采购全球化　一些发达国家的劳动成本较高，导致其生产的汽车配件产品缺乏成本优势。

（2）供货系统化　世界各大汽车厂商纷纷改革供应体制，由向多个汽车配件供应商采购转变为向少数供应商采购；由单个配件采购转变为模块采购。

中国汽车配件行业介绍

（3）汽车轻量化　汽车轻量化是设计、材料和先进的加工成形技术的优势集成。相关资料显示：当汽车质量降低10%时，燃油效率可提高6%～8%；汽车整车质量每减少100kg，百公里油耗可降低0.3～0.6L。

4. 我国汽车配件行业的市场规模

由于我国蕴藏着庞大的汽车消费需求，且具有显著的资源成本优势，大型跨国配件供应商加快与国内建立合资或独资公司的步伐，将先进的生产技术、管理模式带入国内市场。2010年以来，我国汽车配件行业随着汽车工业整体的快速发展，不论在规模还是技术，抑或是管理水平等方面都获得了长足的进步，行业规模增长了十余倍，根据中国汽车工业协会统计数据显示，汽车配件行业销售收入从2010年的14961亿元增长至2017年的37392亿元，速度高于汽车工业整体的增长速度。2010～2017年我国汽车配件行业销售收入走势如图1-2所示。

5. 我国汽车配件行业的市场格局

我国汽车配件行业的区域集中度较高，往往与整车制造产业形成周边配套体系。目前，已形成六大汽车产业集群：即以长春为代表的"东北产业集群"，以上海为代表的"长三角产业集群"，以武汉为代表的"中部产业集群"，以北京、天津为代表的"京津冀产业集群"，以广东为代表的"珠三角产业集群"，以重庆为代表的"西南产业集群"。

6. 我国汽车配件行业的发展趋势

随着我国研发实力的增强，我国品牌配件企业逐步掌握传统关键零部件产品的核心技术，汽车配件产业链在逐步完善，集群在逐步形成。我国品牌配件已具备一定的竞争力，并

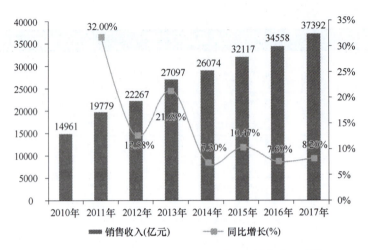

图 1-2　2010～2017 年我国汽车配件行业销售收入走势

且呈现多元发展的态势，企业各方面能力不断提升。对外配件的供货，逐渐由单一零部件向总成、系统和模块化供货的方式发展。同时，全球汽车厂商对国内汽车配件采购的青睐，国家颁布的多项产业扶持政策对提升配件企业竞争力的支持，为我国汽车配件行业的发展带来难得的发展机遇，故我国汽车配件产业必将迎来新一轮的发展高峰期。

任务二　汽车配件基础知识的认知

 任务目标

知识目标	技能目标	
1. 了解汽车配件的分类。 2. 能够利用汽车零部件编号规则识别配件。	1. 具有对汽车配件进行分类的能力。 2. 具有利用汽车零部件编号规则识别配件的能力。	**素养目标** 培养踏实的工作态度。

 建议学时

4 学时。

 相关知识

一、汽车配件的类型及编号规则

1. 汽车配件的类型

（1）汽车零部件

1）零件。零件是汽车的基本制造单元，它是一个不可再拆卸的整体。根据零件本身的性能，又可分为汽车专用零件、汽车标准件及通用标准件三类。

小知识

汽车专用零件是经国家批准的各汽车生产厂所设计、生产的汽车零件,因车型而异,通用性很小,如活塞、气阀、半轴等。

按国家标准设计制造的(即对同一种零件,统一其形状、尺寸、公差、技术要求等),能通用在各种仪器、设备上并具有互换性的零件称为标准件,如螺栓、垫圈、键、销等。适用于汽车行业的标准件,称为汽车标准件。

2)合件。合件是指两个以上的零件装成一体,起着单一零件的作用,如带盖的连杆、成对的轴瓦、带气阀导管的缸盖等。合件的名称以其中的主要件而定名,例如,带盖的连杆即定名为连杆。

3)组合件。组合件由几个零件或合件装成一体,但不能单独发挥某种功能,如离合器压板及盖、变速器盖等。有时,也将组合件称为"半总成"件,但它与能单独发挥某一机构功能的"总成件"是有区别的。

4)总成件。总成件由若干零件、合件、组合件装成一体,能单独发挥某一机构的功能,如发动机总成、变速器总成等。

5)车身覆盖件。由板材冲压、焊接成形,并覆盖汽车车身的零件称为车身覆盖件,如散热器罩、发动机罩、叶子板等。

(2)汽车材料 这里指的是汽车的运行材料,如各种油料、溶液、汽车轮胎、蓄电池、标准轴承(非专用)等。汽车材料大多是由非汽车行业生产而供汽车使用的产品,一般不编入各车型汽车配件目录,所以也将其称为汽车的横向产品。

在汽车配件中,还有一个重要的概念,就是"纯正部品"。纯正部品(又称原厂件)是进口汽车配件中的一个常用名称,指的是各汽车厂原厂生产的配件,而不是副厂或配套厂生产的协作件。纯正部品虽然价格较高,但质量可靠、坚固耐用,故用户均愿意采用。凡是国外原厂生产的纯正部品,包装盒上均印有英文"Genuine Parts"或中文"纯正部品"字样。

2. 国产汽车配件的编号规则

我国汽车零部件编号按 QC/T 265—2004《汽车零部件编号规则》统一编制。

1)汽车零部件编号。汽车零部件编号由企业名称代号、组号、分组号、零部件顺序号、源码、变更代号组成,如图 1-3 所示。

2)汽车组合模块编号。汽车组合模块组合功能码由组号合成,前两位组号描述模块的主要功能特征,后两位组号描述模块的辅助功能特征,如图 1-4 所示。例如,10×16 表示发动机带离合器组合模块,10×17 表示发动机带变速器组合模块。

3. 进口汽车配件的编号规则

我国进口(或引进车型)汽车品牌很多,在工业发达的国家,各汽车制造厂的零件编号并无统一规定,由各厂自行编制,其配件编号规则各不相同。例如:丰田—大发系列汽车配件的编号由 13 位数字或字母构成,如图 1-5 所示。

其中,基础号码表示配件名称;设计号码表示每个配件的车型、规格尺寸及设计改进顺序;颜色号码,当某一配件需作颜色区别时,在此用数字表示其颜色。

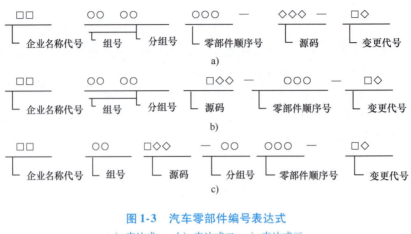

图 1-3 汽车零部件编号表达式
a) 表达式一 b) 表达式二 c) 表达式三
□—字母 ○—数字 ◇—字母或数字

图 1-4 汽车组合模块编号表达式

4. 汽车配件的目录查阅

各种车型的配件目录都是各厂家根据本厂的配件技术文件编写的。一般来说，在目录的前面都附有使用说明，在查阅之前，一定要仔细阅读。

图 1-5 丰田—大发系列汽车配件编号

汽车配件目录中所列出的配件首先按汽车的构成分成几个主总成（主组），每一个主总成又分成若干个半总成（子组）。在主组和子组中，大部分的配件均按它们设计结构上的相互从属关系列序和编号，结构图也是从这个意图出发安排的。在汽车配件目录中，一般每一总成都有拆解图示，并标明该总成各组成零件的序号（标号），对应表格中给出标号配件的名称、编号、每车用量等。

例如，在捷达轿车配件目录中，查找燃油泵的零件编号。首先从主组索引上查到燃油泵的零件主组号是 1（发动机），然后在主组 1 发动机上找到燃油泵的子组号为 27，并查到其子组图页号码为 024-00。按照该零件子组图页号码，查到零件列表目录，即可查到该零件编号为 026127025A（见表 1-2）。

二、汽车主要配件

1. 发动机主要配件

（1）曲柄连杆机构　曲柄连杆机构的配件（图 1-6）主要有活塞、活塞销、活塞环、连杆、曲轴、连杆轴瓦及曲轴轴瓦、飞轮等。

表1-2 查阅配件目录举例

主组　1　发动机

插图	零件号	名称	备注	件数	代码
		燃油泵	1.6L		ABX, ACR
		燃油储备容器			
10	026 127 025 A	燃油泵		1	
10	026 127 025	燃油泵		1	
1	035 127 301 C	中间法兰盘		1	
12	049 127 311 A	密封环		2	
13	N 012 226 3	弹簧垫圈	A8×15×0.5	2	
13	N 014 726	内六角圆柱头螺栓	M8×30	1	ABX
15	026 127 177 B	气泡分离器		1	ACR
(15)	049 127 177 C	气泡分离器		2	ACR
—	026 127 411 A	固定架		2	ACR
—	N 013 966 5	扁圆头自攻螺钉	B4.5×9.5		
—	N900 996 01	5cm 成卷软管	5.5×3		
18		订购单位5			
19		缩短到:	480mm	1	
20		缩短到:	250mm	1	
21		缩短到:	80mm	1	
	N 024 528 1	卡箍	LC8-12	×	

　　(2) 配气机构　配气机构包括气门组和气门传动组两大部分。气门组包括进、排气门、进、排气门座、气门导管、气门弹簧等；气门传动组包括正时齿轮、凸轮轴、挺柱、推杆、摇臂轴、摇臂等。配气机构配件分解如图1-7所示。

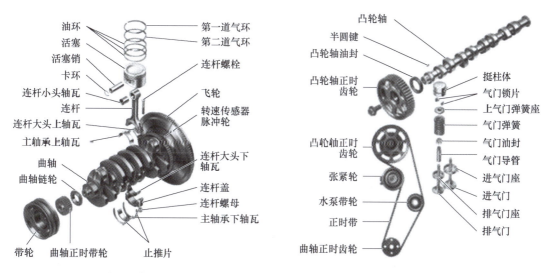

图1-6　曲柄连杆机构的配件　　　　图1-7　配气机构的配件

　　(3) 燃料供给系统　燃料供给系统的配件主要有燃油箱、燃油滤清器、燃油泵、输油管、喷油器、空气滤清器、进排气歧管等，如图1-8所示。

图1-8 燃油供给系统的配件

a）燃油箱 b）燃油滤清器 c）燃油泵 d）输油管 e）喷油器 f）空气滤清器 g）进、排气歧管

（4）冷却系统 冷却系统的配件主要有散热器、散热器风扇、节温器、水泵等，如图1-9所示。

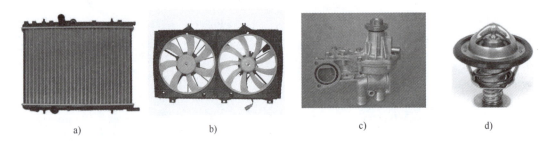

图1-9 冷却系统的配件

a）散热器 b）散热器风扇 c）水泵 d）节温器

（5）润滑系统 润滑系统的配件主要有机油泵、机油滤清器、机油压力传感器等，如图1-10所示。

（6）点火系统 点火系统的配件主要有点火线圈、分电器、火花塞、点火开关、高压线等，如图1-11所示。

图 1-10 润滑系统的配件

a）机油滤清器　b）机油压力传感器　c）机油泵

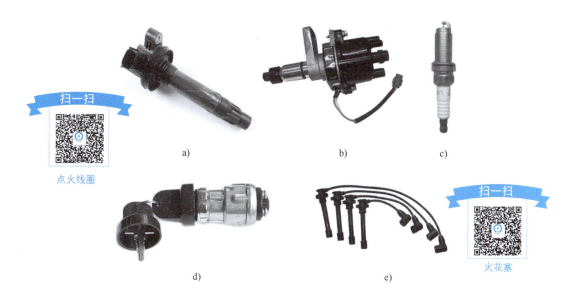

图 1-11 点火系统配件

a）点火线圈　b）分电器　c）火花塞　d）点火开关　e）高压线

2. 底盘主要配件

（1）传动系统　传动系统的配件主要有离合器、变速器、万向传动装置（万向节和传动轴）、驱动桥（主减速器、差速器、半轴、驱动桥壳）、轮毂等，如图 1-12 所示。

（2）行驶系统　行驶系统的配件主要有悬架、车轮、弹簧、减振器、球头、摆臂等，如图 1-13 所示。

（3）转向系统　转向系统的配件主要有转向器、转向柱、转向机、转向横拉杆、转向盘等，如图 1-14 所示。

（4）制动系统　制动系统的配件主要有 ABS 泵、制动总泵、制动分泵、制动踏板总成、制动盘、制动片、制动鼓、制动油管等，如图 1-15 所示。

3. 电气设备主要配件

主要电气设备配件如图 1-16 所示。

（1）汽车灯具　灯具主要分为外照灯、内照灯和信号灯，主要有前照灯、转向灯、雾

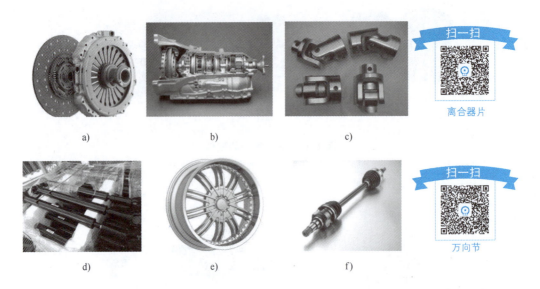

图 1-12 传动系统的配件

a) 离合器 b) 变速器 c) 万向节 d) 传动轴 e) 轮毂 f) 半轴

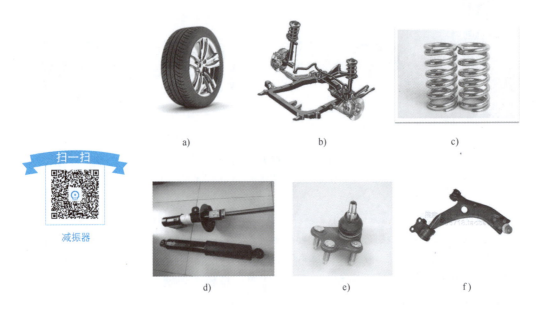

图 1-13 行驶系统的配件

a) 车轮 b) 悬架 c) 弹簧 d) 减振器 e) 球头 f) 摆臂

灯、牌照灯、示宽灯、制动灯、阅读灯、门灯、指示灯等，如图 1-17 所示。

(2) 汽车仪表　汽车仪表通常包括燃油表、温度表、机油压力表和车速里程表等，如图 1-18 所示。

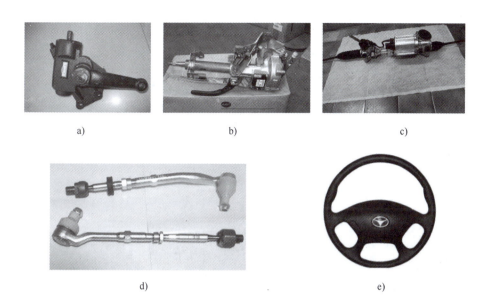

图 1-14 转向系统的配件

a）转向器　b）转向柱　c）转向机　d）转向横拉杆　e）转向盘

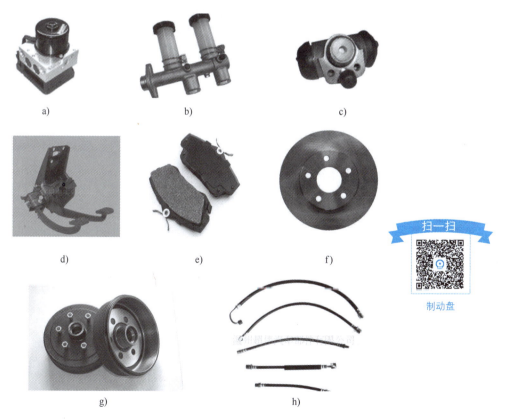

扫一扫

制动盘

图 1-15 制动系统的配件

a）ABS泵　b）制动总泵　c）制动分泵　d）制动踏板总成
e）制动片　f）制动盘　g）制动鼓　h）制动油管

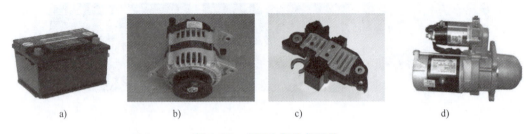

图 1-16 主要电气设备配件

a) 蓄电池 b) 交流发电机 c) 电压调节器 d) 起动机

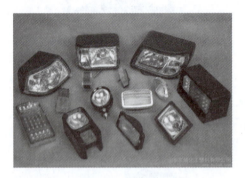

图 1-17 汽车灯具

图 1-18 汽车仪表

（3）辅助电气设备 汽车上的辅助电气设备主要有电喇叭、风窗刮水器、风窗洗涤器、暖风机和电子防盗装置等，如图 1-19 所示。

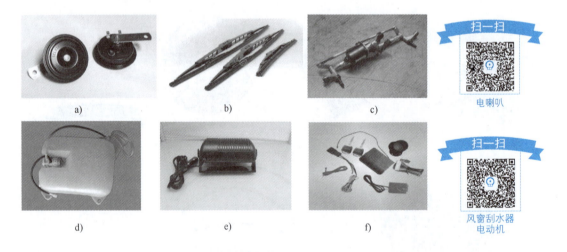

图 1-19 辅助电气设备

a) 电喇叭 b) 风窗刮水器 c) 风窗刮水器电动机 d) 风窗洗涤器 e) 暖风机 f) 电子防盗装置

（4）汽车电线 电线包括低压电线、高压点火线等类型，如图 1-20 所示。

4. 电控发动机主要配件

电控汽油喷射系统主要部件有传感器、ECU、执行元件等。

图1-20 汽车电线
a）低压电线 b）高压点火线

（1）传感器 主要有空气流量传感器、进气压力传感器、曲轴位置传感器、进气温度传感器、冷却液温度传感器、氧传感器、爆燃传感器等，如图1-21所示。

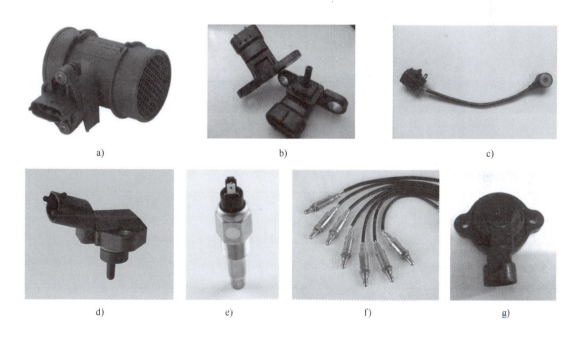

图1-21 主要传感器
a）空气流量传感器 b）进气压力传感器 c）爆燃传感器 d）进气温度传感器
e）冷却液温度传感器 f）氧传感器 g）节气门位置传感器

（2）ECU 如图1-22所示。

（3）执行元件 继电器、自动怠速（AIS）步进电机等，如图1-22所示。

5. 新能源汽车核心配件

新能源汽车核心配件如图1-23所示。

　　　　　a)　　　　　　　　　　b)　　　　　　　　　　c)

图 1-22　ECU、执行元件

a) ECU　b) 继电器　c) 自动怠速（AIS）步进电机

　　　　　a)　　　　　　　　　　b)　　　　　　　　　　c)

图 1-23　新能源汽车核心配件

a) 驱动电机　b) 动力蓄电池　c) ECU

任务三　汽车配件管理系统的操作

 任务目标

知识目标	技能目标	素养目标
1. 掌握汽车配件采购管理系统的操作。 2. 掌握汽车配件销售管理系统的操作。 3. 掌握汽车配件仓库管理系统的操作。	具有对汽车配件管理系统进行操作的能力。	1. 养成按照流程操作汽车配件管理系统的习惯。 2. 树立踏实认真、戒骄戒躁的工作态度。

 建议学时

2 学时。

 相关知识

一、汽车配件的采购管理系统操作

（1）配件订货管理系统的操作　一般来说，订货工作中，包含询价工作。询价工作是"货比三家"的有效手段，也是企业寻找合适供应商的前提。各个企业的询价制度不太相同，但是按照常规，普通商品至少要求询价三家以上，重要商品则应询价五家以上。在大多数企业中，订货和询价是由同一个部门进行的，一般会交给不同的人员进行。

在订货管理系统中，询价和订货可以在一个功能模块中进行，其中的步骤可以按照企业的制度，分配给不同人员配合完成。在练习用的模拟系统中，我们把询价和订货工作合成为一个单据，称为订货询价单，简称订单，其操作方法如下：

在主菜单的"帮助"中找到"汽车配件业务导航"（图1-24），单击"订货询价"，弹出图1-25所示界面。订货询价单需要登记的信息包括供应商信息、配件信息、其他信息等。

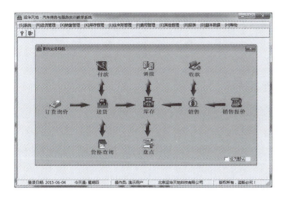

图1-24　汽车配件业务导航　　　　　　　　图1-25　订货询价单

首先单击界面中的 （新建）按钮，新建一张空白的订单，单击 （查询）按钮，在弹出的供应商列表（图1-26）中选择一个供货商，如果在列表中没有该供货商，那么单击 （增加）按钮，在弹出的窗体中建立一个新的供应商，单击确定即可。

选择供应商后，就可以添加配件了。配件选择的时候在 （商品编号）下面的空白单元格中双击或直接单击"订货询价单"窗口中 按钮，即可打开"配件查询"窗口（图1-27）。

图1-26　供应商查询　　　　　　　　　　　图1-27　配件查询

在配件查询窗口中，可以按配件名称、配件拼音码、车型代码、商品编号、通用车型等进行单一条件或组合条件的查询。

1）按配件名称：在配件名称中输入配件名称，单击"开始查询"，符合条件的商品将在列表中显示，例如：我们输入"车镜"或者"CJ"，配件名称中所有包含"车镜"或者"CJ"的配件将在列表中显示，如前车镜、后车镜。

15

在"配件名称"后面有一个 ▢精确定位 复选框，如果选中了此项，只有和所输入的配件名称完全匹配的配件才会在列表中显示，如：在上例中只有配件名称为"车镜"的配件才会在列表中显示。

2）按配件拼音码：这种方法可以快捷地进行配件的查询。

例如：我们要查询配件名称中包含"车镜"的配件，可以在配件名称后面的矩形方框中输入"CJ"，所有的包含"车镜"的配件将在列表中显示，如前车镜、后车镜，同理其他配件符合此拼音规则的配件也将显示出来。如：汽车节油器。

3）按商品编号：可以输入编号如：1000，则符合条件的商品将会在列表中显示，如：编号为 1000、10001、11000 的商品将会显示。

4）按车型代码：可以在下拉列表中选择一种车型。

5）按通用车型：可以在下拉列表中选择通用车型号。

6）按仓库：选择一个仓库，如销售库、配件一库、配件二库。

7）按库存数量：库存数量[S] ⊙ ▢。

在配件列表中双击要入库的配件，或单击右下角 ✓选中添加到单据 ，即可把该配件加入到入库单中。

如果要预定的配件没有在配件列表中，那么同样单击 ➕增加 K（增加）按钮，在配件属性（图 1-28）界面中把这个新的配件信息添加，单击"确定"即可。

当所有的配件都添加好后，需要确定每个配件的数量以及订货价格。单击订货询价单界面中的 📖参考K （参考）按钮，可以查询到选定配件的一些属性价格（图 1-29）。

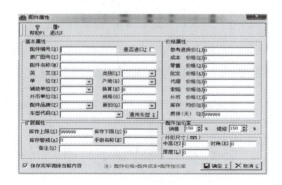

图 1-28　配件属性

图 1-29　订货询价参考

当配件的数量和价格确定后，再填写发票方式、运输方式和运费等信息。如果询价后要进行订货，则在"订货询价单"界面中单击"订单"，在"订单"界面（图 1-30），填写订货人、订单号码、订货日期以及预计到货日期和已付订金等，单击"确定"即可。

在订单确定前，如果想取消这次订货，则单击 ✗作废F （作废）按钮。

(2) 配件采购管理系统的操作　配件采购与订货类似，首先要考虑近期各个品种配件的库存和出库情况，包括数量、品种、规格、型号、质量等。根据市场不同时期的需

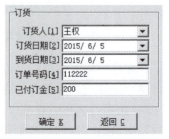

图 1-30　订单

求，也可以根据销量高低相应地调整配件进货量。

供应商的选择也要考虑到各个方面的需求，比如产品的质量、配件的报价、服务水平、保修情况、生产技术能力以及管理水平等。

配件采购过程中需要新建配件入库单，作为采购凭证。下面我们介绍采购入库单的制作方法。

在"配件业务导航"界面（图1-24）单击"进货"，则出现如图1-31所示的空白采购入库单。首先单击界面中的 ![新建] （新建）按钮，选择供应商。

如果是一家新的供应商，那么单击"添加"按钮，在供应商管理界面（图1-32）中填写该供应商的详细信息，然后保存即可。

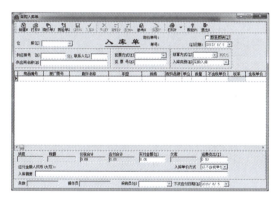

图1-31 入库单

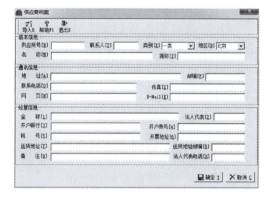

图1-32 供应商档案

选择供应商之后，选择配件需要存入的仓库，然后填写配件的详细信息。配件选择的时候在 ![商品编号] （商品编号）下面的空白单元格中双击或直接单击"入库单"窗口中 ![添加] 按钮，即可打开"配件查询"窗口（图1-27）。在这个界面中选择需要添加的配件，双击配件或者单击 ![选中添加到单据] （选中添加到单据）按钮，都可以将配件添加到入库单中。如果需要一次性添加多个配件也可以按住键盘中的Ctrl键，然后用鼠标点选需要添加的配件，最后单击 ![选中添加到单据] 按钮就可以了。

配件添加好后，在入库单界面中，将入库数量、入库单价填好。

若系统设置为"以不含税单价入库"，入到库中成本为不含税单价，即：

$$入库成本单价 = 不含税单价$$

若系统设置为"以含税价入库"，入到库中成本为含税单价，即：

$$入库成本单价 = 含税单价$$

当入库仓库、配件数量及价格都填写完毕，在单据下面会列出一系列单据的金额统计，包括货款、税额、价税合计、应付合计、欠款等。

如果采购的时候直接付款给供货商，那么则要填写实付金额（否则实付金额默认为零），然后选择结算方式和发票品种，同时将发票号进行记录。如果与供应商商定的是延期付款方式，那么就不用在实付金额中填写金额，只需要将付款方式改为挂账，入库的时候只会记录贷方金额也就是本公司暂欠供应商的款项，到了结款日期，再用"应付款支付"功能进行结款。

最后填写采购员姓名，保存单据，并进行核对。核对、检验完毕，单击入库R（入库）按钮，就可以将配件正式入库了。当配件入库时，计算机软件会自动把该笔业务发生的应付和实付款项记录到往来账目中。

另外，入库的时候，还可以查看从指定供应商处采购某个配件的价格历史。具体方法是：选中需要查看的配件，单击参考K（参考）按钮，此时会弹出价格参考界面（图1-33），在这个界面中，会列出与这个配件有关的属性和价格信息，同时显示出以前从该供应商处采购的成交历史，包括该商品的日期、单号以及进货单价。

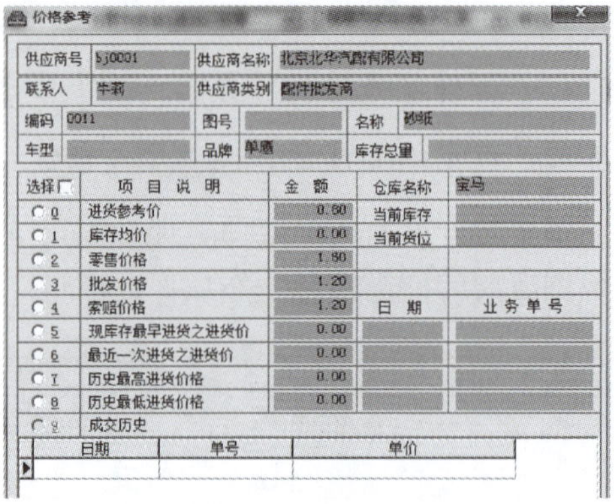

图1-33 供应商配件价格参考界面

在入库单界面，可以单击询价单J（询价单）按钮，在弹出的订货询价单列表中选择需要的订货询价单，单击确定即可。询价单调过来形成入库单草稿，可以继续对配件数量或价格信息进行修改，入库数据以最终的入库单为准。

（3）配件采购退货管理系统的操作　配件的采购退货，是指由于各种原因本公司将配件退回到供应商。需要重点强调的是，配件的采购退货也是一种出库行为，也有成本和收入，也可能会产生账面盈利和亏损。

为了进行严格的管理，应规定“原进原退”，也就是说，每一个商品，只允许向其真实的原供应商进行退货，不允许退给别的供应商，而且退货时，只能进行该批次数量限制之内的退货。

采购退货的时候，在主菜单中单击“汽配管理-进货管理-采购退货单”，出现图1-34所示的空白采购退货单。单击采购退货单中的新建N（新建）按钮，然后选择需要退回的入库单，方法是单击界面中的入库单R（入库单）按钮，此时弹出入库单界面（图1-35），在这个界面中，可以通过查询条件进行筛选。在选择过程中，还可以通过单击界面中的“明细”按钮，查看某入库单的详细信息。

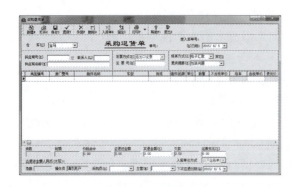

图1-34 采购退货单

图1-35 入库单界面

选定入库单后，单击确定Y（确定）按钮，就可以将入库单据调用到采购退货单。此

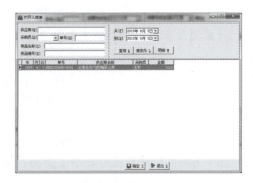

时的采购退货单显示的是所有的入库配件，如果只退其中的部分商品，那么通过鼠标右键中的快捷菜单，将需要退货的配件保留，不需要的配件删除即可。如果需要多选配件，可以按住键盘上面的 Ctrl 键，然后用鼠标左键单击配件即可多选。

当退货配件的品种都选定以后，还要填写退货单价、退货摘要、实退金额等信息，然后单击界面中的 ![保存] （保存）按钮，保存该采购退货单，等待主管审批。

主管在审批时，通过界面中的 ![打开] （打开）按钮调出需要审批的采购退货单（图1-36），确认无误后，单击 ![退货] （退货）按钮，如果主管审批不同意退货，那么将此单作废时，单击界面中的 ![作废] （作废）按钮。但是，当采购退货单完成退货后，就不能将它作废了。

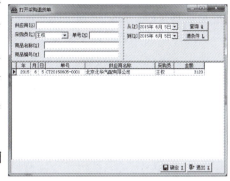

图 1-36　采购退货单

二、汽车配件的销售管理系统操作

配件销售报价单，是销售配件之前，销售商或服务商向客户提供的参考价格表单。报价单的作用是让客户对销售商的供货行为进行对比评估，选择性价比最优的供方。建立一个报价单，包括几个部分的工作内容：一个是选择客户；二是查看该客户以往的进货情况；三是结合该客户的成交历史和最近的市场走势，确定报价。

在"配件业务导航"界面单击"销售报价"，弹出报价单界面（图1-37），单击界面中的 ![新建] （新建）按钮，然后选择客户信息，单击客户号后面的"查"按钮，会弹出客户查询界面，如图1-38 所示。

图 1-37　销售报价单

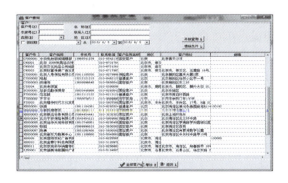

图 1-38　客户查询

如果该客户曾经在系统中登记过，可通过各种查询条件查询。如果是新客户，那么单击界面中的 ![增加] （增加）按钮，可以在"客户档案"界面中增加新的客户。

当客户信息添加完毕后，接下来添加配件信息。单击界面中的 ![添加] （添加）按钮，弹出配件查询列表，如图1-39 所示。

在这个界面中，选择需要添加的配件，可以双击添加到单据，也可以通过键盘与鼠标结合，进行多选后，单击界面中的 ![选中添加到单据] （选中添加到单据）按钮。必须指出的是，为了避免重复报价，每张单据中同一配件的出现不能超过一条。

当配件添加完后，需要将配件的需求数量以及价格进行填写。值得注意的是单价的选择，单击 ![参考] （参考）按钮，可以查询当前客户对某个配件的销售历史价格，而且还可看到配件的一些属性价格，可以为报价提供多方面的参考，价格参考界面如图1-40所示。

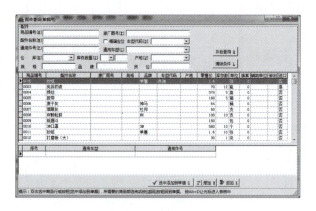

图1-39　配件查询

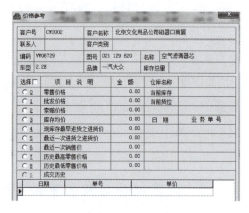

图1-40　价格参考

当这些客户和配件信息都填写完整后，还需要填写此次报价的发票方式以及运输方式等信息并登记报价人，然后单击界面中的 ![保存] （保存）按钮完成整个销售报价单。

三、汽车配件的仓库管理系统操作

配件仓库管理包括库存配件的期初录入、配件查询、库存盘点、内部调拨、出入库汇总和查询。库存期初录入是指在库存启用前，需要将现有仓库中的配件进行一次盘点，然后录入期初数量和金额，以后的出入库都是在期初库存数量和金额的基础上进行增减的。库存期初盘点单可以在主菜单的"汽配管理-库存管理-库存期初录入"中找到。选择"盘点表记录排序"和"盘点仓库"的条件，单击 ![新建] （新建）按钮，显示按查询条件形成的配件期初盘点单，如图1-41所示。

库存配件查询是指查看仓库中的配件数量和金额以及各个分库的数量和金额。选择菜单【库存管理－库存商品查询】，系统弹出"库存商品查询"界面，如图1-42所示。如果是先进先出的库存成本计价方式，那么仓库管理中还可以看到每个批次配件的剩余数量及金额。

盘点单用于库存盘点。在商品进销存的持续过程中，由于各种原因，账面的数量可能与库存实际数量不相等。这时应使用盘点单功能，将账面数量进行调整，使之与实际数量相符。库存配件盘点的情况分为盘盈和盘亏，实际数量比账面数量多的时候，需要把账面数量增加，此时的盘点就称为盘盈；反之就称为盘亏。盘点单如图1-43所示。单击 ![新建] （新建）按钮来新建一张盘点单，进行盘点范围选择。需要盘点的商品清单显示在资料列表中，对于需要调整的商品，具体操作如下：在账面数跟实际数不一致的配件记录的"实际数量"列中，输入仓管员盘点后的实际数量，按回车键，系统自动在其"调整数量"列中计算出应调整的数量，其值为实际数量减去账面数量，若该值大于零，则该配件为盘盈处理；若该值小于零时，则该配件为盘亏处理；若该值等于零，则说明该配件既不盘盈也不盘亏处理，不进行调整处理。

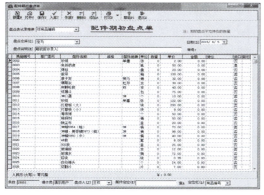

图 1-41　配件期初盘点单

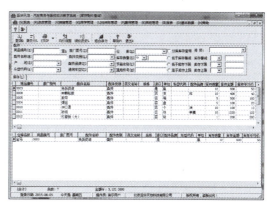

图 1-42　库存配件查询

在把所有需要调整的商品输入完毕后，选择盘点人，单击工具栏上的 （盘点）按钮进行盘点。

内部调拨，是指将配件由一个仓库，按照原来的成本存放到另一个仓库的过程，调拨单界面如图1-44所示。首先，单击工具栏中 （新建）按钮，新建一张空白的内部调拨单。然后，在调出仓库和调入仓库中分别输入或选择调出调入的仓库名称。之后，在配件列表中，输入需调拨的所有配件的信息及调拨数量和调拨单价（调拨单价最好不要输入，系统会自动进行平价调拨），选择调拨人。最后，单击工具栏上的 （调拨）按钮，系统进行调拨处理。

图 1-43　配件盘点单

图 1-44　内部调拨单

出入库汇总表（图1-45）是统计库存配件的出入库情况，可以按照条件的组合，查看当期指定配件的汇总情况，还可以通过"台账"功能，看到每个配件当期所有出入库明细，便于追溯其出入库的历史，如图1-46所示。

 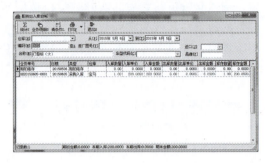

图1-45　出入库汇总表　　　　　　图1-46　配件出入库台账

项目二

汽车配件的采购

任务一　日常汽车配件的采购

任务目标

知识目标	技能目标	素养目标
1. 了解汽车配件的进货渠道。 2. 了解汽车配件的物流运输方式和配送流程。 3. 掌握汽车配件货源鉴别方法。 4. 掌握汽车配件的验收流程。	1. 具有选择合适的进货渠道的能力。 2. 具有选择合适的汽车配件物流运输方式的能力。 3. 具有检验货源优劣，识别假冒伪劣的汽车配件产品的能力。 4. 具有按照流程完成汽车配件验收的能力。	1. 养成依据工作流程进行汽车配件采购的习惯。 2. 培养较强的责任感和严谨的工作作风。

建议学时

4 学时。

相关知识

一、选择与货源鉴别（Ⅰ级）

1. 进货渠道

（1）**进货渠道**　汽车配件销售行业的进货，大多是从汽车配件生产厂家进货。汽车配件的种类很多，根据其进货渠道，大致可分为以下几类，见表2-1。

（2）**流通渠道**　配件的流通主要有两个渠道，如图2-1所示。

1）配套配件厂→汽车厂→4S 店：汽车整车厂自产或从配件厂采购的配件，销售给授权维修企业（4S店）。

2）配套配件厂→配件商→综合修理厂：配套配件厂在汽车整车厂的允许下，对外销售配件，但一般不允许使用整车厂的品牌与标识，此类配件称为 OEM 品牌配套件。其主要的流通渠道是通过配件市场销售给综合修理厂。

23

（3）进货渠道的选择 在进货渠道的选择上，应立足于以优质名牌配件为主的进货渠道，但为适应不同层次消费者的需求，也可进一些非名牌厂家的产品，可按下列顺序选择。

表 2-1　进货渠道

类型	渠道
原厂配件	通过品牌汽车生产厂家专属的配件科或指定采购部门采购的配件。目前，此类配件原则上只在厂家授权的服务站流通，不允许在市场流通
正厂配件	通过非汽车厂家销售渠道采购，品质、材料与原厂配件无异的配件。此类配件在流通市场上质量最好，品质最优
OEM 品牌配套件	生产企业取得了汽车主机厂的配套许可，品质材料与原厂配件无异，区别在于没有原厂的商标，只有生产企业自己的商标。市场维修中，此类配件使用较多
品牌配件	通过专业生产汽车配件企业采购，但该企业尚未获得厂家的配套许可。此类配件有自己的品牌，质量有一定保证。市场维修中，此类配件较多使用
市场适用配件	生产企业没有自主的品牌，价格与原厂、正厂、品牌等配件差异较大，外观与正厂较难区分，以外观事故为主，为市场主要流通类型
拆车配件	取自事故车、报废车上未损失的原厂配件

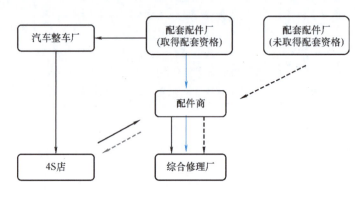

图 2-1　配件的流通渠道

1）全国有名的主机配套厂的产品是首选。这些厂知名度高，产品质量优，多是名牌产品，与其签订的合同也是规范性的。一般先订全年需要量的意向协议，以便于厂家安排生产，具体按每季度、每月签订供需合同，双方严格执行。

2）与生产规模、知名度不如上述名牌厂家，但配件质量有保证的、配件价格也比较适中的汽配生产厂家建立良好的供货关系。订货方法一般只签订短期供需合同。

3）最后一类是一般生产厂家，配件质量尚可，价格较前两类厂家低，这类厂的配件可作为进货中的补缺。订货方式可以通过电话等方式要货，如签订供需合同的话，合同期应短。

小提示

绝对不能向那些没有进行工商注册、生产"三无"及假冒伪劣产品的厂家订货和采购。

2. 货源鉴别

为提高工作效率和达到择优进货的目的,采购人员可以把产品分成以下几种类型进行检验。

1)全国名牌和质量信得过产品基本免检,但名牌也不是终身制,也有时被仿冒,所以,应对这些厂家的产品十分了解,并定期进行抽检。

2)多年多批进货后,经使用未发现质量问题的产品,可采用抽检几项关键项目的方法,以检查其质量稳定性。

3)对以前未经营过的配件,采用按标准规定的抽检数,在技术项目上尽可能做到全检,以求对其产品质量得出一个全面结论,作为今后进货的参考。

4)对以前用户批量退货或少量、个别换货的产品,应采取尽可能全检,并对不合格产品重点检验的办法。对再次发生问题的,不但拒付货款,并且注销合同,不再进这种货。

5)对一些小厂的产品,其合格率往往较低,而且一旦兑付货款后,很难索赔,因此,应尽量不进这类产品,如确需进货,在检验时要严格把关。

3. 识别假冒、伪劣的配件

假冒配件在市场上的主要表现有冒用、伪造他人商标、标志;冒用他人特有的名称、包装、装潢、厂名厂址;伪造产品产地和生产许可证标志的配件产品;伪劣配件是指生产、经销的配件商品,违反了我国现行的法律、行政法规的规定,其质量、性能指标达不到我国已发布的国家标准、行业标准或地方标准所规定的要求,甚至是无标生产的配件产品。

(1) 假冒、伪劣产品的种类

1)"三无"产品。在产品外包装或说明书上,没有生产地址、生产厂家和生产日期的产品。

2)从旧车或报废车上拆下来的零配件。这些部件往往从外观上无法发现其与新品的差别,但它的内部劳损已经存在。

3)生产厂家的次品或不合格产品。一些不法的销售商往往对这些产品采取以次充好的手法获取高额利润。

4)无生产许可证的厂家生产的产品,或虽有生产许可证但假用名牌的产品。

(2) 防止假冒、伪劣产品应采取的方法

1)选择信誉好、产品质量高的生产企业或中介公司为定点供货商。应与这样的供货商签订长期供货合同,且在合同中注明赔偿条款。

2)看零配件表面有无锈蚀。合格的零配件表面,既有一定的精度又有一定的光洁度,越是重要的零配件,精度越高,包装防锈、防腐越严格。选购时应注意检查,若发现零配件有锈蚀斑点、霉变斑点或橡胶件龟裂、失去弹性,或轴颈表面有明显切削纹路,应予调换。

3)看防护表层是否完好。大多数零配件在出厂时都涂有防护层。如活塞销、轴瓦用石蜡保护等。选购时若发现密封套破损、包装纸丢失、防锈油或石蜡流失,应予退换。

4)看商标。要认真查看商标,厂名、厂址、等级和防伪标记是否真实。在商品制作上，正规的厂商在零配件表面有硬印和化学印记，注明了编号、型号、出厂日期，一般采用自动打印，字母排列整洁，笔迹清晰，如图2-2所示。

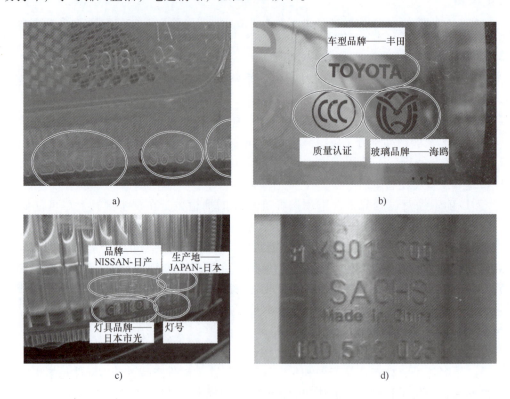

图2-2 正品配件的商标

a) KOITO灯具 b) 一汽丰田配套的海鸥牌玻璃 c) 日产灯具 d) 上海大众减振器的表面

5) 看包装。正宗产品的外包装质量好，包装盒上字迹清晰，套印色彩鲜明。包装盒、袋上，应标有产品名称、规格型号、数量、注册商标、厂名厂址及电话号码等，有的厂家还在配件上打出自己的标记，如图2-3所示。一些重要部件如发电机、分电器、喷油泵等，应配有使用说明书、合格证和检验员章，以指导用户正确使用维护。在采购配件时，应仔细认清以防购买到假冒伪劣产品。

6) 看文件资料。首先要查看汽车配件的产品说明书，产品说明书是生产厂进一步向用户宣传产品，为用户做某些提示，帮助用户正确使用产品的资料。一般来说，每个配件都应配一份产品说明书（有的厂家配用户须知）。如果交易量相当大，还必须查询技术鉴定资料，进口配件还要查询海关进口报关资料。

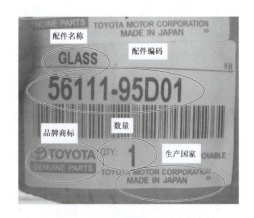

图2-3 正品汽车配件的包装

> **小提示**
>
> 国家规定,进口商品应配有中文说明,假冒配件一般都没有中文说明,包装上的外文语法也可能不通,甚至写错单词,很容易看出漏洞。

7)看表面处理。所谓表面处理,即电镀工艺、油漆工艺、电焊工艺、高频热处理工艺等。汽车配件的表面处理是配件出产的后道工艺,商品的后道工艺尤其是表面处理涉及很多现代科学技术,在细节处理上差别显而易见,如图2-4所示。

图2-4 配件细节处理上的差别

看表面处理详细可分为以下几个方面。

① 镀锌技术和电镀工艺。汽车配件的表面处理,镀锌工艺占的比重较大。一般铸铁件、锻铸件、铸钢件、冷热板材冲压件等大都采用表面镀锌。质量不过关的镀锌,表面一致性很差;镀锌工艺过关的,表面一致性好,而且批量之间一致性也没有变化,有持续稳定性。电镀的其他方面,如镀黑、镀黄等,大工厂在镀前处理的除锈酸洗工艺比较严格,清酸比较彻底,这些工艺要看其是否有泛底现象。镀钼、镀铬、镀镍可看其镀层、镀量和镀面是否平均,以此来分辨真伪优劣,如图2-5所示。

② 油漆工艺。现在一般都采用电浸漆、静电喷漆,有的还采用真空手段和高等级静电漆房喷漆,如图2-6所示。

图2-5 正品工艺的汽车配件　　　图2-6 正品喷漆工艺的汽车配件

③ 电焊工艺。在汽车配件中,减振器、钢圈、前后桥、大梁、车身等均有电焊焊接工序。汽车厂的专业化程度很高的配套厂,它们的电焊工艺技术大都采用自动化焊接,能定量、定温、定速,有的还使用低温焊接法等先进工艺,如图2-7所示。

④ 感应淬火热处理工艺。汽车配件产品经由精加工以后才进行高频感应淬火处理,因此淬火后各种颜色都原封不动地留在产品上。例如,正品的传动轴的外球笼的外星轮内腔经

图 2-7 电焊工艺的区别

过中频感应淬火,且球面球道均经过硬车磨削,表面质量很好,如图 2-8 所示。

8)看非使用面的表面伤痕。表面伤痕是在中间工艺环节因为产品相互碰撞留下的。优质的产品是靠先进科学的管理和提高工艺技术制造出来的。如果在产品非使用面留下伤痕的产品,就是劣质产品,如图 2-9 所示。

图 2-8　正品外球笼的外星轮内腔　　　图 2-9　非使用面的表面伤痕

9)看材质。特别是橡胶、塑料等类型的配件,如碰撞后掉落的形状成粉碎状等。其他诸如用铸铁代替优质钢、镀铜取代纯铜、普通钢材取代优质钢或合金钢等都是不法厂家常用的手法,可以通过砂轮打磨出的火花看出。通过观察合件、总成件中的小零件也可以看出零部件的真假。正规的配件总成、部件必须齐全完好,才能保证顺利装车和正常运行。一些总成件上的小零件缺失,就容易给装车造成困难,这种配件很可能就是假冒的配件。

此外,有的配件是废旧配件翻新的,这时只要拨开配件表面油漆后就能发现旧漆、油污及划痕。

10)比较重量。假冒伪劣配件偷工减料,重量比较轻。许多配件可以用这个方法加以鉴别。现在的配件查询软件都标明有重量。

11)看配件的配合度。买到的配件装到车上,要看能不能和其他配件有良好的配合。一般原厂配件都能轻松地装到车上,而劣质的配件由于工艺不精,加工误差较大,所以配件之间很难配合良好。此外,为保证配件的装配关系符合技术要求,一些正规配件表面刻有装配记号,用来保证配件的正确安装,若无记号或记号模糊无法辨认,则不是合格的配件。

12)勿贪小失大。因假冒配件在材料生产、流通税收等方面成本较低,因而价格较正品便宜,有的悬殊,但是,绝不能贪图便宜而选购此类配件。

二、进货（Ⅰ级）

1. 确定进货点、控制进货量

（1）**确定进货点**　目前，汽车配件企业选择进货时间采用进货点法，一般要考虑三个因素：

1）进货期时间。进货期时间是指从汽车配件采购到做好销售准备时的间隔时间。

2）平均销售量。平均销售量是指每天平均销售量。

3）安全存量。安全存量是为了防止产销情况变化而增加的额外储存天数。

按照上述因素，可以根据不同情况确定不同的进货计算方法。

在销售和进货期时间固定不变的情况下，进货点的计算公式如下：

$$进货点 = 平均销售量 \times 进货期时间$$

在销售和进货期时间有变化的情况下，进货点的计算公式如下：

$$进货点 = （平均销售量 \times 进货期时间）+ 安全存量$$

进货点可以根据库存量来控制。当库存汽车配件下降到进货点时就组织进货。

（2）**控制进货量**　控制进货量是汽车配件企业确定每次进货多大数量最为合适的业务活动。汽车配件企业进货不能单考虑节约哪一项费用，需要综合考虑企业资金状况、销售状况，衡量采购和库存成本之后才能确定。要从如何在现有资金情况下，遵循市场供求规律，订购最经济的批量，获得最佳的利润回报方面去考虑问题。进货量的控制方法有定性分析法和定量分析法两种，而定量分析法又有经济批量法和费用平衡法。

配件经销商经常采用经济批量法，其中心意图就是在一定时期内进货总量不变的前提下，计算出每批次进货多少才能使进货费用和库存费用之和降至最低。由于配件市场的价格变化较为频繁，如何订购还需结合市场行情和销售趋势具体确定，不可死搬硬套计算结果，以免造成不必要的损失，也就是说要在保证"经济性"这一大前提下，相信"科学性"，保持"灵活性"。

2. 填写与使用进货凭证

汽车配件的进货一般有向汽车配件生产企业进货和向其他批发企业进货两种，据此进货凭证也分两类。

（1）**采购汽车配件收货单**　采购汽车配件收货单是汽车配件批发企业向汽车配件生产企业采购配件时，由企业采购人员按汽车配件生产企业开出的销货发票而填制的凭证，一式八联，见表2-2。

采购汽车配件收货单的传递程序是：采购员根据汽车配件生产厂销货发票填制，一式八联，第一联采购员存查，第二联、第三联和第八联交汽车配件生产厂送货人员随货送至指定仓库，仓库保管员按实际验收数盖章后留下第二联作为仓库入账凭证，汽车配件生产厂送货员交货凭第三联和第八联向汽车配件批发企业财务部门收取货款，财务部门凭保管员实收数量付款后留第三联作记账凭证（汽车配件账），第四联作付款后结算清单（发票附件），第五联由业务供应部门存查，第六联由汽车配件生产厂供销部门存查，第七联汽车配件生产厂收款后交财务部门记账，第八联为汽车配件生产厂结算清单，如汽车配件生产厂不要，可作配件批发企业统计联。

表2-2　×××批发企业采购汽车配件产品收货单

　　　　　　　　　　　　　　　　　　　　　　　　　　　　　　　　　　　　　No：00000.1
　　　　　　　　　　　　　　　　　　　　　　　　　　　　货位（　）区　排

厂名＿＿＿＿＿＿＿＿　　　　　（年　月　日）

单位代码			第（　）季度合同号码				收货仓库：									包装件数
商品代码	货号	等级	品名规格	单位	数量	单价	金额									
							千	百	十	万	千	百	十	元	角	分	
合计	人民币（大写）															

采购检验单　　　　　　　　保管员收货　　　　　　　　复　制
　验收　　　　　　　　　　　月　　日　盖章　　　　　核　单
　日期

(2) 购进汽车配件收货单　　购进汽车配件收货单也称汽车配件调入单，是汽车配件批发企业向其他汽车配件批发企业和经营单位（含省内、外）购进汽车配件时填写的自制执行凭证。它是根据供货单位随货同行单或银行转来的托收货款的销货发票填制的。

　　省内、外购进的汽车配件有两种情况：一种是货到单未到；另一种是单到货未到。遇第一种情况时，可由仓库按实际到货验收后，凭随货同行单或实际验收数填制收货单；遇第二种情况时，可在办妥银行付款手续后，由业务部门凭发票填制收货单。

　　购进汽车配件收货单的格式与联数都比采购汽车配件收货单简单，一般只有三联，见表2-3。

表2-3　×××批发企业购进汽车配件收货单

　　　　　　　　　　　　　　　　　　　　　　　　　　　　发货单位＿＿＿＿＿＿
开单日期　年　月　日　　　　　　　　　收货仓库＿＿＿＿＿（　）季度合同号码＿＿＿＿
　　　　　　　　　　　　　　收货日期　年　月　日

购进单号码	货号	品名规格	单位	数量	单价	金额										当日当地批发牌价
						千	百	十	万	千	百	十	元	角	分	

　　　　　　　　　　　　　　　　　　　　　　　　　　　　　　　　　　　　　制单

件数	重量

货位（　）区　排　号

购进汽车配件收货单的传递程序：

1）货到单未到的传递程序。当储运部门办妥手续接运汽车配件入库后，仓库保管员凭随货同行单点验配件进仓，并填制购进汽车配件收货单一式三联。如无随货同行单，由保管员根据实际验收数报业务部门，待财务部门收到银行托收的销货发票或运杂费单据后填写托收承付会签单送业务部门会签，经进货（合同）员核对进货合同中有关品名、规格、数量、单价、质量等相符后，签字留下第三联作供应开单备查，第一联留仓库入账，第二联和发票、运杂费单据一并由财务部门承付货款后作记账依据。

2）单到货未到的传递程序。财务部门收到银行转来托收货款的发票及费用单据后，填写托收承付会签单交业务、运输、仓库部门会签，业务部门凭发票填制购进汽车配件进货单一式三联，经业务人员核对合同中有关项目相符后签署意见转储运部门准备接运汽车配件，待汽车配件到达后转仓库凭单点验入库，仓库验汽车配件无误后盖章，留下第一联作入账凭证，第二、三两联以及发票、费用单据都退回财务部门承付货款，财务部门留第三联记账，第二联交业务部门作供货备查。

三、物流配送（Ⅰ级）

1. 配件物流运输方式及其选择

（1）配件的物流运输方式　主要有铁路运输、汽车运输、水路运输、航空运输等。选择运输方式的主要依据是各种运输方式的可运量、发送速度、费用支出、服务质量等指标。

1）铁路运输。铁路运输的特点是载运量大、行驶速度快、费用较为低廉、运行一般不受气候条件限制，所以适用于大宗配件的长距离运输。铁路运输是我国现阶段可完成配件输送任务的主要力量，承担了近3/4的配件周转量。铁路运输经济里程一般在200km以上，如图2-10所示。

2）汽车运输。汽车运输的特点是机动灵活，运输面广，运行迅速；在运量不大、运距不长时，运费比铁路运输低，是短途运输的主要形式。在本地提货、发货时，一般采用汽车运输的方式。汽车运输的经济半径，一般在200km以内，如图2-11所示。

图2-10　铁路运输

图2-11　汽车运输

3）水路运输。水路运输包括内河运输和海运，具有运量大、运价低的优点，如图2-12所示。水路运输受航道限制，速度慢，易受季节和气候变化的影响，运输的连续性差，需要配备相应的陆上运输设备和储存设备。

4）航空运输。航空运输是速度最快、运费最高的一种运输方式，航空运输还具有不受地形限制的特点。由于空运费用高，所以一般只用于运距长、时间要求紧迫的急需配件的运输，如图2-13所示。

图 2-12　水路运输

图 2-13　航空运输

（2）配件物流运输方式的选择

在选择运输方式时，一般应考虑下列因素：

1）供需双方的地理位置、交通条件和当时的气候季节条件。

2）运送配件的特征，如包装、外形尺寸及其物理/化学特性（如易碎性等）。

3）配件的价值，如贵重、量小、件轻的配件一般可航空运输；价低、笨重或运送数量大时则适用于铁路运输或水路运输。

4）配件需求上的特点。对急需的配件，应采用运输速度高的运输方式；对批量大、批次多、要求供货连续性强的配件，则应选择不易受气候季节影响，运送时间准确、及时的运输方式。

2. 物流配送流程

配送的一般流程比较规范，如图 2-14 所示，但并不是所有的配送者都按图 2-1 所示的流程进行。不同产品的配送可能有独特之处，如燃油配送就不存在配货、分放、配装工序，水泥及木材配送又多出了一些流通加工的过程，而流通加工又可能在不同环节出现。

3. 汽车配件的接运

配件接运指仓库根据到货通知向承运部门或供货单位提取配件入库的工作。配件接运与配件验收入库紧密衔接，是仓库业务工作的首要环节。接运工作的疏忽往往会将配件在产地或运输途中发生的损坏、差错带入仓库，增加验收、保管的困难，使到货不能及时投入使用，影响对客户的供应保障。因此，接运工作必须认真负责，严格点交，手续齐备，责任分明。

图 2-14　物流配送流程

配件接运根据不同情况，可分为专用线整车接运，车站、码头提货，到供货单位提货等几种形式。

（1）专用线整车接运　是指在建有铁路专用线的仓库内，当整车到货后，在专用线上进行卸车。

1）卸车前的检查。检查结果应及时与车站（或铁路派驻人员）取得联系并做出文字记录。

小知识

检查的主要内容有：核对车号；检查车门、车窗有无异状，施封是否脱落、破损或印纹不清、不符；配件名称、箱件数与配件运单的填写是否相符；对盖有篷布的敞车应检查覆盖状况是否严密完好，尤其是查看有无雨水渗漏的痕迹和破包、散捆等情况。

2）卸中的注意事项。

① 此应按车号、品名、规格分别堆码，做到层次分明，便于清点，并标明车号及卸车日期。

② 注意外包装批示标志，正确勾挂、铲兜、轻起、轻放，防止包装损坏和配件损坏。

③ 妥善苫盖，防止受潮和污损。

④ 对品名不符、包装破损、受潮或损坏的配件，应另行堆放，写明标志并会同承运部门进行检查，编制记录。

⑤ 力求与保管人员共同监卸，争取做到卸车和配件件数一次点清。

⑥ 卸后货垛之间留有通道，并与电杆、消防栓等保持一定距离，与专用铁轨外部距离1.5m以上。

⑦ 正确使用装卸工具和安全防护用具，确保人身和配件安全。

3）卸车后的清理。卸车后应检查车内是否卸净，然后关好车门、车窗，通知车主取车。作好卸车记录，连同有关证件和资料尽快向保管人员办理内部交接手续。

（2）**车站、码头提货** 到车站、码头提货是配件仓库进货的主要方式，接到车站、码头的到货通知书，仓库提货人应了解所到配件的件数、重量和特性，并做好运输装卸器具和人力的准备。到库后一般卸在库房装卸平台上，以便就近入库，或者直接入库卸货。

到车站提货应向车站出示领货凭证（铁路运单副票），如领货凭证未寄到，也可凭单位证明或加盖单位提货专用章的货票存查联，将货提回。到码头的提货手续与到车站提货稍有不同，即提货人事先在提货单上签名并加盖公章或附单位提货证明，到码头货运室取回货物运单，即可到指定库房提货。

提货时，应认真核对配件运号、名称、收货单位和件数是否与运单相符，仔细检查包装等外观质量，如发现包装破损、短件、受潮、油污、锈蚀、损坏等情况，应会同承运部门一起查清，并开具文字记录，方能将货提回。

货到库后，运输人员应及时将运单连同提回的配件向保管员点交清楚，然后由保管员在仓库到货登记簿上签字。

（3）**到供货单位提货** 仓库与供货单位同在一地时大多采用自提方式进货，订货合同规定自提的配件，应由仓库自备运输工具直接到供货单位提取。自提时付款手续一般与提货同时办理，所以，应严格检查外观质量，点清数量。若情况允许，保管员最好随同前往，以便将提货与入库验收结合进行。

4. 物流配送责任的划分

汽车配件物流运输是由发货单位、收货单位（或中转单位）和承运单位共同协作完成的。要完成汽车配件从产地到销地的运输，就需要三方面密切配合，共同协作。

责任划分的一般原则是：汽车配件在铁路、交通运输部门承运前发生的损失和由于发货单位工作差错、处理不当发生的损失，由发货单位负责；从接收中转汽车配件起，到交付铁路、交通运输部门转运时止，所发生的损失和由于中转单位工作处理不善造成的损失，由中转单位负责；汽车配件到达收货地，并与铁路、交通运输部门办好交接手续后，发生的损失和由于收货单位工作问题发生的损失，由收货单位负责；自承运汽车配件时起（承运前保管的车站（港）从接收汽车配件时起）至汽车配件交付给收货单位或依照规定移交其他单位时止所发生的损失，由承运单位负责。但由于自然灾害，汽车配件本身性质和发、收、中转单位的责任造成的，承运单位不予负责。

四、验收（Ⅰ级）

1. 验收的必要性

1）验收工作是做好配件储存保管的基础。验收就是根据验收依据和凭证，对入库的配件进行审核和查收。收货阶段的检验是做好配件保管的前提和基础，只有在入库时，将配件的实际状况查验清楚，才能在以后保管中有的放矢地采取措施，确保配件的完好，才能为需要单位提供数量准确、质量完好的配件。

2）验收记录是向外提出索赔、退货、换货的依据。在进行验收时，若发现配件数量不足、规格不符或质量不合格，仓库应向供货单位提出验收报告，这个报告必须有详细的验收记录，以作为货主向供货方提出拒付、退货、换货或索赔的依据。

3）验收工作对生产单位起着监督和促进作用。

2. 验收的业务程序

验收的业务程序可分为验收准备、核对验收单证和实物验收三个步骤。

（1）验收准备 验收准备是货物入库验收的第一道程序，包括货位、验收设备、工具及人员的准备。具体应做好以下五个方面工作。

1）收集信息，熟悉各项验收凭证、资料和有关验收要求，掌握汽车配件的到达时间、地点、品种和数量等，做到心中有数。

2）准备所需的计量器具、测量工具和检测仪器仪表等。

3）落实入库货物的存放地点，选择合理的堆码垛形和保管方法。

4）准备所需的苫垫堆码物料、装卸机械、操作器具和担任验收作业的人力。

5）进口配件或存货单位要求对配件进行质量检验时，要预先通知商检部门或检验部门到库进行质量检测。

（2）核对验收单证 核对验收单证包括：商品入库通知单，订货合同，供货单位提供的质量证明书或合格证，装箱单或磅码单，检验单及发货明细账单，运输单位提供的运单及普通或商务记录，保管员与提运员、接运员或送货员的交接记录等。核对就是对上述证件、资料进行对照核实、整理分类，然后以单核货，逐项对列、件件过目。

证件核对的内容有以下三个方面：

1）审核验收依据，包括业务主管部门或货主提供的入库通知单（收货单）、订货合同、协议书等。常用收货单见表2-4。

2）核对供货单位提供的验收凭证，包括质量保证书、装箱单、码单、说明书和保修卡及合格证等。

表 2-4　收货单

供货单位			合同号码		开单日期		储存仓库	
储存凭证或发票号码			原订交货月份		年　月　日		桩脚号码	
货号、品名、规格、牌号	国别产地	包装及件数	单位	应收数	实收数	单价	实收数金额	
到车站（港）日期 年　月　日	提运情况	提运员： 运输工具： 接运、进仓、进货日期： 年　月　日		起运地点： 车船号： 提货单号：		备注	出场日期： 年　月　日 存储期限： 年　月　日	

3）核对承运单位提供的运输单证，包括提货通知单和货物残损情况的货运记录、普通记录和公路运输交接单等。

在整理、核实、查对以上凭证中，如果发现证件不齐或不符等情况，要与货主、提供单位、承运单位和有关业务部门及时联系解决。

(3) 实物验收　包括对货物的内在质量、外观质量、数量和精度的验收。当商品入库交接后，应将商品置于待检区域，仓库管理员及时进行如上验收，并进行质量送检。

3. 配件的初检

对任何入库方式来说，对汽车配件进行初检是关键环节。初检应包括以下几个方面：

扫一扫

汽车配件验收技巧有哪些

1）外包装标识和包装完好情况。主要检验货物包装的标识是否与入库依据相一致，包装是否有损坏、破裂、变形等情况。

2）大件数。是指捆、箱、件、袋的数量等，而包装内的具体货物数量可在验收时加以检验和确认。

3）外观质量受损情况。重点检验货物外表受到外力作用发生破裂、变形、受损等。

4）霉变、锈蚀和受潮情况。

任务二　汽车配件采购计划的制订及配送验收

任务目标

知识目标	技能目标	素养目标
1. 了解汽车配件物流配送包装标识。 2. 掌握拟定进货计划的方法。 3. 掌握汽车配件货损货差的处理方法。	1. 具有识别不同类型的汽车配件物流配送包装标识的能力。 2. 具有根据实际情况，拟定汽车配件进货计划的能力。 3. 具有处理汽车配件货损货差的能力。	1. 养成按照流程办事的工作习惯。 2. 培养较强的责任感和严谨的工作作风。

 **建议学时**

4学时。

 **相关知识**

一、选择与鉴别货源（Ⅱ级）

1. 鉴别汽车配件质量

（1）经验法

1）表面硬度是否达标。零配件的表面硬度都有规定，在征得厂家同意后，可用钢锯条的断茬试划配件表面，但不能划伤工作面。划时打滑且无划痕的，说明硬度高；划后稍有浅痕的，说明硬度较高；划后有明显划痕的，说明硬度低。

2）结合部位是否平整。零配件在搬运、存放过程中，由于振动、磕碰，常会在结合部位产生毛刺、压痕、破损，影响使用，选购和检验时要特别注意。

3）几何尺寸有无变形。有些零件因制造、运输、存放不当，易产生变形。选购离合器从动盘钢片或摩擦片时，可将钢片、摩擦片举起，观察其是否翘曲。选购各类衬垫时，也应注意检查其几何尺寸及形状。

4）总成件有无缺件。正规的总成件必须齐全完好，才能保证顺利装配和正常运行。一些总成件上的个别小零件若漏装，将使总成件无法工作，甚至报废。

5）转动部件是否灵活。在检验机油泵等转动部件时，用手转动泵轴，应感到灵活无卡滞。若转动发卡、不灵，说明内部锈蚀或产生变形。

6）装配记号是否清晰。为保证配合件的装配关系符合技术要求，有一些零件，如正时齿轮表面均刻有装配记号。若无记号或记号模糊无法辨认，将给装配带来很大的困难，甚至装错。

7）接合零件有无松动。由两个或两个以上的零件组合成的配件，零件之间是通过压装、铰接或焊接的，它们之间不允许有松动现象。如油泵柱塞与调节管是通过压装组合的，离合器从动毂与钢片是铆接结合的，摩擦片与钢片是铆接或铰接的，纸质滤清器的滤芯骨架与滤纸是胶接而成的，电气设备多是焊接的。检验时，若发现松动应予以调换。

8）配合表面有无磨损。若配合零件表面有磨损痕迹，或拨开涂漆配件表面油漆后发现旧漆，则多为旧件翻新。

（2）敲击法 判定部分壳体和盘形零件是否有裂纹、用铆钉连接的零件有无松动以及轴承合金与钢片的接合是否良好时，可用小锤轻轻敲击并听其声音。如发出清脆的金属声音，说明零件状况良好；如果发出的声音沙哑，可以判定零件有裂纹、松动或接合不良。

浸油敲击是探测零件隐蔽裂纹最简便的方法。检查时，先将零件浸入煤油或柴油中片刻，取出后将表面擦干，撒上一层白粉（滑石粉或石灰），然后用小锤轻轻敲击零件的非工作面，如果零件有裂纹，振动会使浸入裂纹的油渍渗出，则裂纹处的白粉呈现黄色油迹。

（3）比较法 比较法指用标准零件与被检零件做比较，从中鉴别被检零件的技术状况。

如气门弹簧、离合器弹簧、制动主缸弹簧和轮缸弹簧等,可以用被检弹簧与同型号的标准弹簧(最好用纯正部品,即正厂件)比较长短,即可判断被检弹簧是否符合要求。

2. 正确选择供货厂家

为提高工作效率和达到择优进货的目的,配件经销商要在与自己有日常业务往来的供货厂家和市场上优质名牌配件的生产厂家中择优选择,也可选择产品质量有保证且有良好售后服务的厂家。

一般来讲,大型的汽车配件生产厂或名牌汽车配件产品是比较注重规范销售渠道的,渠道成员比较固定,配件商品在销售环节中的流通也限制在渠道成员内部。如丰田汽车(中国)有限公司在中国的零件销售是通过特约零件经销商(APD)进行的,丰田公司要求APD不得经销假冒零件和非正规途径进口的零件。

二、进货（Ⅱ级）

1. 汽车配件进货原则与进货方式

（1）汽车配件进货的原则

1）坚持数量、质量、规格、型号、价格综合考虑的购进原则,合理组织货源,保证配件适合用户的需要。

2）坚持依质论价,优质优价,不抬价,不压价,合理确定配件采购价格的原则;坚持按需进货,以销定购的原则;坚持"钱出去,货进来,钱货两清"的原则。

3）购进的配件必须加强质量监督和检查,防止假冒伪劣配件进入企业,流入市场。

4）购进的配件必须有产品合格证及商标。实行生产认证制的产品,购进时必须附有生产许可证、产品技术标准和使用说明。

5）购进的配件必须有完整的内、外包装,外包装必须有厂名、厂址、产品名称、规格型号、数量、出厂日期等标志。

6）要求供货单位按合同规定按时发货,以防应季不到货或过季到货,造成配件缺货或积压。

除此之外,组织进货时,还应注意掌握以下两条原则:

1）要贯彻"五进、四不进、三坚持"的原则。

> **小知识**
>
> "五进"即所进配件要符合"优、廉、新、缺、特"。"四不进"指凡属下列情况之一者,均不符合进货要求:一是进货成本加上费用、税金后,价格高于本地零售价的不进;二是倒流的配件不进;三是搭配配件、质次价高或滞销而大量积压的配件不进;四是本地批发企业同时向同地大批量购进的配件不进。"三坚持"即坚持看样选购,坚持签订购销合同,坚持验收后支付货款的原则。

2）合理库存的原则。限于确保供应和满足需要的程度上,任何过多的库存只能增加成本和市场风险,销售缺货又会给企业自身带来经济损失。

（2）汽车配件进货的方式 汽车配件零售企业在组织进货时,要根据企业的类型、各类汽车配件的进货渠道以及汽车配件的不同特点,合理安排组织进货。汽车配件零售企业的进货方式一般有以下四种类型：

1）集中进货。集中进货指企业设置专门机构或专门采购人员统一进货，然后分配给各销售部门（销售组、分公司）销售。集中进货可以避免人力、物力的分散，还可以加大进货量，以引起供货方的重视，并可根据批量差价降低进货价格，也可节省其他进货费用。集中进货一般适宜于小型零售配件商店采用。

2）分散进货。分散进货指由企业内部的配件经营部门（销售组、分公司）自设进货人员，在核定的资金范围内自行进货。此种类型一般适合于大型配件零售商店，以便做到进货品种齐全，适销对路，实现勤进快销。

3）集中进货与分散进货相结合。这种方法指对于外埠采购以及非固定进货关系采取一次性进货，办法是由各销售部门提出采购计划，由业务部门汇总审核后集中采购；对于本地采购以及固定进货关系，采取分散进货。

4）联购合销。联购合销指由几个配件零售企业联合派出人员，统一向生产企业或批发企业进货，然后由这些零售企业分销。此类型适合多家小型零售企业，或中型零售企业与小型零售企业联合组织进货。

2. 制订采购计划

制订采购计划要综合考虑很多因素，主要包括汽车配件的日销售量、库存情况、配件从订货到到货的时间、周转资金等。

一般可从以下三个方面考虑：

1）根据前期销售的情况进行统计分析，拟出本期应该进货的品种、名称、型号、规格和数量。

2）参照库存量，库存多的可少进。如果资金充裕，销路好的产品也可适当多进。

3）根据当前市场行情，做一些调整。采购计划中，配件类别必须划细，要有详细的品种。采购数量和采购时间要均衡，使配件供应既及时，又不积压或中断，合理地占用资金。

3. 优化进货流程

（1）**盘点库存**　了解库房配件存货状况。

（2）**拟订进货计划**　主要根据销售需求及销售预期，结合市场调研结果，考虑库房存量，拟订该次订货的计划。

（3）**配件询价，看样**　将完成的配件订购计划发送到供货商，索取各家的配件报价单，查看样品，货比三家，保证商品质量，降低采购成本。

（4）**确认订单，签订合同**　对商品供货达成协议后，双方确认订单并签订配件购销合同，其后一切均应遵照合同履行义务。

（5）**提货验收**　及时组织采购和库管人员提货验收，并依据合同处理好与供货方的交接和结算问题。

> **小提示**
>
> 一定要坚持合同制度，签订完善的配件进货合同，明确各方的责、权、利。在进货业务中，配件订单是十分重要的一份单据，要准确明了，如图2-15所示。

汽车配件订单

购货单位：XA		购货日期：2019.01.25			单号：PE15500051		
税号：		账号：			电话：		
地址：		开户银行：			打印时间：2019.01.25		

序号	编码	名称	车型	数量/个	售价/元	金额/元	仓位
1	06L 115 562 A	机油滤芯(GP/凌渡)	BM	10	66.50	665.00	C1
2	L 1KD 819 653 C	空调滤芯/PM2.5	BM	10	224.00	2240.00	FJ
3	WLZ YQX 007	涡轮增压清洗剂	BM	20	138.00	2760.00	FJ
4	Z00 120 195 Z4	高端机油4L		2	448.00	896.00	C4
5	1KD 615 301 D	制动盘	A4	20	490.00	9800.00	C1
6	BCM 000 750 Z3	制动液		100	50.00	5000.00	C1
7	KIT DAB 500	驾驶人气囊维修包	OT	5	182.00	910.00	C2
8	ZSA 857 221	侧挡防爆隔热膜	OT	4	2718.00	10872.00	C4
9	ZSA 857 202	前挡防爆隔热膜	OT	3	5303.00	15909.00	C4

业务员：张娟	数量：	174	¥	49052.00
	人民币大写：			肆万玖仟零伍拾贰元

【付款方式：现金】　【发货方式：航空运输】

图 2-15　配件订单

三、物流配送（Ⅱ级）

1. 物流配送网络体系的认知

所谓物流，是指一种职能，它包括从供应商到企业的原料配送、企业内部的物料转移以及把产品送到客户手里的所有活动。配送是一种集收货、分货、配货、配装、送货等多种功能于一体的物流形式，其特点是多品种、少批量、多批次。

一个典型的物流配送系统中各个部分之间存在着复杂的供应链，如图 2-16 所示，体现了物流配送网络中生产厂家、仓储、配送之间的关系。

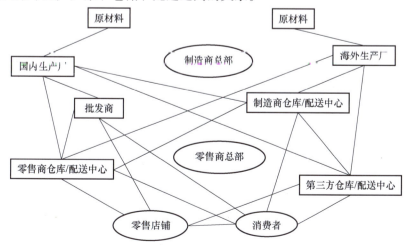

图 2-16　物流配送网络体系中复杂的供应链

2. 物流配送包装标志的识别

物流配送包装标志是指在运输包装外部制作的特定记号或说明。主要作用有：一是识别货物，便于对货物的收发、管理；二是明示物流中应采取的防护措施；三是识别危险货物，明示应采用的防护措施，以保证物流安全。

汽车配件物流配送包装标志按其内容和作用分为两类，一为收发货标志，或叫包装识别标志；二为包装储运图示标志。物流配送包装标志按表示形式可分为文字标志和图形标志两类。

（1）包装识别标志　是外包装上的汽车配件分类图示标志（图2-17、图2-18、图2-19、图2-20）及其他标志和文字说明、排列格式的总称，是为在物流过程中辨认货物而采用的。它对收发货、入库以及装车配船等环节的管理起着特别重要的作用。

图2-17　五金类标志　　图2-18　交电类标志　　图2-19　化工类标志　　图2-20　机械类标志

（2）包装储运图示标志　是根据汽车配件的某些特性（如怕热、怕振、怕湿、怕冻等）而确定的标志，其目的是为了在汽车配件运输、装卸和储存过程中引起作业人员的注意。这种标志主要包括小心轻放、禁用手钩、向上、防热、由此吊起、防湿、重心点、禁止滚翻、堆码极限、温度极限等文字和图形标志。

标志的图形、颜色、尺寸以及标志的使用方法等，在国家标准中均有明确规定，如图2-21所示。

图2-21　常用储运图示标志

标志的文字书写应与底边平行。粘贴的标志应保证在货物储运期间内不脱落。

3. 汽车配件运输货损货差的处理

收货单位或中转单位发现运到的汽车配件有短溢、串错、损坏及单货不符、单货不同行等情况，除已判明属于承运部门的责任应就地编制货运记录提出索赔外，如果属于企业之间的责任事故，则应向发货单位查询，以便查明原因，判明责任。

运输部门为了正确、及时地处理配件运输差错事故，便于查明原因，分清责任，而建立了差错事故记录和索赔。

(1) 差错事故记录的分类　记载汽车配件运输事故的记录分为两种，即货运记录和普通记录。

1) 货运记录。货运记录（又称商务记录）是按照铁路、交通运输部门在承运汽车配件的过程中，发生损失、差错事故，并确定其责任属于承运单位时，所编写的书面凭证。它是审核和收（发）货方向铁路、交通运输部门提出索赔的主要依据。因此，凡遇到下列情况时，都应当于站（港）交接发现事故的当日要求铁路、交通运输部门编制货运记录：①汽车配件的种类、件数、质量与货物运单上记载的内容不符时；②承运的全部汽车配件或部分汽车配件发现丢失、损坏（包括存破损、湿损、污损、腐坏等）或被盗窃时；③汽车配件无运送票据或有运送票据而无汽车配件时；④收货单位认为超过运输期限可能发生货物丢失，而向到站（港）提出索赔要求时；⑤其他同于承运部门的责任时。

货运记录应按每份运送票据编写一份，由收货单位于发现事故的当日携带运送票据（运单、原铅封等）和有关资料到站（港）办理。

2) 普通记录。普通记录是指铁路、交通运输部门在承运汽车配件的过程中，发现有属于其责任范围以外的运输事故而编写的书面凭证。它是作为分析收、发货单位之间运输事故责任的一般文件，不是向铁路、交通运输部门索赔的依据，通常发生以下的情况，由经办的铁路、交通运输部门在发现事故的当时编写：①发、收货单位自行组织装车的铁路整车汽车配件，或发货单位自装由承运单位负责卸货（收货单位监卸）的铁路整车汽车配件，在车体完整，发站铅封完好或篷布苫盖捆扎良好的情况下，全部汽车配件或部分汽车配件有损坏现象或汽车配件与货物运单上所记载的品名、件数或质量不符时；②发货单位自行派人押运的汽车配件发生短少或损坏时；③随货同行的有关单据丢失时。

(2) 索赔手续　索赔一般是向到站（港）提出，且确属发站（港）的责任事故，如发站（港）装车（船）前负责保管的汽车配件发生丢失、损坏等，要通过到达的车站或港口，向发站（港）提出。

要求索赔时，应先向到站（港）索取《赔偿要求书》，填写后，应连同货运记录、货物运单和其他有关货票、汽车配件价格证件等，在铁路、交通运输部门所规定的索赔期限内送交到站（港）的管理部门；同时取回《赔偿要求书》的收据，等待承运部门赔偿的通知；当承运部门承认赔偿后，必须在规定的期限内，及时前往领取赔偿款项。

4. 物流配送差错的查询制度

查询一般用查询公函（有些单位用"差错查询单"）。查询公函一般应在收货后10天内发出。查询公函的主要内容包括发运日期、发站（港）、到站（港）、车号（船名）、批次（航次）、应收件数、实收件数、溢短件数、品名、质量、汽车配件残损和串错情况以及卸车（船）时的现场详细情况和向铁路、交通运输部门交涉的经过等。同时，要附上必要的证件，如承运部门记录、货物标签及装箱单等有关资料，供对方作为分析处理的依据。

经过中转的汽车配件，收货单位应先向中转单位查询，经中转单位查明，如果属于发货单位责任的，则由中转单位向发货单位进行查询。如果经过多次转运，则应该层层追查，不要错乱环节查询，以免纠缠不清。

四、验收（Ⅱ级）

1. 采购验收

汽车配件采购员在确定了进货渠道及货源，并签订了进货合同之后，必须在约定的时间、地点，对配件的名称、规格、型号、数量、质量检验无误后，方可接收。

（1）对配件品种的检验　按合同规定的要求，对配件的名称、规格、型号等认真查验。如果发现产品品种不符合合同规定的要求，应妥善保管，并在规定的时间内向供方提出异议。

（2）对配件数量的检验　对照进货发票，先点收大件，再检查包装及其标识是否与发票相符。整箱配件一般先点件数，后抽查细数；零星散装配件需点验细数；贵重配件应逐一细数；对原包装配件有异议的，应开箱开包点验细数。验收时，应注意查验配件分批交货数量和配件的总货量。

无论是自提还是供方送货，均应在交货时当面点清。供方代办托运的应按托运单所列数量点清，超过国家规定合理损耗范围的应向有关单位索赔。如果实际交货数量与合同规定交货的数量之间的差额不超过有关部门规定的，双方互不退补；超过规定范围的要按照国家规定计算多交或少交的数量。双方对验收有争议的，应在规定的期限内提出异议，超过规定期限的，视为履行合同无误。

（3）对配件质量的检验　采用国家规定质量标准的，按国家规定的质量标准验收；采用双方协商标准的，按照封存的样品或样品详细记录下来的标准验收。接收方对配件的质量提出异议的应在规定的期限内提出，否则视为验收无误。当双方在检验或试验中对质量发生争议时，按照《中华人民共和国标准化管理条例》规定，由标准化部门的质量监督机构执行仲裁检验。

2. 验收的方法

（1）数量验收　数量验收的方法主要有以下几种。

1）品种数验收。根据进货发票，逐项验收汽车配件的品种、规格、型号等，检查有无单货不符的情况；对易碎汽车配件、液体汽车配件，应检查有无破碎、渗漏等情况。

2）点件法。即逐件清点。对照发票，先点收大件，再检查汽车配件包装及其标志是否与发票相符。

3）抽验法。指按一定比例开箱点件的验收方法，适合批量大、定量包装的配件。

4）检斤换算法。指通过重量过磅换算该商品的数量，适用于商品标准和包装标准的情况。商品的重量，一般有毛重、皮重、净重之分。毛重是指商品重量包括包装重量在内的实重；净重是指商品本身的重量，即毛重减去皮重的余数。通常所说的商品重量，是指商品的净重。

（2）质量验收　一般采用仪器或直接用感观进行质量验收。零售企业进货质量验收，主要检验汽车配件的证件是否齐全，如合格证、保修证、标签或使用说明等；有无变质、水湿、污染、机械损伤等；是否为假冒商品等。

3. 汽车配件验收后应做的工作

汽车配件经过数量与质量验收后，对于质量完好、数量准确的汽车配件，要及时填制、传递进货验收单据，登记汽车配件账，填报进货日报表，同时组织汽车配件入库。

对于在验收中发现有问题的，如数量不足、品种、规格错误，外包装标签与内包装汽车配件不符，汽车配件有沾污、损坏，质量不符合要求等，如果在提货时发现上述问题，应当场联系解决；如果在货运到后发现，则验收人应分析原因，判明责任，做好记录。一般问题填写运输损益表或汽车配件销售查询单查询。问题严重或牵扯数量较多、金额较大时，可要求对方派人来察看处理。在以上验收工作结束后，就可以与送货人员办理交接手续，由仓库收货人员在送货单上签收，以分清仓库与运输部门之间的责任。

任务三 汽车配件的采购成本预算及配送投保索赔

任务目标

知识目标	技能目标	
1. 掌握配件隐蔽缺陷的检验方法。 2. 掌握汽车配件的成本分析方法。 3. 掌握汽车配件的投保与索赔方法。	1. 具有运用配件隐蔽缺陷的检验方法鉴别汽车配件质量的能力。 2. 具有运用成本分析方法优化进货点和进货量的能力。 3. 具有完成物流配送保险的投保与索赔的能力。	**素养目标** 锻炼独立分析问题、解决问题的能力。

建议学时

2 学时。

相关知识

扫一扫

采购员的苦恼

一、选择与鉴别货源（Ⅲ级）

1. 配件隐蔽缺陷的检验方法

检验方法有磁力探伤法、荧光探伤法、超声波探伤法、化学检验法等。对于形状复杂并需承受一定压力的零件，如气缸体、气缸盖、进排气歧管，还可以通过水压试验发现裂纹。

（1）**磁力探伤法** 磁力探伤的原理：使磁力线通过被检验的零件，如果零件表面有裂纹，在裂纹部位磁力线会偏散而形成磁极（图2-22）。如果在零件表面上撒以磁性铁粉，铁粉会被磁化并附在裂纹处，从而显现出裂纹的位置和大小。

（2）**荧光探伤法** 是将在紫外线的作用下能发光的物质作为悬浮液体，涂在被检验零件的表面上进行探伤的一种方法。当用汞灯照射零件时，渗入裂纹的发光物质变得更加明亮，借此很容易发现裂纹。在钢制零件的黑暗表面上，用这种方法可以发现磁力探伤时所不能发现的很细小的裂纹。荧光探伤法与磁力探伤法结合作用，能收到更好的效果。

（3）**超声波探伤法** 超声波探伤是利用超声波在金属中传播时，遇到裂纹、缩孔等会反射回来的特性进行探伤的。用超声波检验零件有两种方法，即声影法和脉冲回声法。

（4）**化学检验法**　商品的某些特性要通过化学反应才能显示出来，商品的这种性质称为化学性质。采用化学分析法和仪器分析法能够检测其化学性质。化学检验法在入库验收中很少使用，较为常见的有电解液比重计和防冻液冰点测试仪等。

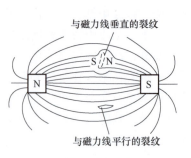

图 2-22　磁力探伤法

上述所有的检验都是为了把好配件质量关，但最好的办法还是从源头上做起，选购品质优良而且具有良好售后服务体系的配件生产厂家（或经销商）的配件，签订完善的采购合同，明确配件质量争议的处理原则和办法，才能真正做到防患于未然。

2. 厂家供货网络

（1）**建立厂家供货网络**　根据对汽车配件产品的需求数量、种类、品牌以及规格，有日常业务往来的单位及市场各种广告资料，编制各类配件供货厂家一览表，然后按表内所列的项目逐项登记，逐步积累，将发生的每一笔采购业务都填写到表中，在此基础上建立一个适合企业发展的良好的厂家供货网络。形成网络后，供销厂家因网点分布广，有利于就近及时供应，机动性强。

（2）**正确选择供货厂家**　选择好的供货厂家，是决定企业采购绩效的关键因素。对供货厂家的选择主要从价格和费用、产品质量、交付情况、服务水平四个方面进行评价。

1）价格和费用。价格和费用的高低是选择供货厂家的一个重要标准。我国市场中存在固定价格、浮动价格和议价，要做到货比一家，价比三家，择优选购。在选择供货厂家时不仅要考虑价格因素，同时还要考虑运输费用因素。价格和费用低可以降低成本，增加企业利润，但不是唯一标准。

2）产品质量。选购配件时要选购名牌产品或配件质量符合规定要求的产品。

3）交付情况。供货厂家能否按照合同要求的交货期限和交货条件履行合同，一般用合同兑现率来表示。交货及时、信誉好、合同兑现率高的供货厂家，当然是选择的重点。

4）服务水平。要考虑供货厂家可能提供的服务，如服务态度、方便用户措施和服务项目等。另外，在选择供货厂家时，要注意就近选择，同时也要考虑其他供货厂家的特点，比较各供货厂家的生产技术能力、管理组织水平等，然后做出全面的评价。

二、进货（Ⅲ级）

1. 优化进货点及进货量

运用成本分析法，进而优化进货点和进货量。其方法有定性分析法和定量分析法。

（1）**定性分析法**

1）遵循供求规律，合理确定进货数量。①对于供求平衡、供货正常的配件，应采取"以销定进"的原则，保持正常周转库存。计算进货量的方法是：根据本期的销售实际数，预测出下期销售数，加上一定的周转库存，再减去本期末库存预算数，从而计算出每一个品种的下期进货数。②对于供大于求，销售量又不大的配件，要少进，采取"随进随销、随销随进"的办法。③对暂时货源不足，供不应求的紧俏配件，要开辟新的货源渠道，挖掘货源潜力，适当多进，保持一定储备。④对大宗配件，则应采取分批进货的办法，使进货与销售相适应。⑤对高档配件，要根据当地销售情况，少量购进，随进随销。⑥对销售面窄、销售量少的配件，可以多进样品，加强宣传促销，严格控制进货量。

2）按照配件的产销特点，确定进货数量。①常年生产、季节销售的配件，应掌握销售季节，季前多进，季中少进，季末补进。②季节生产、常年销售的配件，按照企业常年销售情况，进全进足，并注意在销售过程中随时补进。③新产品和新经营的配件，应根据市场需要，少进试销，宣传促销，以销促进，力求打开销路。④对于将要淘汰的车型配件，应少量多样，随销随进。

3）按照供货单位的远近，确定进货数量。本地进货，可以分批次，每次少进、勤进；外地进货，适销配件多进，适当储备。

 小提示

要坚持"四为主，一适当"的原则，四为主即本地区紧缺配件为主，具有知名度的传统配件为主，新产品为主，名优产品为主；一适当即品种要丰富，数量要适当。

4）确定进货周期。每批次进货能够保证多长时间的销售，这就是一个进货周期，进货周期也是每批次进货的间隔时间。

 小知识

进货周期的确定，要考虑以下因素：配件销售量的大小、配件种类的多少、距离供货商的远近、配件运输的难易程度、货源供应是否正常以及企业储存保管配件的条件等。确定合理的进货周期，要坚持以销定进，勤进快销的原则，使每次进货数量适当。既要加速资金周转，又要保证销售正常进行；既要保证配件销售的正常需要，又不使配件库存过大。

（2）**定量分析法** 定量分析法有经济批量法和费用平衡法两种。

1）经济批量法。采购汽车配件既要支付采购费用，又要支付保管费用。采购量越小，采购的次数就越多，那么采购费用支出也越多，而保管的费用就越小。由此可以看出，采购量与采购费用成反比，与保管费用成正比，运用这一原理可以用经济进货批量来控制进货批量。所谓经济进货批量是指在一定时期内在进货总量不变的前提下，求得每批次进货多少才能使采购费用和保管费用之和（总费用）最小。

在实际运用中，经济批量法可细分为列表法、图示法和公式法。

现举例说明：设某配件企业全年需购进某种配件8000件，每次采购费用为20元，单位配件年平均储存费用为0.5元，求该汽车配件的经济进货量是多少？下面分别采用上述三种方法计算。

①列表法。从表2-5中可以看出，如果全年进货10次（批），每次进货800件，全年采购与储存费用最低，为400元。就是说等分为10批购进，全年需要的该种配件费用是最省的，这是最经济的进货批量。列表法的优点是可以从数据上反映分析的过程，但列表和计算较为烦琐。

表 2-5 经济进货量计算表

年进货次数/次	每次进货数量/件	平均库存数量/件	采购费用/元	报关费用/元	年总费用/元
A	B	C = B/2	D = A×20	E = C×0.5	F = D + E
1	8000	4000	20	2000	2020
2	4000	2000	40	1000	1040
4	2000	1000	80	500	580
5	1600	800	100	400	500
8	1000	500	160	250	410
10	800	400	200	200	400
16	500	250	320	125	425
20	400	200	400	100	500
25	320	160	500	80	580
40	200	100	800	50	850

注：设每次进货后均衡出售，故平均库存数量 = 每次进货数量÷2。

② 图示法（曲线求解法）。按表 2-5 所列数据，可画出几条曲线，一条是进货批量和采购费用成正比关系的直线 A，另一条是进货批量和采购费用成反比关系的直线 B，A 与 B 相交于 D 处。A 线与 B 线上相应各点的纵坐标相加，连成曲线，即得出曲线 F，F 为总费用曲线，如图 2-23 所示。

从图中不难看出，P 点为最低费用点，这一点处于 A、B 交点 D 的正上方。由于 NP = ND + DP，同时 NP = 2ND，说明总费用为最低时，采购费用与保管费用必然相等，P 点的横坐标就是经济进货批量点 800 件，与列表法所得结论相同。

图示法的优点是比较直观，但仍需要以列表计算的数据作为基础。

③ 公式法。这种方法是通过建立数学模型来计算经济进货量。

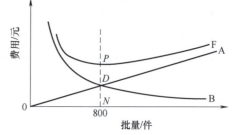

图 2-23 费用曲线

设 Q 为每次进货量（经济批量），R 为某种配件年进货量，K 为每次进货的采购费用，H 为单位汽车配件年平均保管费用。

从表 2-5 中可以看出，在采购费用与保管费用接近或相等时的进货总费用最低，可用公式表示为：

$$\frac{R}{Q}K = \frac{Q}{2}H$$

移动整理得：

$$Q^2 = \frac{2RK}{H}, \text{即 } Q = \sqrt{\frac{2RK}{H}}$$

以上就是最经济合理的进货批量计算公式。

将表 2-5 所列数据代入上述公式，得：

$$Q = \sqrt{\frac{2RK}{H}} = \sqrt{\frac{2 \times 8000 \times 20}{0.5}} \text{件/次} = 800 \text{ 件/次}$$

即最佳进货批量为 800 件。

$$最佳进货次数 = \frac{R}{Q} = 8000/800 \text{ 次} = 10 \text{ 次}$$

$$最低年总费用 = \frac{R}{Q}K + \frac{Q}{2}H = 10 \times 20 \text{ 元} + 400 \times 0.5 \text{ 元} = 400 \text{ 元}$$

由计算结果可知，全年进货 10 次（批），每次进货 800 件，全年总费用最低，为 400 元。这是最经济的进货批量，与列表法所得结论相同。

公式法计算简洁，可以直接得出分析的结果，但不能反映分析的过程。

2）费用平衡法。费用平衡法是以采购费用为依据，将保管费用累积和采购费用比较，当保管费用累积接近但不大于采购费用时，便可确定其经济进货量。

$$保管费用 = 销售量 \times 单价 \times 保管费用率 \times (周期 - 1)$$

由于第一周期购进配件时，不发生保管费用，所以上式中的周期数应减 1。

小知识

例：某种配件预计第一到第五周期的销售量各为 50 件、60 件、70 件、80 件、70 件，单价为 12 元，采购费用为 65 元，每周期的保管费用率为 2.5%，求经济进货量 Q。

第一周期：销售量为 50 件，保管费用为 0（元），保管费用累积为 0 元；

第二周期：销售量为 60 件，保管费用 = $60 \times 12 \times 2.5\% \times 1$ 元 = 18 元，保管费用累积为 18 元 + 0 元 = 18 元；

第三周期：销售量为 70 件，保管费用 = $70 \times 12 \times 2.5\% \times 2$ 元 = 42 元，保管费用累积为 18 元 + 42 元 = 60 元；

第四周期：销售量为 80 件，保管费用 = $80 \times 12 \times 2.5\% \times 3$ 元 = 72 元，保管费用累积为 60 元 + 72 元 = 132 元；

第五周期：销售量为 70 件，保管费用 = $70 \times 12 \times 2.5\% \times 4$ 元 = 84 元，保管费用累积为 132 元 + 84 元 = 216 元。

由此可见，第三周保管费用累积 60 元，最接近并小于采购费用 65 元，所以，可将第一到第三周期销售量之和（50 件 + 60 件 + 70 件）作为一次进货批量，那么，本期的经济进货量就是 180 件。

---

2. 机会成本与资本成本

（1）**机会成本**　如有甲、乙两个投资机会可供选择，其投资收益率各不相同。由于选择了甲投资方案而放弃了乙投资方案，则乙投资方案的投资收益率便构成甲投资方案的机会成本。企业的留存赢利，不用于本企业的生产经营，也可对外投资，对外投资的收益率就是企业使用留存赢利的机会成本，可作为留存赢利的资金成本率。

（2）**资金成本**　企业无论从何种渠道筹集资金，都要付出一定代价，资金成本就是企业取得资金而支付的各种费用。它包括资金占用费和筹资费用两部分。资金占用费主要包括资金时间价值和投资者考虑的风险报酬。投资风险越大，占用费率越高。筹资费用是指在资金筹集过程中发生的各种费用，如委托金融机构代理发行股票、债券的注册费和代办费，向银行借款支付的手续费等。

三、物流配送（Ⅲ级）

1. 物流配送保险的投保

（1）物流配送保险分类　按照目前我国国内货物运输保险的有关规定分为两种，即主要险和附加险。

1）主要险。它是物流配送的基本险别。在这一险别中，保险公司对出现下列情况可以独立承保负责赔偿责任：①因火灾、爆炸、雷电、冰雹、暴雨、暴风、洪水、海啸、地震、地陷、崖崩所造成的损失；②因运输工具发生火灾、爆炸、碰撞所造成的损失以及因运输工具在危难中发生卸载所造成的损失或支付的合理费用；③在装货、卸货或转载时发生意外事故所造成的损失；④利用船舶运输，因船舶搁浅、触礁、倾覆、沉没或遇到码头坍塌所造成的损失以及依照国家法令或一般惯例应分摊的共同海损费用和救助费用；⑤利用火车、汽车、板车运输时，因车辆倾覆、出轨、隧道坍塌或人力、畜力的失足所造成的损失；⑥利用飞机运输时，因飞机倾覆、坠落、失踪以及遭遇恶劣气候或其他危难事故发生抛弃行为所造成的损失；⑦在发生上述灾害或事故时，遭受盗窃或在纷乱中造成的损失。

此外，还有在发生保险责任范围内的灾害或事故时，因施救或保护保险货物支出的合理费用等。同时保险公司也明确了汽车配件运输过程中不负赔偿责任的范围，即战争或军事行动；直接由于货物的自然损耗，市价跌落，本质上的缺陷以及因运输延迟所造成的损失或费用；被保险方的故意行为或过失；其他不属于保险责任范围内的损失；还规定了保险货物直接由于破碎渗漏、偷窃、提货不及时、短量，所造成的损失也不负责赔偿。

2）附加险。它是附属于主要险的。这一险别不能单独进行承保，必须在投保主要险后，才能投保附加险。附加险的种类很多，几乎包括运输过程中的一切外来事故，如破碎、雨淋、盗窃、碰损、生锈等。目前，我国国内货物运输的附加险有破碎渗漏险、盗窃险、淡水雨淋险等。

（2）汽车配件物流配送保险的投保工作　是指拥有汽车配件所有权的国营、集体和个体经营者，为了保证汽车配件物流配送的安全防损，而向保险公司办理投保的手续。具体来说，主要包括如下内容：

1）选择投保的险别。由于汽车配件物流配送保险的险别不同，保险费率不同，补偿损失也不同，所以，投保人必须根据汽车配件的种类、性质、特点、包装、运输工具、运输里程及站、港等不同情况来选择保险的险别。

2）确定汽车配件投保价格。办理汽车配件物流配送保险时，汽车配件价格不但是投保人交纳保险费和承保人承担补偿损失的依据，而且涉及投保人利益转让和由谁办理投保工作的问题。

3）投保注意事项。①填报的项目要明确属实。投保后，如发生错漏，应及时申请批改。②投保的险别、币制及其他条件，必须与有关信用凭证、售货合同相符合。③要尽可能投保到大陆目的地（收货地是大陆城市），以解决收货人的实际需要。④要考虑与承保人投保中可能发生的特殊情况。

2. 物流配送保险的索赔

当保险汽车配件遭受损失后，投保人应向保险公司办理索赔工作，主要内容如下：

1）投保人把保险汽车配件的损失情况马上通知承保人，以便承保人及时检验损失，提出施救意见，确定保险责任等；否则，就会延误承保人办理有关工作而引起异议，影响索赔。

2）涉及承运方或发货人责任的，除了按规定向承保人报损外，还应向有关部门索取货损货差证明，并向承运方或发货人提出索赔，同时保留追偿权利，或申请延长索赔时效；否则，收货人就不能事后再提索赔，而且承保人对丧失追偿权利部分的损失，可以拒绝赔偿，这样投保人就要蒙受不必要的损失了。

3）及时组织施救、整理工作，防止损失的扩大，不能因为投保，就把责任转嫁给承保人。由于投保的货主对汽车配件的性能用途比较熟悉，进行施救和整理能更好地利用资源，所以当汽车配件发生受损后，原则上由货主自行处理。

4）备全必要的索赔单证，如保险单或保险凭证正本、运输契约、发票、请求赔偿函电、检验报告、货损货差证明、索赔清单等有关单证，这是索赔的主要依据。投保人在保险汽车配件的损失经过检验，向承运人等的追偿手续办妥后，就可以提取上述单证向承保人要求索赔。

5）等候结案。投保人办妥上述有关索赔手续后，待承保人审定责任，即可领取赔款。如果等待过程中，承保人需要补充材料，投保人应及时提供，以免延误审理时间。如果承保人未能及时答复或结案，应该催赔。

项目三

汽车配件的保管与养护

任务一 汽车配件常规仓储管理

任务目标

知识目标	技能目标	
1. 了解汽车配件分区分类及货位编号的工作流程及意义。 2. 掌握6种堆码方法。 3. 掌握5种货物盘点的方法。 4. 掌握汽车配件的养护方法。	1. 具有发现并解决仓储配件存在的问题,确保配件的质量、数量、保管条件以及安全性的能力。 2. 具有运用不同的堆码方法进行汽车配件出、入库操作的能力。 3. 具有对配件进行准确地盘点并申报配件盘点结果的能力。 4. 具有对不同材质的汽车配件进行养护的能力。	**素养目标** 树立仓储汽车配件维护的意识。

建议学时

6学时。

相关知识

一、汽车配件仓库管理的作用和任务

1. 仓库管理的作用

配件仓库是汽车配件经营服务的物资基地,仓库管理也是企业管理的重要组成部分。仓库管理的主要作用如下:

(1) **仓库管理是保证汽车配件使用价值的重要手段** 仓库管理的好坏,是汽车配件能否保持使用价值的关键之一。如果严格地按照规定加强对配件的科学管理,就能保持其原有的使用价值,否则,就会造成配件的锈蚀、霉变或残损,使其部分甚至是全部失去使用价值。

(2) **仓库管理是汽车配件经营企业为用户服务的一个重要内容** 用户需要各种类型的汽车配件,汽车配件经营企业在为用户服务的过程中,要做大量的工作,最后一道工序就是要通

扫一扫

库存配件管理

过仓库管理员，将用户所需的配件交给用户，满足用户的需求，以实现企业服务用户的宗旨。

2. 仓库管理的任务

仓库管理的基本任务，就是搞好汽车配件的进库、保管和出库，在具体工作中，要求做到保质、保量、及时、低耗、安全地完成仓库工作的各项任务，并节省保管费用。

1）保质。保质就是要保持库存配件原有的使用价值。在配件入库和出库的过程中，要严格把关，凡是质量问题或其包装不合规定的，一律不准入库和出库；对库存配件，要进行定期检查和抽查，凡需要进行保养的配件，一定要及时保养，以保证库存配件的质量都处于良好状态。

2）保量。保量是指仓库保管按照科学的储存原则，实现最大的库存量。在汽车配件保管过程中，变动因素较多，如配件的型号、规格、品种繁多，批次不同，数量不一，长短不齐，包装有好有坏，进出频繁且不均衡，性能不同的配件的保管要求不一致等。配件要按不同的方法分类存放，既要保证配件方便进出库，又要保证仓库的储量，这就要求仓库管理员进行科学合理的规划，充分利用有限的空间，提高仓库容量的利用率。

同时，要加强对配件的动态管理。配件在入库和出库过程中，要严格执行交接点验制度，要保证数量准确无误。对库存配件一定坚持"有动必对，日清月结"，定期盘存，认真查实，随时做到库存配件账、卡、物三者相符。

3）及时。及时是在保证工作质量的前提下，汽车配件在入库和出库的各个环节中，都要体现一个"快"字。

4）低耗。低耗是指配件在保管期间的损耗降到最低限度。配件在入库前，由于制造或运输、中转单位的原因，可能会发生损耗或短缺，所以应严格进行入库验收把关，剔除残次品，发现短缺数量，并做好验收记录，明确损耗或短缺责任，以便为降低保管期间的配件损耗或短缺创造条件。配件入库后，要采取有效措施来降低损耗。

5）安全。安全指做好防火、防盗、防霉变残损、防工伤事故、防自然灾害等工作，确保配件、设备和人身安全。

6）节省费用。节省费用指节省配件的进库费、保管费、出库费等成本。为达到这些目的，必须加强仓库的科学管理，挖掘现有仓库和设备的潜力，提高劳动生产率，把仓库的一切费用成本降到最低。

二、汽车配件的保管（Ⅰ级）

1. 汽车配件的入库验收

（1）入库验收的重要性　入库验收是配件入库保管的准备阶段。配件一经验收入库，仓库保管工作就正式开始了，同时也就划清了入库和未入库之间的责任界限。

入库的配件情况比较复杂，有的在出厂之前就不合格，如包装含量不准确、包装本身不合乎保管和运输的要求；有的在出厂时虽然是合格的，但是经过几次装卸和运输，致使有的包装损坏、含量短少、质量受损，使的配件已经失去了部分使用价值，有的甚至完全失去使用价值。这些问题都要在入库之前弄清楚，划清责任界限。否则，配件在入库保管之后再发现质量、数量问题，就会由于责任不清，给企业造成不必要的经济损失。因此，搞好入库验收工作，把好"收货关"，可以为提高仓库保管质量打下良好的基础。

（2）入库验收的依据

1）根据入库凭证（含产品入库单、收料单、调拨单、退货通知单）规定的型号、品名规格、产地、数量等各项内容进行验收。

2）参照技术检验开箱的比例，结合实际情况，确定开箱验收的数量。

3）根据国家对产品质量要求的标准，进行验收。

(3) 入库验收的要求

1）及时。验收要及时，以便尽快建卡、立账、销售，这样就可以减少配件在库停留时间，缩短流转周期，加速资金周转，提高经济效益。

2）准确。配件入库应根据入库单所列内容与实物逐项核对，对配件外观和包装认真检查，以保证入库配件数量准确，防止以少报多或张冠李戴的配件混进仓库。如发现有霉变、腐败、渗漏、虫蛀、鼠咬、变色、沾污和包装潮湿等现象，要查清原因、做出记录、及时处理，以免扩大损失，要严格实行一货一单制，按单收货、单货同行，防止无单进仓。

(4) 入库验收的程序　入库验收，包括数量和质量两个方面的验收。数量验收是整个入库验收工作中的重要组成部分，是搞好保管工作的前提。库存配件的数量是否准确，在一定程度上与入库验收的准确程度分不开。配件在流转的各个环节，都存在质量验收问题。入库的质量验收，就是保管员利用自己掌握的技术和在实践中总结出来的经验，对入库配件的质量进行检查验收，入库验收的程序如图3-1所示。

1）点收大件。仓库保管员接到进货员、技术检验人员或工厂送货人员送来的配件后，根据入库单所列的收货单位、品名、规格、型号、等级、产地、单价、数量等各项内容，逐项进行认真查对、验收，并根据入库配件的数量、性能、特点、形状、体积，安排适当货位，确定堆码方式。

2）核对包装。在点清大件的基础上，对包装物上的汽车配件标志，与入库单进行核对。只有在实物、标志与入库凭证相符时，方能入库。同时，对包装物是否合乎保管、运输的要求要进行检查验收，经过核对检查，如果发现票物不符或包装破损异状时，应将其单独存放，并协助有关人员查明情况，妥善处理。

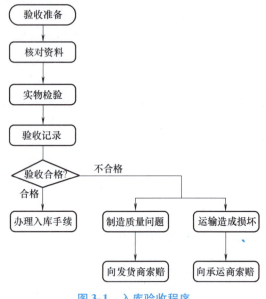

图3-1　入库验收程序

3）开箱点验。凡是出厂原包装的产品，一般开箱点验的数量为5%~10%。如果发现包装含量不符或外观质量有明显问题时，可以不受上述比例的限制，适当增加开箱检验的比例，直至全部开箱。对数量不多而且价值很高的汽车配件、非生产厂原包装的或拼箱的汽车配件、国外进口汽车配件、包装损坏或异状的汽车配件等，必须全部开箱点验，并按入库单所列内容进行核对验收，同时还要查验合格证。经全部查验无误后，才能入库。图3-2为易损件。

4）过磅称重。凡是需要称重的配件，一律全部过磅称重，并要记好重量，以便计算、核对。

5）配件归堆。要根据配件的性能特点，安排适当货位。归堆时一般按五五堆码原则

图 3-2 易损件

（即五五成行、五五成垛、五五成层、五五成串、五五成捆，如图 3-3 所示）的要求，排好垛底，并与前、后、左、右的垛堆保持适当的距离。批量大的，可以另设垛堆，但必须整数存放，标明数量，以便查对。建卡时，注明分堆寄存位置和数量，同时在分堆处建立分卡。

6）上账退单。仓库账务管理人员，根据进货单和仓库保管员安排的库、架、排、号以及签收的实收数量，逐笔逐项与财务部门核对，作为业务部门登录汽车配件账和财务部门冲账的依据。

7）记录工作。仓库管理员在清点备件的同时，应做好相关记录工作。①在备件外包装上标注入库日期，以便在发货时做到"先进先出"。②对于安全件，认真填写"安全数据表"和"安全件清单"。

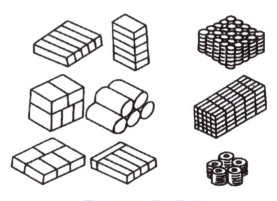

图 3-3 五五堆码原则

(5) 入库验收工作中发现问题的处理 在汽车配件入库验收中发现的数量、质量或包装的问题都应按规定如实做好记录，交接双方或有关人员签字后根据情况分别处理。

1）单货不符或单证不全。单货不符或单证不全有五种情况，见表 3-1。

表 3-1 单货不符或单证不全的情况

情　况	处　理　办　法
汽车配件串库	汽车配件串库是指送往其他仓库的汽车配件混进本库而形成的单货不符。对此，应如实签收，将错送的汽车配件清出，当即退回；如是在签收后堆码、验收中发现串库汽车配件，应及时通知送货人办理退货手续，同时更正单据
有货无单	指货物到库而随货同行凭证未到。对于这种情况，应安排场所暂时存放，及时联系，待单证到齐再点验入库
有单无货	存货单位预先将入库单送来仓库，但经过一定时期，仍未来货，形成有单无货，应及时查明原因，将单退回注销
货未到齐	由于运输途中甩货或批次转运混乱，造成同一批汽车配件不能同时到齐。对此，应分单签收
细数、规格不符	入库汽车配件在开箱、拆包验收中发现品名、规格、牌号、产地等与入库单所列不符，仓库应与存货单位联系或提出查询处理

2）质量问题。质量问题包括汽车配件异状、残损、变质等。在接货时发现的质量问题，应会同交通运输部门清查点验，并由交通运输部门编制商务记录或出具证明书，以便按章索赔。如确认责任不在交通运输部门，也应做出普通记录，以便作为向供货单位联系处理的依据。

3）包装问题。在清点大数时发现包装有水渍、沾污、损坏、变形等情况，应会同送货人开包检查内部细数和质量，并由送货人出具入库汽车配件异状记录，或在送货单上注明，并同时通知保管员另行堆放。

4）数量不符。数量不符是指汽车配件到库实数与随行单证上所列数量不一致，有件数不符合细数不符两种情况。件数不符，应由收货人在送货单各联上注明后按实签收，短少的品名、规格、数量，应通知运输人员及供货单位；细数不符是开包检验发现汽车配件的溢余短少或者规格不符，对此情况，应如实签收，注明情况，并通知发货方和业务单位。发生这种情况既不能作溢余处理，也不能以长补短，互相抵补，应填写残损短缺溢出记录进行处理，转发货方。

2. 汽车配件的入库管理

仓库管理人员在对需入库的汽车配件验收合格后，就要对这些配件进行入库管理。

（1）建立配件商品档案　建立配件商品档案是指对配件出入库凭证和技术资料进行分类归档保存。其目的是为了更好地管理配件商品的凭证和资料，防止散失，方便查阅，同时便于了解该配件入库前后的活动过程，有助于总结和积累仓库保管经验，研究管理规律，提高科学管理水平。建立配件商品档案应一物一档。

扫一扫

入库验收工作中发现问题时怎么办

> **小知识**
>
> 存档资料包括：
> 1）配件出厂时的各种凭证和技术资料，如商品技术证明、合格证、装箱单、发货明细表等。
> 2）配件运输单位和事故记录。
> 3）配件验收的入库通知单、验收记录、磅码单、技术检验报告。
> 4）配件入库保管期间的检查、保养、损益、变动等情况的记录。
> 5）库内外温湿度记载及对配件质量的影响情况。
> 6）配件出库凭证。

（2）货卡　货卡又称料签、料卡、保管卡。它是一种实物标签，上面标明商品的名称、规格、数量或出入状态等内容。它一般挂在上架货物的下方或放在堆垛商品的正面。货卡按其作用不同，可分为货物状态卡和商品保管卡。商品保管卡包括标志卡和储存卡等。

1）货物状态卡。用于表明货物所处业务状态或阶段的标志，根据ISO 9000国际质量体系认证的要求，在仓库中应根据货物的状态，按可追溯性要求，分别设置待检、合格、隔离等状态标志，如图3-4所示。

2）商品保管卡。

①标志卡用于表明货物的名称、规格、供应商和批次等信息。根据ISO 9000质量体系认

待　检	合　格	隔　离
供应商名称：	供应商名称：	供应商名称：
图号：	图号：	图号：
名称：	名称：	名称：
进货日期/批号/生产日期	进货日期/批号/生产日期	进货日期/批号/生产日期
标记日期：　年　月　日	标记日期：　年　月　日	标记日期：　年　月　日
标记人：	标记人：	标记人：
备注：	备注：	备注：

图 3-4　待检、合格、隔离等状态标志

证的要求，在仓库中应根据货物的不同供应商和不同入库批次，按可追溯性要求，分别设置标志卡，如图 3-4 所示的合格标志。一般情况下货物标志卡与合格状态标志合二为一使用。

② 储存卡用于表明货物的入库、出库与库存动态的标志，见表 3-2。

表 3-2　储存卡

类别			名称			编号		
规格			单位			分号		
年		凭证		摘要	收入数量	发出数量	结存数量	保管人签章
月	日	种类	号数					

商品保管卡采用哪种形式，应根据仓储业务需要来确定。

(3) 仓储配件的检查　由于配件仓库储存的配件品种规格多，进出频繁，而且各种自然条件在不断变化，极易造成库存商品数量和质量的变化。为了保证在库储存保管的配件质量完好、数量齐全，必须进行经常和定期的查数量、查质量、查保管条件、查计量工具、查安全等全面的检查工作。

1) 检查的内容见表 3-3。

表 3-3　仓储配件的检查内容

查数量	查商品的数量是否准确；查账卡的记载是否准确；核对账、卡、物是否一致
查质量	检查在库配件质量有无变化，包括有无受潮、沾污、锈蚀、发霉、干裂、虫蛀、鼠咬，甚至变质等情况；检查有无超过保管期限和长期积压现象；检查技术证件是否齐全，是否证物相符；必要时，还要进行技术检验
查保管条件	查堆码是否合理稳固；苫垫是否严密；库房是否漏水；场地是否积水；门窗通风洞是否良好；库内温湿度是否符合要求；库房内外是否清洁卫生；保管条件是否与各种商品的保管要求相符合等
查计量工具	检查计量工具，如皮尺、磅秤等是否准确；使用和养护是否合理。这些都要用标准件来校验、标定
查安全	检查各种安全措施和消防设备、器材是否符合安全要求；检查建筑物是否损坏而影响商品储存等

2）检查方法。①日常检查。是指保管员每日上、下班时，对所保管商品的安全情况、保管状况、计量工具的准确性、库房和货场的清洁整齐情况等进行的检查。这是保管员每日必须进行的一项工作。②定期检查。是指根据季节变化和工作的需要，由仓库负责人组织有关方面的专业人员，对在库商品进行定期检查。如雷雨季节前后，组织质量和保养情况的检查；暑热季节前，对怕热商品的防热措施的检查；寒冬季节前，对冬防措施的检查；节假日前，组织安全措施的检查等。③临时检查。是指有灾害性气象预报时所组织的临时性检查，或者是根据工作中发现的问题而决定进行的临时检查。如在暴雨、台风到来前，要检查建筑物是否承受得住风雨袭击，水道是否畅通，露天货场苫盖是否严密牢固，风雨过后再检查有无损失等。

3）检查中发现问题的处理。①商品有变质迹象或发生变质时，应按维护保养要求处理，查明原因，提出改进措施。②对超过保管期或没有超过保管期，但质量要求不能继续存放的，应通知货主及时处理。③对已破损的，应查明原因，协商处理。④对数量有出入的，应弄清情况，查明原因，分清责任。造成短少、溢余的原因主要有磅差、计量方法不对、自然损耗、责任损益等。⑤检查结果和问题应详细记录。

（4）汽车配件商品出入库管理制度

1）设置专人管理，负责物品的验收、入库、保养和出库工作。

2）配件的入库验收与登记作业要求。

3）配件的领用与归还。

4）配件的出库作业要求。

3. 汽车配件的分区分类

分区分类是汽车配件保管保养的一种科学方法，也是仓储管理的一种制度。分区分类就是根据汽车配件性质、保管要求、消防方法及设备条件等，将库房、货棚、货场划分为若干保管汽车配件的区域，进行分类储存的方法。分区分类可以使储存条件和环境适应汽车配件储存保管的需要；同时，根据汽车配件的自然属性、保管要求及其在消费上的连带性把汽车配件划分为若干类别，以便分类和集中保管。

扫一扫

汽车配件陈列有讲究

（1）分区分类的作用

1）有利于汽车配件安全保管。

2）有利于合理使用仓容。

3）有利于缩短汽车配件收、发作业时间。

4）有利于保管员掌握汽车配件进出库活动规律，熟悉汽车配件性能，提高保管技术水平。

5）有利于业务管理。

（2）一般汽车配件分区分类的工作流程

1）分区分类前调研。规划分区分类之前，首先要调研购销业务部门需要入库储存的汽车配件情况。这些情况主要包括：①经营汽车配件的品种、数量与进出库的批量。②汽车配件性能、包装状况及其所需的保管条件、消防要求。③汽车配件收发、装卸、搬运等所需的机器设备和工作量的大小。④仓储汽车配件收发方式、大致流向和周转期。⑤有无特殊的保管、验收和理货要求等。

通过对购销业务活动的调研与分析，分清在性能、养护和消防方法上一致的各类汽车配件所需仓容，考虑对储存、收货、发货条件的要求，结合仓库具体设备条件，即可进行分区分类。

2) 分区分类的方法。

① 按品种系列分类，集中存放。如存储发动机配件的叫发动机仓库（区）；存储通用汽车配件的叫通用件仓库（区）等。图3-5为保险杠仓库（区）。

图3-5 保险杠仓库

② 按车型系列分库存放。如国产汽车配件仓库（区）、进口汽车配件仓库（区）等。

> **小提示**
>
> ① 按汽车配件性质和仓库设备条件安排分区分类。
> ② 凡一个单位经营的汽车配件，只要性质相近和有消费连带关系的，要尽量安排在一起储存。
> ③ 互有影响、不宜混存的汽车配件，一定要隔离存放。
> ④ 按作业安全、方便分区分类。如出入库频繁的汽车配件，要放在靠近库门处；粗、重、长、大的汽车配件，不宜放在库房深处；易碎汽车配件避免与笨重汽车配件存放在一起，以免在搬运时影响易碎汽车配件的安全。
> ⑤ 消防灭火方法不同的汽车配件不得一起存储。

4. 货位编号

（1）货位编号的方法

1) 整个仓库的编号。根据仓库建筑、结构和布局，按库房、货棚、货场分别顺序编号。在数码后面分别加"库""棚""场"字样。

① 货场编号。货场编号可以按进入仓库正门前进的方向，左单右双的顺序排列；或按进入仓库正门前进的方向，按货场的远近，自左向右的顺序排列；或按东西南北等方向编为东货场、西货场、南货场、北货场；或按储存汽车配件类别编为吉利汽车配件库、奔驰汽车配件库等，如图3-6所示。

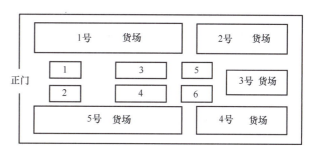

图3-6 库房货场示意图

②库房（货棚）编号。可按进入仓库正门方向自左至右顺序编号，如1号库房、2号库房、3号库房或按储存汽车配件类别编为发动机库、通用库等。

2) 库、棚、场内的货位编号。

①库房内的货位编号。可根据库房面积大小、储存数量和种类，划分为若干货位。一般以中心走道为轴线，将货垛按左单右双或自左而右顺序排列，编上号码（图3-7），用油漆把货位号写在水泥地面上、柱子上或房梁、顶棚上等。

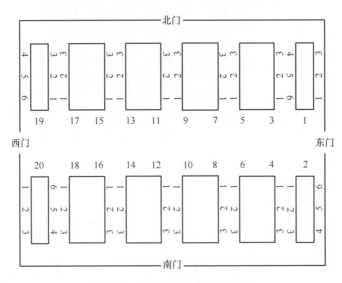

图3-7 库房内货位编号示意图

②货场的货位编号。目前，货场的货位编号有两种方法：一种是按照货位的排列编成排号，再在排内顺序编货位号，如323场货位，即3号货场第2排第3货位；另一种是不编排号，只编每一货场的货位号，如34场货位，即3号货场第4货位。编号标志一般利用水泥块或石块制作，标号后斜埋在相应的地点，以便对号进出货。

3) 货架编号。其方法很多，常见的有以下两种：①与货位大小相等的2层或3层货架，即用砖木或钢材制作的货架，堆放整件的汽车配件用。对这种货架的编号，一般从属于段位编号，只要在段位号末加注"上、中、下"字样即可，如5号库6货位2段中层货架，可写为5-6-2中，就可按号找货。②在已拆箱付零的仓库里，由于汽车配件零散，很多汽车配件需要拆件分类放在货架的格眼里，以便发货。一个仓库有许多货架，为了管理方便，必须按业务需要进行货架编号，其形式多种多样。一般以排为单位进行编号，如库房内，有16排4层货架，每排有16个格眼，编号时可按1排1~16号，2排1~16号，依此类推，逐排逐号按顺序编列号码，以便存取，如5号仓库第9排货架第4号格眼，可以写成$5\frac{4}{9}$，以示与货架标号的区别，如图3-8所示。

(2) **货位编号的使用** 货位编号是汽车配件在库的"住址"，标志必须明显、清楚。保管员、记账员必须使用仓库统编的货位号，对号收发货。仓库货位号的书写方法，在一个仓库必须一致。如把各个号码用短线联结起来就组成一个货位编号，写成5-1-3，即5号库房1货位3段。

汽车配件入库时，保管员根据汽车配件堆码位置，把货位号注明在入库凭证上，以便在记账时附注货位号；汽车配件出库时，要把货位号注明在出库凭证上，以便按号找货。

在库汽车配件由于整理货垛变动了存放位置时，保管员应立即填制内部汽车配件倒并垛通知单，将汽车配件转移后所在货位（除自己更改货位号外）及时通知记账一同更改，以防发生差错。

5. 货物堆码

汽车配件堆码指的是仓储汽车配件堆存的形式和方法，又称堆垛。

(1) 堆码要求　汽车配件验收入库，根据仓库储存规划确定货位后，即应进行堆码、苫垫（苫是指在货垛上加上遮盖物，垫是指

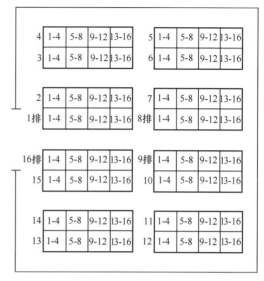

图 3-8　货架编号示意图

在汽车配件垛底加衬垫物）。妥善的堆码、苫垫是汽车配件保管保养中的一项重要工作，也是确保汽车配件质量和提高仓库利用率的必要措施。

1）货物的科学堆码技术。

① 对堆码汽车配件的要求。汽车配件在正式堆垛时，必须具备以下条件：汽车配件的数量、质量已彻底查清；包装完好，标识清楚；外表的污渍、灰尘、雨雪等已清除，不影响汽车配件质量；受潮、锈蚀以及已发生某些质量变化或质量不合格的部分，已经加工恢复或者已剔除另行处理，与合格品不相混杂。为了便于机械化操作，对于金属材料等物品，需打捆的应打捆；对于机电产品和仪器仪表等，需集中装箱的应装入适用的包装箱。

② 对堆码场地的要求。库内堆码，货垛应在墙基线和柱基线以外，垛底应垫高；货棚内堆码要防止雨雪渗漏，棚内两侧或四周必须有排水沟或管道，棚内地坪应高于棚外地面，最好铺垫砂石并夯实，堆垛时要垫垛，一般垫高 20～40cm。露天堆垛，堆垛场地应坚实、平坦、干燥、无积水及杂草，场地必须高于四周地面，垛底部还应垫高 40cm，四周必须排水畅通。

③ 堆码的技术要求。合理，垛形必须适合汽车配件性质特点，便于货物保管保养，并有利于货物的先进先出；牢固，货垛必须不偏不斜，不能压坏底层货物和地坪；定量，堆码货物不得超出有效面积范围，其重量不得超过地坪最大承压能力，高度不得超出可用高度，货垛的每层数量也应定量，如实行"五五"堆码，使码成"五"的倍数，便于记数和发货；整齐，堆码货物的包装标识必须一致向外，货物沿走道、支道画线堆码，排列整齐、有序、清洁、美观；节省，要节省货位，提高库容利用率，减少作业环节，提高作业效率。

2）汽车配件的堆码。汽车配件进入仓库储存，应按一定的要求存放，不许任意平摊或堆叠。汽车配件堆码必须根据汽车配件的性能、数量、包装质量、形状以及仓库条件，按照季节变化的要求，采用适当的方法、方式，将汽车配件堆放稳固、整齐。堆码必须做到安全、方便，如图 3-9 所示。具体要求如下：

① 要保证人身、汽车配件与仓库的安全。
② 要便于汽车配件出入库操作。

(2) 堆码方法

1) 重叠法。重叠法即按入库汽车配件批量，视地坪负荷能力与可利用高度来确定堆高的层数，先摆正底层汽车配件的件数，然后逐层重叠加高，上一层每件汽车配件直接置于下一层每件汽车配件之上，并对齐，如图3-10所示。

图3-9 堆垛安全间距

图3-10 重叠法堆码

> 💡 小提示
>
> 重叠法适用于硬质整齐的汽车配件包装、正方形的包装和占用面积较大的钢板等。垛体整齐、稳固，操作较易，但不能堆太高，尤其是孤立货垛、以单件为底的货垛，若叠得过高易倒垛。

2) 压缝法。压缝法指对包装成长方形的且长度与宽度成一定比例的汽车配件可采用每层交错压缝堆码的方法，即上一层汽车配件跨压住下一层两件以上的汽车配件，下纵上横或上纵下横，货垛四边对齐，逐层堆高，如图3-11所示。

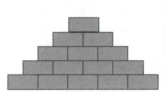

图3-11 压缝法堆码

> 📚 小知识
>
> 该方法使每层汽车配件互相压缝，既可使堆身稳固、整齐、美观，又可按小组出货，操作方便，易于腾出整块可用空仓。每层和每小组等量，便于成批标量，易于核点数量。

3) 牵制法。当汽车配件包装不够平整、高低不一、堆码不平衡时，可在上、下层汽车配件间加垫，并夹放木板条等，使层层持平有所牵制，防止倒垛。此法可与重叠法、压缝法配合使用。

4）通风法。为了防止有的汽车配件发霉、潮湿锈蚀，需要通风散热、散潮，堆放时件与件之间不能靠紧，前后左右都要留一定空隙，即要堆通风垛，如图 3-12 所示。

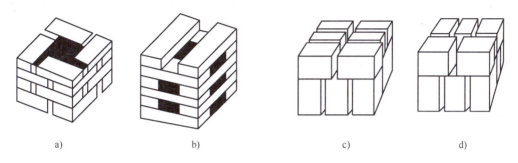

图 3-12　通风法的类型
a）旋涡形　b）"井"字形　c）"非"字形　d）"示"字形

小知识

桶装、听装的液体汽车物品，排列成前后两行，行与行、桶与桶间都应留有空隙；上层对下层可压缝堆高，即上一件跨压在下两件"肩"部，以便于检查有无渗漏。

5）行列法。零星小批量汽车配件，不能混合堆垛，应按行排列，不同汽车配件背靠背成两行，前后都面临走道，形成行列式堆码，避免堆"死垛"。

6）轮胎货架。为防止轮胎受压变形，也需要专门货架保管。这种货架有固定的，也有可以装拆的，如图 3-13 所示。

6. 盘点

（1）盘点的目的和内容　盘点是对库存的全部汽车配件数量进行仔细核对，清点实存数，查对账面数的业务活动。

1）盘点的目的。盘点是保证储存货物达到账、货、卡完全相符的重要措施之一。库存货物必须经常保持数量准确和质量完好，才能更有效地为生产、流通提供可靠的库存依据。盘点时，不仅要清查库存账与实存数是否相符，有无溢缺或规格互串等，还要查

图 3-13　轮胎货架

明在库汽车配件有无霉烂、变质，接近失效或残损、呆滞等情况。通过盘点，彻底查清库存数量上已有的或隐藏的、潜在的差错事故；发现在库汽车配件异状的应及时采取措施，减少和避免保管损失。

2）盘点内容见表 3-4。

在盘点时发现问题应做出记录，并及时追查原因。未查明之前，对溢余、短缺、差错等，应及时按规定报业务部门处理，以保持库存汽车配件的真实。不能随便以溢余抵冲短缺，防止事后无从查对。

表 3-4 盘点内容

序号	内容	说明
1	盘点数量	对计件汽车配件，应全部清点，对货垛层次不清的汽车配件，应进行必要的翻垛整理，逐批盘点
2	盘点重量	对计重汽车配件，可会同业务部门据实逐批抽件过秤
3	核对账与货	根据盘存汽车配件实数来核对汽车配件保管账所列结存数，逐笔核对。查明实际库存量与账、卡上的数字是否相符；检查收发有无差错；查明有无超储积压、损坏、变质等
4	核对账与账	仓库汽车配件保管账应定期或在必要时与业务部门的汽车配件账核对

（2）盘点方法

① 日常盘点。日常盘点又称为永续性盘点或动态盘点。这是保证库存汽车配件账、货、卡相符的基本方法。这种核对不定期，是一种局部性的盘点。其特点：一是动态复核，即对每天出动的货垛，在发货后随即查点结存数。这种核对花时少，发现差错快，可以有效地提高账、货相符率；二是巡回核对，即日常翻仓整垛、移仓、过户分垛后，对新组合的货垛或零散的货垛，安排巡回核对点数。日常盘点流程如图 3-14 所示。

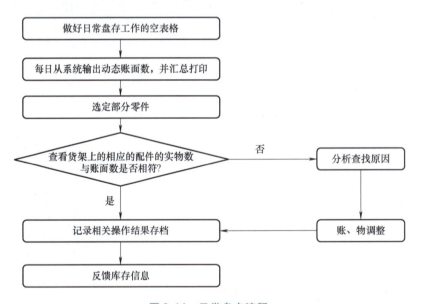

图 3-14　日常盘点流程

② 定期盘点（又称全面盘点）。这是库存盘点的主要方式，由仓库主管领导会同仓库保管员按月、季、年度，对库存汽车配件进行一次全面的清查盘点，也称期末盘点，通常多用于清仓查库或年终盘点。定期盘点的工作量大，检查的内容多，一般把数量盘点、质量检查、安全检查结合在一起进行。开展盘点前，对账、卡要核对一次，盘点时必须两人进行，采取以货找账的方法，要求对全部库存汽车配件逐垛、按品种核对。账、货相符的，要在账页上和货垛上做出盘点标志；账、货不符的，逐笔做出记录。盘点完毕，需把账页从头到尾仔细检查一遍，如发现无盘点标志的账页，应立即查明原因，及时处理。盘点结束后，保管

员应做出盘点记录，注明账、货相符情况，在规定时间内向上级报告。定期盘点流程如图 3-15 所示。

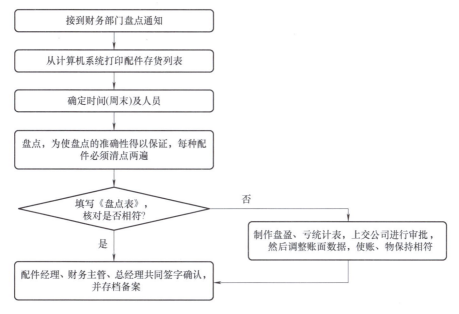

图 3-15 定期盘点流程

③ 临时盘点（又称突击性盘点）。指根据工作需要或在台风、梅雨、严寒等季节进行的临时性突击盘点。当汽车配件突击出、入库时，日常盘点没有及时跟上，在突击出、入库结束后，必须要进行临时性的局部或全部盘点。保管员因调离工作岗位而与接替的人员办交接工作时，在仓库主管或组长的监督下，交接双方进行临时盘点，以划清所保管汽车配件的数量和质量责任界限。有时发生意外事故（如失窃），或对库房、货垛有疑问时，也可以组织有关人员临时盘点。

④ 循环盘点。指按照汽车配件入库的先后顺序，不论是否发生过进出业务，都要有计划地循环进行盘点的一种方法。每天、每周按顺序对部分汽车配件进行盘点，到月末或期末则每项汽车配件至少完成一次盘点。

⑤ 重点盘点。指对进出动态频率高、易损耗、价值昂贵汽车配件的一种盘点方法。

(3) 盘点结果的申报

1) 盘点结果处理业务。①报盈亏业务。指对在仓储管理中合理的汽车配件损耗填制盈亏报表，报领导批准的过程。②报损业务。在仓储管理中合理的汽车配件超过允许损耗范围，应填制报损表，并写明损耗原因，经领导处理、审批后报损。一般情况下，保管员应承担一定的经济责任。

2) 发生盈亏原因的分析。①汽车配件入库登账卡时看错数字。②运输途中发生的损耗在入库时未发现。③盘点工作计数的错误。④由于自然特性，某些汽车配件因挥发、吸湿而使重量增加或减少。⑤因气候影响而发生腐蚀、硬化、变质、生锈、发霉等。⑥液体汽车配件因容器破损而流失。⑦单据遗失，收发汽车配件未予过账。⑧捆扎包装错误使数量短缺。⑨衡器欠准确或使用方法错误。

（4）盘点后的处理工作

1）核对盘点单据。盘点开始时发给盘点人员的盘点单，须经统一编号、记数；盘点后按编号、发出数全部收回，以防最后计算上的疏漏。

2）核账。盘点单是盘点实际库存数的原始记录，用来与汽车配件账、卡核对，检查盘点有无遗漏。

3）追查发生盈亏的原因。将盘点单与汽车配件账、卡进行核对，发现盈或亏时，要分析追查原因。

> **小知识**
>
> 一般可在以下方面查找原因：盘盈、盘亏的结论是否真实，是否因凭证遗失而造成错误；发生盘盈、盘亏的数量是否在定额损耗之内和允许磅差之内；发生盘盈、盘亏的原因分析是否合理。

4）盘盈或盘亏的处理。原因查清之后，要研究处理方法，办理调整汽车配件账、卡的手续。

5）编表与分析。汽车配件盘盈、盘亏与金额增减处理完毕后，编制汽车配件盘点分析表，作为库存汽车配件管理考核用。

7. 内部调拨

内部调拨是企业各营业柜、门市部等非独立核算部门之间为了调剂汽车配件余缺或花色品种而对汽车配件的相互转移。企业内部汽车配件的调拨，并不会使企业内部库存总额发生增减变化，只是实物负责人所负责汽车配件的金额及相应的汽车配件进销差价金额发生增减变化。汽车配件内部调拨时，由业务部门填制一式数联的"汽车配件内部调拨单"（简称调拨单），通知调入方和调出方进行汽车配件交换，并在调拨单上签字后，将其中的一联送财会部门做账，如图3-16所示。

调 拨 单

以下物品从 _____ 调入 _____   年   月   日

零件代码	名称及规格	单位	数量	单价	金额	备注
合 计	仟 佰 拾 万 仟 佰 拾 元 角 分 ￥

制单：　　　发货单位及经手人（签章）　　　调入单位及经手人（签章）

图 3-16　调拨单

8. 汽车配件的出库

汽车配件出库是仓储业务过程的最后一道工序。汽车配件出库业务就是仓库根据销售部门或批发部门开出的汽车配件出库凭证（如提货单、调拨单），组织汽车配件出库，向要货单位发货的一系列工作的总称。汽车配件出库无论采取何种形式，都必须按照汽车配件出库制度办事，贯彻"先进先出、出陈储新""单据手续齐全""节约用料"的原则，做到汽车配件出库准确及时。

(1) 汽车配件出库的基本方式

1) 代运。代运方式的操作步骤是由业务部门事先将发货凭证送到运输部门，运输部门经过制单托运向仓库办理提货手续。这种汽车配件出库方式，常用于大型的汽车配件批发企业。

2) 送货。送货方式在汽车配件行业中被广泛采用。若客户对配件的用量较少且路途较近，货主就自行给用户送货。另一种是仓库直接把"汽车配件调拨单"或"汽车配件提货单"所开列的配件直接送到收货单位指定的地方。

3) 自提。自提方式是收货单位持货主所开的提货单并自备运输工具到货主仓库直接提货。

(2) 汽车配件出库的程序　汽车配件出库的程序如图 3-17 所示。

图 3-17　出库的程序

1) 核对单据。业务部门开出的供应单据是仓库发货、换货的合法依据，保管员接到发货或换货单据后，先核对单据内容、收款印章，然后备货或换货。如发现问题，应及时与有关部门联系解决，在问题未弄清前，不能发货。常用发料单如图 3-18 所示。

××××汽车销售服务有限公司
发料单

委托书号：　　　　　　维修类型：　　　　　　发料单号：

牌照号：　　　车型：　　　车主：　　　　　　发料日期：

仓库	实际库位	配件代码	配件名称	单位	数量	单价	金额

操作员：　　　　　发料人：　　　　　领料人：　　　　　核料员：　　　　　验收人：

图 3-18　发料单

2) 备货。备货前应将供应单据与卡片、实物核对，核对无误，方可备货。备货有两种形式：第一种是将配件发到理货区，按收货单位分别存放并堆码整齐，以便复点；第二种是外运的大批量发货，为了节省人力，可以在原垛就地发货，但必须在单据上注明件数和尾数（即不足一个原箱的零数）。不论采用哪种形式，都应及时记卡、记账、核对结存实物，以保证账、卡、物三者相符。

3）复核、装箱。备货后一定要认真复核，复核无误后，属于用户自提的，可以当面点交。属于外运的，可以装箱发运。在复核中，要按照单据内容逐项核对，然后将单据的随货同行联和配件一起装箱。如果是拼箱发运的，应在单据的仓库联上注明，如果编有箱号的，应注明拼在几号箱内，以备查考。不论是整箱或拼箱，都要在箱外写上，以防止在运输途中发错到站。

4）报运。配件经过复核、装箱，要及时过磅称重，然后按照装箱单内容逐项填写清楚，报送运输部门，向承运单位申请准运手续。

5）点交和清理。运输部门凭装箱单向仓库提货时，保管员先审查单据内容、印章以及经手人签字等，然后按单据内容如数点交。点交完毕后，随即清理现场，整理货位，腾出空位，以备再用。用户自提的一般不需备货，随到随发，按提单内容当面点交，并随时结清，做到卡物相符。

6）单据归档。发货完毕后，应及时将提货单据（盖有提货印章的装箱单）归档，并按照其时间顺序，分月装订，妥善保管，以备核考。

（3）汽车配件出库的要求

1）凭单发货。保管员要凭业务部门的供应单据发货，但如果单据内容有误，填写不合规定，手续不完备的，保管员可拒绝发货。

2）先进先出。保管员一定要坚持"先进先出、出陈储新"的原则，以免造成配件积压时间过长而变质报废。

3）及时准确。一般大批量发货不超过2天；少量货物，随到随发；凡是注明发快件的，要在装箱单上注明"快件"字样；发出配件的车型、品种、规格、数量、产地、单价等，都要符合单据内容。因此，出库前的复核一定要细致，过磅称重也要准确，以免因超重发生事故。

4）包装完好。配件从仓库到用户，中间要经过数次装卸、运输，因此，一定要保证包装完好，避免在运输途中造成损失。

5）待运配件。配件在未离库前的待运阶段，要注意安全管理。例如，忌潮的配件要加垫，怕晒的配件要放在避光通风处。

（4）汽车配件发货的复核

1）送货的复核。送货的汽车配件发货时，由保管员凭证配货，刷写标签，汽车配件集中于待运场所，由待运汽车配件保管员进行逐单核对。复核汽车配件有无差错，箱号、件数是否相符；复核发往地点与运输路线有无错误，收货单位名称书写是否正确清楚。复核后，理货员应在出库凭证上签字或盖章，以明责任。小型仓库，不设专职理货员，保管组内应分工合作，互相复核。

2）自提的复核。自提汽车配件出库时，保管员根据提货单配货发付，由复核人员或其他配合工作的保管员对汽车配件的品名、规格、等级、数量等进行复核。未经复核或单货不符的汽车配件不得出库。

3）装箱的复核。出库汽车配件凡是由仓库装箱的，由保管员按单配货，交给装箱人员复核汽车配件品名、规格、等级、数量和计算单位等，并填制装箱单加以签章置于箱内，然后施封。

4）账、货、结存数的复核。保管员据单备货，从货垛、货架上取货以后，应立即核对汽车配件结存数；同时检查汽车配件的数量、规格等是否与记账员在出库凭证上批准的账面结存数相符，并且要核对汽车配件的货位号、货卡有无问题，以便做到账、货、卡三者相符。

9. 安全管理

(1) 汽车配件仓库的消防工作　火灾是仓库的最大威胁，消防就是消灭火灾和防止火灾。消防工作应当贯彻"预防为主，防消结合"的方针。

1）防火。具体措施如下：①领导高度重视仓库安全工作。②广泛、深入地宣传火灾的危害性，提高防火自觉性，是防止火灾事故的重要保证。③确定防火责任人和岗位防火责任制。把防火工作落实到人，并通过岗位责任制，使其制度化、经常化。④严格分区分类管理。凡是易燃、危险物资，一定要进危险品仓库；凡是忌高温的物资，一定要存放在通风、不经常被日光曝晒的位置等。⑤严格控制火种、火源和电源。凡是需要禁止一切火种的地方，要坚决禁止一切火种。凡是浸油的棉纱头、抹布，一律不准带进仓库。仓库内的电线、电气设备，要经常检查维修，严防短路或超负荷运行。仓库和其他重要设施，如果需要安装避雷设备的，一定要安装避雷设备。严格执行安全检查制度，加强门卫，特别是加强安全巡逻值班，防止不法人员破坏。

2）灭火。一是隔离法，就是使燃烧物与周围可燃物隔开，使燃烧因无可燃物而停止；二是窒息法，就是阻止空气进入燃烧区，使燃烧物因得不到足够的氧气而熄灭，如用化学泡沫灭火剂扑灭油类火灾；三是冷却法，就是使燃烧物温度下降到燃烧点以下，如用水灭火就是这个道理。

汽车配件仓库常用的消防器材主要包括各种灭火机、灭火给水装置和简易工具（太平斧、铁锹、沙箱、梯子、水带、水枪、水桶、水池、沙池、沙包）以及消防信号等。

(2) 汽车配件仓库的防盗工作

1）加强汽车配件的防盗意识。

2）遵守企业的汽车配件防盗制度。

3）定期对库存汽车配件进行盘存。

4）必要时提出配备防盗设施建议，如加装防盗门、防盗网、保险柜、红外线报警器等。

三、汽车配件的养护（Ⅰ级）

(1) 生锈和磕碰伤的养护　各种连接销和齿轮及轴类配件，如活塞销、转向节主销、气门、气门挺杆、推杆、摇臂轴、曲轴、凸轮轴等，其特点是都有经过精加工的磨光配合工作面，如果发生生锈、磕碰伤，轻微的可以用机械抛光或用"00"号砂纸轻轻打磨的方法予以去除，然后重新涂油防护。对于影响使用性能的，若有尺寸余量，可磨小一级予以修正；若已经是标准尺寸或已是最小维修尺寸，则只能报废。

对于曲轴和其他一般轴类可用喷焊或镀铬后再磨光，但在加工成本过高、货源又较充沛的情况下，这类配件不受用户欢迎，往往只能报废。又如变速齿轮及具有花键的轴，如果啮合工作面锈蚀严重，虽经除锈，但仍容易造成应力集中，在一定程度上削弱其使用性能，故生锈轻者可降价销售，重者则报废，具体处理视锈蚀程度及需求情况而定。

(2) 配件的铸锻毛坯面的清洁、养护　配件的铸锻毛坯面往往由于清砂或清洗不净，残留氧化皮或热处理残渣，虽然经过涂漆或蜡封，但在存储过程中仍极易生锈甚至更为严重（大块剥蚀）。对于这种情况，必须彻底清除和清洗干净，然后重新涂漆或蜡封，且需视其外观质量及影响使用性能的程度，按质论价。

(3) 电器、仪表配件的养护　电器、仪表配件往往由于振动、受潮而使绝缘介电强度遭到破坏，出现触点氧化、气隙走动、接触电阻增大等故障，致使工作性能失控或失准，必须进行烘干、擦洗（接触件）、调整，并重新校验，以恢复其工作性能。某些电器、仪表的锌合金构件，往往因氧化变质而造成早期损坏，必须进行修理、校准，严重时只得报废。

（4）**蓄电池和蓄电池正负极板的养护** 蓄电池和蓄电池正负极板往往由于包装不善或未注意防潮，短期内便造成极板的氧化发黄，长期则会造成极板的硫酸铅化，使其电化学性能明显下降，甚至无法挽回，故在存储过程中必须注意防护。

（5）**铸铁或球铁配件的养护** 由铸铁或球铁制成的配件，如制动毂、缸体、缸盖、气缸套筒、起动机、发电机端盖等，易在搬运中磕碰而造成破裂或缺损，一旦损坏，除端盖可更换外，其他则无法修复，只能报废。因此，在存储过程中应注意防护，防止磕碰。

（6）**玻璃制品、橡胶配件、石棉制品的养护** 玻璃制品的破损、橡胶配件的老化、石棉制品的损伤裂缺都无法进行修补，应在存储过程中注意防护。

综上所述，在保管工作中，应经常检查和维护存储的汽车配件，贯彻"预防为主"的方针。

任务二　汽车配件的优化管理与养护方法

任务目标

知识目标	技能目标	素养目标
1. 掌握汽车配件保管的注意事项。 2. 掌握汽车配件日常养护的注意事项。	1. 具有对库存汽车配件进行准确计算、按期清点和核实数量等一系列工作的能力。 2. 具有运用正确的方法清洗、养护、合理地存放配件的能力。	1. 树立严格遵守仓储管理的标准制度的意识。 2. 树立对仓储汽车配件定期检查、维护的意识。

建议学时

2学时。

相关知识

一、汽车配件的保管（Ⅱ级）

1. 特殊汽车配件的存放

（1）减振器　减振器在车上承受垂直载荷，若长时间水平旋转会使减振器失效，因此，存放减振器时要将其竖直放置。水平放置的减振器在装车之前，要在垂直方向上进行几次手动抽吸，如图3-19所示。

（2）塑料油箱　为减轻整车装备质量，越来越多的车型采用塑料油箱。塑料油箱在存放过程中有两个方面值得注意。

1）因为塑料易变形，应将有塑料螺纹的安装孔（如燃油浮子的安装孔）的塑料盖子盖上并拧好，防止长时间储存变形后盖子拧不上，或者拧上后密封不好而发生燃油泄漏事故。

2）所有的孔都应盖上防尘盖，以防灰尘杂质进入油箱。因为塑料油箱上没有放油螺塞，一旦带有灰尘杂质的油箱装车后，如要将杂质排出来，只能将油箱拆下来才能清洗，如图 3-20 所示。

图 3-19　减振器　　　　　　　图 3-20　塑料油箱

（3）**爆燃传感器**　爆燃传感器受到重击或从高处跌落后就会损坏，为防止取放配件时失手跌落而损坏，爆燃传感器不应放在货架或货柜的上层，而应放在底层，且应分格存放，每格一个，下面还要铺上海绵等软物，如图 3-21 所示。

（4）**不能沾油的配件**

1）橡胶制品配件。轮胎、水管接头、V 带等橡胶制品怕沾柴油、黄油，尤其怕沾汽油，若常与这些油类接触，就会使其膨胀，加速老化，很快损坏报废。风扇传动带、发电机传动带沾上油，就会引起打滑，影响冷却和发电。干式离合器的各个摩擦片应保持清洁干燥，若沾上油就会打滑。同样，制动器的制动蹄片如沾上油，则会影响制动效果。

此外，对于橡胶制品，特别是火补胶，应在能保持环境温度不超过 25℃的专用仓库内储存，以防老化，保证安全；为防止轮胎受压变形，也需要专门的轮胎货架保管。

2）其他不能沾油的配件。干式纸质空气滤清器滤芯不能沾油，否则灰尘、砂土黏附在上面，会将滤芯糊住，这样会增大气缸进气阻力，使气缸充气不足，从而影响发动机功率。发电机、起动机的电刷和转子沾上黄油、机油，会造成电路断路，使工作不正常，甚至使汽车不能起动。散热器沾上机油、黄油后，尘砂黏附其上，不易脱落，会影响散热效果。

（5）**玻璃制品配件**　由于玻璃制品配件自重小，属轻泡物资，不能碰撞和重压，否则将发生破碎，使这些配件的工作性能丧失，故应设立专用仓库储存，而且在堆垛时应十分注意配件的安全，如图 3-22 所示。

图 3-21　爆燃传感器　　　　　　图 3-22　汽车玻璃的存放

(6) 预防霉的配件　对于软木纸、毛毡制油封及丝绒类储存期超过半年以上的配件，除应保持储存场地干燥外，在毛毡油封内，应放置樟脑丸，以防止霉变及虫蛀。

(7) 汽车真皮椅套　真皮椅套不能重叠、加重与挤压，否则容易产生皱纹和裂缝，应将其存放在阴凉干燥处，防止发霉、变形与老化。

(8) 汽车地毯　现用地毯多为化学纤维制品，这类制品不宜存放在露天货场，同时一定要有外包装，以防灰尘、油渍沾上。

(9) 布椅套　布椅套存放时切勿受潮暴晒，以防褪色。

2. 库存汽车配件数量的管理

对库存汽车配件进行记录统计、准确计算和按期清点、核实数量等一系列的工作，称为库存汽车配件数量管理。

(1) 库存汽车配件实物数量　汽车配件堆放时要实行分批堆垛、层批清楚。货垛标量常见的有以下几种方法：

1) 分层标量法。对于垛型规范，层次清楚、各层件数相等的货垛，在完成堆码后，即可分层标量。这种标量法可以过目知数，分层出库后便于核对结存数，盘点对账也非常方便。

2) 分批标量法。在分层标量的基础上，为了使货垛标量适应出、拆垛的需要，可采取大垛分小批的排码方法，分别以小批为单位进行标量，这就是分批标量法。如有某汽车配件 210 件，堆 7 层高，需要打 30 个底，则可将 30 个底在同一个货位分成 3 个小批垛，每批 10 个底，垛码好后，再进行分批标量。这样就缩小了计数范围，清点也方便。在分批出库后不必调整标量数，盘点时，以未出库的小批垛为基数，再加上已出库的小批垛的余数，即得总件数。

3) 托盘堆码标量法。托盘堆码应实行逐盘定额装载，标量时应以托盘为单位，从下到上、由里向外逐盘累加标量，边堆码边标量。

(2) 汽车配件保管卡

1) 汽车配件保管卡的种类。

① 多栏式保管卡。这种保管卡适用于同一种汽车配件分别存放在好几个地方时使用，如图 3-23 所示。

② 货垛卡片，简称货卡，如图 3-24 所示。

2) 汽车配件保管卡的管理。有集中管理与分散管理两种。

> **小知识**
>
> 集中管理的优点是：保管员能随时掌握汽车配件全面情况，做到心中有数，便于记账，节省时间，避免卡片丢失、漏记、错记；缺点是汽车配件货架上缺乏标志，容易发生收发货差错。分散管理的优点是：发货时单、卡、货核对方便，便于复核和盘点；缺点是容易丢失，记卡不便，容易漏记、错记。

(3) 汽车配件保管账　其内容包括品名、编号、规格、等级、出入库日期、数量、结存数计量单位等，具体格式如图 3-25 所示。保管账设置时，以保管组或仓间为单位建账，设专人记账。记账时，严格以凭证为依据，按顺序记录库存汽车配件的进、出、存情况；按

汽车配件保管卡片			
每 件	长×宽×高 m³	货号：_____	
每件容量	质量	品名：_____	
单位毛重	kg	规格：_____	

存货单位：_____　　计租等级：_____　　产地：_____　　单位：_____

年		凭证号码		摘要	收入数量	付出数量	结存数量	堆　存　地　点				折合质量
月	日	字	号									
			过次页									

图3-23　多栏式保管卡

货卡（　　）

货主单位：_____　　　　　　　　　　　　　　　　　　　货位：_____

货号		品名		规格			
细数		色别		生产厂			
年		单据号码	进仓	出仓	结存	总垛	分垛1	分垛2	分垛3
						货位	货位	货位	货位
月	日								

图3-24　货卡

规定记账，坚持日账日清，注销提单，按日分户装订，分清账页，定期或按月分户排列，装订成册。汽车配件账册注意保密，非经正式手续，外来人员不准翻阅。各类单证销毁，需先报经批准。

> **小提示**
> 为保证账货相符，在管理中必须注意：一个仓库内，并垛数量不宜过大，分垛不宜太多；分垛汽车配件不宜跨仓、跨场；汽车配件移仓，应及时记录，尤其是跨仓间的移仓汽车配件，应通知账务员办好转账手续，抽移账页。

3. 呆滞件的管理

在汽车配件的仓库运作中，将一年以上没有流量的配件称为呆滞件。根据汽车零配件行

汽车配件体积： m³				汽车配件保管账				品名：					
换算质量： 包装数：				计量单位：____ 进货单价：____				类品种：					
								规格： 等级：					

年		凭证号码	摘要	出入库单位名称	入库		出库		结存							货位编号
														合计		
月	日				件数	数量	件数	数量	件数	数量	件数	数量	件数	数量	件数	数量	

图 3-25　汽车配件保管账

业的规则和经验来看，呆滞件的存在是普遍问题，一般呆滞件库存控制在总库存的 5% 以内是正常的或说是良性的，超过则为异常库存。过量的呆滞件会造成配件部门资金积压，影响企业资金的周转，要尽量避免。

（1）呆滞件产生的原因

1）库存不合理。单次订货过多，造成超过一年时间此配件未销售完；一些特殊性的配件或季节性的配件在有需求的时候进货量大，剩余部分一年内无需求造成的呆滞。

2）车型老化或停产。有些车型已经老化或车型已经停产，原来库存的配件难销售完。

3）事故车订货后未更换。一些事故车原来预订的配件，最后因各种原因未维修更换。

4）客户违约。客户订单到货后，因到货时间过长等原因导致客户违约。

（2）呆滞件的处理

1）从源头抓起，根据上个季度或者年度的配件流量、流向来对库存方向进行分析，并调整库存计划，对于流量极低的配件，可以做最低库存或者零库存处理。

2）企业内部做好沟通，及时反馈呆滞件的品种，对事故车有需求时，优先选用；对可以打包或促销的配件，采用打包或降价销售；对服务顾问给予相应的激励政策，加大对呆滞件的销售力度。

3）与自己的供应商沟通，让他们协助消化库存，或以货换货，增加汽车零配件中呆滞件的流通。

4）与同一品牌其他汽车配件销售企业保持互通，尽可能让自己的呆滞件库存实现信息共享。

5）搭建网络平台，在网络平台上划分各品牌区域，各企业可在该平台上及时更新自己的呆滞件库存信息，实现呆滞库存信息共享。

4. 用条形码管理配件

条形码技术是在计算机的应用实践中产生和发展起来的一种自动识别技术，它是为实现对信息的自动扫描而设计的，是实现快速、准确而可靠地采集数据的有效手段。

进货、发货时，工作人员只需利用便携式条形码阅读器识别货物包装上的条形码信息，然后通过条形码命令数据卡输入相应数值和进货或发货命令，计算机就可打印出相应单据。通过与主计算机联系，主计算机即可自动结算货款、自动盘货，如图 3-26 所示。

二、汽车配件的养护（Ⅱ级）

1. 控制库房温湿度

（1）库房温湿度变化规律

1）库房温度变化的一般规律。从季节看，一般1～4月份和10～12月份气温低于库温；6～8月份，气温高于库温；4～5月份和9～10月份气温和库温大致相当。从库房的建筑材料看，由于材料的比热容和导热系数不同，钢筋水泥建材与砖木建材相比，夏天前者库温比后者都高，冬天后者比前者库温高；从结构看，对楼仓来讲，夏天高层库温比低层库温

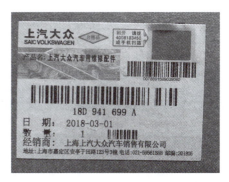

图3-26　外包装箱上的条形码

高，顶层最热，冬天则相反，顶层最冷，平房、人字顶的库温高于平顶的库温；从空间看，向阳面和上部库温高于背阴面和下部库温，靠近门、窗、通风口处的库温变化高于其他地方的变化。

2）库房湿度变化的一般规律。库房湿度除受季节影响以外，还与库房的结构、汽车配件及汽车配件的堆放方法有直接关系。库房或货垛高度越高，上部的温度高，湿度小，底部温度低，湿度大；地坪，夏季温度偏低，湿度偏高，冬天受冷空气的影响，较为干燥；向阳面，温度稍高，湿度稍低，背阴面则相反；库内有死角处湿度较高。库内湿度变化还与汽车配件含水量和密封程度有关，汽车配件含水量大、库房密封差的，库内湿度变化较大；汽车配件含水量低、库房密封好的，受外界湿度影响小，库内的湿度变化较稳定。

（2）库房温湿度的控制与调节

1）密封。密封是利用一些不透气、能隔热防潮的材料，把汽车配件严密地封闭起来，以隔绝空气，降低或减小空气温湿度对汽车配件的影响。如密封合理得当，可以起到防霉、防锈、防冻、防干裂、防虫、防潮、隔热等多种效果。

2）通风。通风的方法有自然通风、机械通风。自然通风是开启库房门窗和风洞，让库内外的空气进行自然对流；机械通风是在库房上部装设排气扇，下部装设进风扇，以加速空气的交换。

3）吸潮。吸潮是指在雨季，库房内外湿度都比较大，不易通风时，在库房密封的条件下利用机械吸潮或吸潮剂来降低库房内的湿度。

4）防照射。过强的日光经常照射在配件上，也会产生不良影响，如橡胶制品、转向盘、分电器盖、蓄电池壳等在长期光照下，会很快失去光泽并发生老化、龟裂、发黏的现象。汽车玻璃在长期日照和冷热温度较大变化下，会发生自然碎裂。金属制品、收录机等应避免日光照射。因此，对于怕阳光照射的配件，要进行防照射处理，放到避免阳光照射的位置，并进行相应的防照射遮挡。

2. 汽车配件的防锈

仓储之前，应对汽车配件进行防锈处理。防锈处理通常指加工表面的涂敷处理，按习惯可采取集中处理（国际型企业通常采取在仓储中心设防锈工段集中处理的方式）和分散处理（我国各企业采取由专业生产厂或车间按技术标准分别防锈处理，再交出的方式）进行。

（1）金属汽车配件锈蚀特征　金属与周围介质发生化学反应或电化学反应而受到的损

坏现象叫作金属的锈蚀（或腐蚀）。金属汽车配件发生锈蚀，会使其外观造型、色泽以及力学性能等受到破坏，从而降低质量，严重时则成为废品，如精度、灵敏度受损后将会严重影响汽车配件的使用价值。不同金属锈蚀的特征各有不同，见表3-5。

表3-5　不同金属锈蚀的特征

序号	锈蚀特征	说明
1	钢铁制品	钢铁制品锈蚀后，表面开始发暗，锈蚀轻微时呈暗灰色，锈蚀进一步发展，初时呈深褐色或棕黄色，严重的呈棕色或褐色斑痕及锈坑，形成一层疏松的、易于剥落的锈蚀物
2	铜及其合金	铜及其合金锈蚀后，一般呈绿锈薄层或暗斑。铝青铜上的锈蚀呈白色、黑色、暗绿色或淡绿色的薄层。铜及合金轻微且均匀的变化是在空气中自然氧化的结果，一般是允许的
3	铝合金和镁合金	铝合金和镁合金锈蚀后，起初是白色或暗灰色，进一步发展则有白色或灰白色粉末状的锈蚀物充满锈坑
4	镀镉、镀锌金属制品	开始时镀层失去光泽，继续发展则呈现白色、灰色或生成白色粉末层。锈蚀严重者可透过镀层，在基体为钢铁的镀层生成与钢铁同样颜色的物质

（2）汽车配件的防锈工艺类型　汽车配件中金属制品所占比重较大，而不同金属配件的材料（分黑色金属和有色金属）、体形结构、单件重量、制造精度、工作性能等又有很大的差异，必须根据不同配件的具体情况选择不同的防锈材料和工艺。防锈工艺大致可分为5种，见表3-6。

表3-6　防锈工艺类型

序号	防锈工艺	说明
1	涂防锈油	应用这种防锈方式的为制造精度和工作质量要求较高，结构复杂或工作表面粗糙度要求在 $Ra1.6\mu m$ 以上，并要求易于清洗的配件，如气缸盖、气缸体、气缸套、连杆、活塞、活塞销、十字节、转向节主销等
2	涂防锈脂	应用这种防锈方式的为结构较单一，但体形较大或较重的配件，如曲轴、凸轮轴、变速齿轮及轴、轴头等
3	可剥性塑料胶囊	应用这种防锈方式的为精密偶件，如喷油泵柱塞副和喷油嘴等
4	涂漆或喷漆	应用这种防锈方式的为要求外观光洁的配件，如灯具、机油及空气滤清器、钢板弹簧、减振器等
5	镀锌、镀锡和阳极氧化	应用这种防锈方式的为电器零件、活塞、水泵轴、轮胎螺钉等

3. 防止汽车配件老化

高分子材料在外界因素的作用下，品质发生变化，出现色差、脆裂、僵硬、发黏等现象，引起各种性能的改变，这些现象就是老化，严重的老化会丧失制品的使用价值。

> **小知识**
>
> 基本防治方法是：严格控制高分子制品的储放条件，库房要清洁干燥，避开热源、避免阳光直射和调节好库房温湿度，合理堆码，防止重压；也可以采取涂漆、涂蜡、涂油、涂布、防老化剂等方法，以防止外因的作用。

4. 轮胎橡胶制品的养护

储存汽车轮胎的库房温度应在 –10 ~ 25℃ 之间，最高不超过 35℃；相对湿度宜在 60% ~ 80% 之间，最高不超过 85%。避免阳光直射，窗户玻璃上可涂蓝色涂料，以阻止紫外线的照射。轮胎、车胎一般应直立堆放，高 3 ~ 4 层。每月定期做在库检查一次。轮胎每 3 个月要及时转动 90°，以防变形。发现内胎发硬、发黏时，要及时揉搓整理。为防止内外胎粘连，在内外胎之间要撒上滑石粉。

> **小提示**
>
> 内胎如是盒装，每 3 个月要错过原折位置重新再折一次装盒，以免折叠老化。
> 如是生橡胶，因生橡胶富有弹性，码垛时要注意货垛安全和人身安全。生橡胶吸湿性很小，要严格控制库房空气温湿度，防止库外温暖、潮湿空气侵入库内，出现凝露现象。否则，渗漏时库房地坪上会出现积水，严重时生橡胶外表面生霉，甚至出现嗜食霉菌的害虫。

5. 汽车配件的清洗

（1）汽车配件的清洗方法

1）金属零件。金属零件的清洗有冷洗法和热洗法。①冷洗法。将零件放入盛有煤油或汽油的盆里清洗干净并吹干。②热洗法。将苛性钠溶液加热至 70 ~ 90℃ 后，将零件放入煮 10 ~ 15min，取出后用清水冲净并吹干。铝合金零件不能用苛性钠溶液清洗，应选用碱酸钠溶液。

2）非金属零件。橡胶零件用酒精或制动液清洗；皮质零件（如油封的皮圈）用干布擦拭。

3）电器零件。电器零件只能用汽油擦拭，不能用煤油、柴油或金属清洗剂清洗。

（2）常用清洗液

产品表面的污物分水溶性和非水溶性的两类。前者包括冷却液、手汗、酸碱盐等；后者包括切削油、研磨膏、油脂等。水溶性污物可用碱性溶液清洗，非水溶性污物一般可用石油溶剂清洗。

任务三　汽车配件的库存成本核算与养护制度

任务目标

知识目标	技能目标	素养目标
1. 了解库存成本核算的内容。 2. 掌握节约库存费用的方法。 3. 了解汽车配件养护制度。	1. 具有进行库存成本核算的能力。 2. 具有做好仓库配件堆放、检查、温度、湿度管理的能力。	1. 树立成本意识，节约库存费用。 2. 提高配件养护意识。

建议学时

2学时。

相关知识

一、汽车配件的保管（Ⅲ级）

1. 核算库存成本

核算库存成本的内容主要有两部分：一部分是按各项业务量归集和分配的各项费用；另一部分是核算经营中的各项业务量，如汽车配件库存量、出入库量等。

（1）**库存成本内容**　工资、福利费、保管费、燃料费、养路及过渡费、折旧费、家具用具摊销、保险费、修理费等。

（2）**库存成本的核算**

1）测算业务量。测算业务量就是通过调研、分析、预测等方法核定出各项业务量，作为成本核算的依据。测算业务量内容：①计算最高业务能力。计算时，必须依据库房和货场堆货面积、汽车配件堆码高度、每件汽车配件的平均体积、每件汽车配件的平均重量等几个方面的数据。②调研历史资料。③分析预测变化因素。

2）测算费用支出。这是指对一定时期各项业务量全部费用进行调研、分析、预测而确定用以计算成本的各项费用。测算费用支出需确定的内容：①调研费用支出的各项历史资料和原始资料。②分析预测变化因素。

通过上述测算业务量和费用支出的全部资料，即可算出核定企业库存总成本和各项成本数据，用以计算各项计划成本。

2. 考核与管理库存费用

（1）**库存费用的考核方法**

1）费用额。费用额即费用开支的绝对额。它是以货币表现的劳动耗费量指标，也是决定其他考核指标的基础，有费用总额和各项费用额之分。

2）费用率。费用率也称费用水平，即在一定时期内的费用额占库存总收入的平均百分比。它说明每百元收入平均需要开支多少费用。费用率也就是在一定时期内的劳动耗费与所完成的工作量的比率。费用率计算公式如下：

$$费用率 = 费用额 \div 库存业务收入 \times 100\%$$

3）费用率升降程度和速度。费用率升降程度是两个不同时期的实际费用率或同一时期的实际与计划费用率的差额。它反映了费用率的降低水平，说明一个企业在不同时期费用率的变动情况。其计算公式如下：

$$费用率升降程度 = 本期费用率 - 上期（或计划）费用率$$

费用率升降速度是费用率升降程度占计划（或上期）费用率的百分比，也称费用率升降幅度。它是在升降程度的基础上进一步反映费用率的升降幅度，可以说明一个企业在不同时期或不同企业在同一时期费用率的变动情况，便于在同类型、同条件的企业之间进行比较，推动企业节约费用。其计算公式如下：

$$费用率升降速度 = (本期费用水平 - 上期（或计划）费用水平) \div 上期（或计划）费用水平 \times 100\%$$

(2) 库存费用的管理原则

1) 在保证正常业务活动需要的前提下，节约费用开支。
2) 严格费用开支范围，坚持开支标准。
3) 加强计划管理，挖掘节约费用潜力。
4) 实行专业管理与群众管理相结合。
5) 节约费用应兼顾宏观经济效益和微观经济效益。

3. 节约库存费用

(1) 提高劳动效率

1) 要在仓库实行经济核算制和定额管理，坚持按劳分配的原则，充分调动广大职工的积极性和创造性。
2) 采用先进的科学技术，大力开展技术革新和技术改造。如电子计算机管理、自动化立体仓库、自动报警灭火装置、吸湿机等。
3) 加强人才培养，努力提高职工队伍素质。

(2) 充分发挥仓库的使用效能　　仓储部门必须在保证汽车配件安全的前提下，千方百计挖掘仓库潜力，认真革新技术，改进堆码方法，努力提高仓容利用率。

(3) 加强汽车配件养护工作，努力减少汽车配件损耗

1) 要把好汽车配件验收入库关，防止有问题汽车配件混入仓库。
2) 加强在库保管工作，加强温湿度管理，防止虫蛀、鼠咬，把损耗降到最低。
3) 要定期盘点，清仓挖潜，做到先进先出。对有问题汽车配件采取积极措施，及时处理，努力降低库存成本水平。

二、汽车配件的养护（Ⅲ级）

汽车配件养护是指汽车配件在储存过程中，库房管理人员定期或不定期地对其进行保养和维护的工作。汽车配件养护是防止汽车配件质量变化的重要举措，是库房保管中一项经常性的工作。因此，应依据以下原则制订汽车配件养护作业制度。

(1) 严格验收入库汽车配件　　为了防止汽车配件在储存过程中发生各种不应有的质量变化，在汽车配件入库时必须进行严格验收。弄清汽车配件和包装的质量以及汽车配件在出厂前的养护情况，做到心中有数，以便有的放矢地保管，及时采取防治措施。

因此，严格汽车配件入库验收，应作为汽车配件养护管理的一项重要制度，列入保管员的岗位责任制或经济承包责任制中，认真贯彻执行，如因违反制度而造成汽车配件损失者，应追究经济责任。

(2) 适当安排储存场所　　储存场所安排适当，能为汽车配件安全保管打下良好的基础。在安排储存场所时，既要掌握各种汽车配件的不同性质，又要了解储存场所的不同条件；应充分利用现有储存条件，妥善安排；或者改造储存场所，改善保管条件以适应汽车配件性质的要求。

对质量、水分不同的汽车配件，性质互相抵触或易窜味的汽车配件，不应存放在一起，以免相互产生不良的影响。特别是化学危险物品，应按照有关规定，严格分区分类安排储存场所，以免互相影响而发生事故。

(3) 妥善进行堆码苫垫　　货垛堆码的方法、形状、高度以及安全距离与汽车配件质量

变化有密切的关系。根据汽车配件性质、包装情况，结合仓库条件、季节气候等特点，进行妥善堆码，以利汽车配件储存安全。

(4) 认真做好仓库温湿度管理　　影响仓储汽车配件质量变化的外界因素很多，其中最主要的是空气的温度和湿度。仓储温湿度管理是汽车配件养护管理中的一项基本制度。

在当前条件下，仓库对温湿度管理应做好以下几点工作：

1）保管员要具有温湿度管理的基本知识和技能，掌握库房的通风、密封、吸潮等方法。

2）做好温湿度的记录工作。各个仓库应在库外和库内的适当地点设置温湿度表，指定专人每天早、午、晚各测定记录一次，或采取定时自动记录。

3）设立库外气候通告牌。大型仓库由专职汽车配件养护员每天上、下午公布库外气候情况；小型仓库可由保管员兼办。气候通告牌设在库区内的明显位置，有条件的仓库还可通过广播向全库人员报告当天的气候变化情况，以便保管员及时了解，正确控制调节仓库的温湿度。

4）加强与气象部门的联系。除根据气象部门发布的气象月报、旬报外，有条件的仓库还应设立"气象警报接收机"，专人定期收听当天短期和临近预报，遇有大风、暴雨、降温等灾害性天气预报，及时汇报领导并通知有关人员做好预防准备，以免汽车配件受到损失。

(5) 认真执行汽车配件在库检查　　做好汽车配件在库检查，对维护汽车配件储存安全具有重要的作用。对库存汽车配件的质量情况，应认真进行定期或临时检查。

(6) 保持储存环境的清洁卫生　　储存环境的清洁卫生是安全储存汽车配件的重要条件。储存环境不清洁，积存垃圾、尘土、污水、杂草等会造成汽车配件沾污、霉腐、虫蛀、鼠咬等损失。因此，仓库要建立清洁卫生制度，制订环境清洁卫生标准，经常打扫垃圾、杂草、易燃物，定期消毒、除虫灭鼠。对库房建筑物及时进行必要的修缮，也是非常重要的方面。

(7) 坚持催调制度　　仓储部门为了配合业务部门加速汽车配件流转，减少汽车配件损失，降低流转费用，对库存长期积压、近期失效等汽车配件，建立库存汽车配件催调制度，及时向业务部门反映汽车配件质量等情况，并促请调拨出库。其范围如下：

1）先进不出，后进先出的汽车配件。

2）验收或检查中发现质量不合要求，尚未得到处理的汽车配件；在运输途中遭受雨淋、水浸，不处理即会遭受损失的汽车配件。

3）积压久储两年以上的汽车配件。

4）临近失效期的汽车配件以及因包装不合标准所造成的破碎、挥发、渗漏等的汽车配件。

5）仓库有货、市场无货的汽车配件以及由于业务部门提货时，在库挑选品种，库存中剩余的质次和市场不适销的汽车配件等。

项目四

汽车配件市场调研

任务一　调研、分析汽车配件市场信息

任务目标

知识目标	技能目标	素养目标
1. 了解市场信息的分类及市场调研报告的内容。 2. 掌握客户价值分析的主要步骤。	1. 具有进行市场调研、收集市场信息的能力。 2. 具有对市场信息的分类及市场调研报告的内容进行分析和整理，撰写市场调研报告的能力。 3. 具有估算某品种汽车配件年需求量和全国汽车配件年需求总量的能力。 4. 具有进行客户价值分析的能力。	1. 树立运用科学的调研方法收集市场信息的意识。 2. 树立保证调研结果的真实性和及时性的意识。 3. 树立客观分析问题的意识。

建议学时

4学时。

相关知识

一、市场调研与市场预测（Ⅰ级）

1. 收集市场信息

（1）观察法　观察法是指由调研人员通过直接观察人们的行为进行实地记录，是一种单向调研的方法，该方法客观性较好，但往往只注意事物的表面现象，容易忽略内在因果关系。观察法主要有直接观察法、行为记录法和实际痕迹测量法。

1）直接观察法。即调研人员亲自到商店、家庭、街道等场所随处进行实地观察，以收集所需资料的方法。一般是只看不问，不让调研对象感觉到，这样可观察到市场的真实情况。这种观察包括四个方面：

① 观察客户选购时的表现，这是研究购买者行为的一种办法，若用摄像机来观察更好。

② 观察家庭消费需要。

③ 观察商店里哪些商品受欢迎，最能吸引客户。

④ 观察销售人员的服务态度、工作方法和工作作风。

2）行为记录法。指市场调研人员在征得调研对象同意后,在调研对象家中安置电子记录装置,记录下调研对象的活动,以收集所需资料的方法。

3）实际痕迹测量法。指调研人员不亲自观察购买者行为,而是观察行为发生后的痕迹,以收集所需资料的一种方法,如设客户意见簿等。

（2）询问法　询问法是一种双向调研法,可以用口头询问与书面询问调研。口头询问可以逐个询问调研对象,也可以借助座谈会形式；书面询问成本低,一次调研面广,还可以用计算机等先进手段迅速处理,包括柜台征询法、跟踪询问法、信询调研法、集体问卷法等。询问法主要分为面谈调研法、电话调研法、邮寄调研法和留置问卷调研法四种。

1）面谈调研法。指通过与调研对象面对面地直接交谈,调研人员对有关问题提出询问,并当场记录调研对象提供的答案,以获取所需资料的一种调研方法。调研人员在面谈之前,应熟悉所要调研的问题,明确问题的核心和重点,并应事先熟悉调研提纲。

面谈调研法可采用个别面谈和小组面谈（召开调研会议）两种形式。前者虽然所花费的调研人力、物力、财力和时间较多,但获取的资料较真实可靠。后者一般所花费用较低,可以在较短时间内获得较多的调研资料,而且由于大家在一起座谈可以相互启发,便于对问题进行深入的研讨。

2）电话调研法。指由调研人员根据调研问卷,通过电话向调研对象询问意见、收集资料的方法。

> **小知识**
>
> ① 电话调研法的优点：能迅速获取所需的情报。凭借电话作为调研工具,可以在极短的时间内,立即获得调研资料,对于某些极具时效性的资料收集来说,它是一种最有效的资料收集方法；所需费用低,仅需付电话费即可；调研对象不受调研人员在场的心理约束,即使不便回答的敏感问题,调研对象也有可能给予满意的答复；调研时按标准问卷发问,便于资料的整理。
>
> ② 电话调研法的局限性：调研时间不可能太长,因而难以做深入交谈,更难控制调研对象的情绪；无法显示照片、图表等背景资料,因而无法获得观察资料。

3）邮寄调研法。指调研人员将设计好的调研问卷或表格邮寄给调研对象,要求调研对象自行填写并寄回,以收集所需资料的办法。

> **小知识**
>
> ① 邮寄调研法的优点：调研区域较广；调研对象有充分的时间来回答问题；所需要的费用低；可避免调研人员在实地调研时可能介入的主观干扰等影响；由于调研人员与调研对象不直接见面,一般调研对象也不需署名,调研情况效果更好。
>
> ② 邮寄调研法的缺点：问卷回收率低；各细分市场的回收率不一致,使设计样本的地理分布产生误差；调研表必须简短；调研对象答复迟缓,无法控制问卷回收时间,往往费时较长。

4）留置问卷调研法。指将设计好的问卷由调研人员当面交给调研对象，并说明填写的方法和要求，由其自行填写，再由调研人员定期收回，以收集所需资料的方法，它实际是面谈调研法与邮寄调研法的结合，其优缺点介于两者之间。

（3）实验法 实验法是把调研对象置于一定的条件下进行小规模实验，从而获得市场信息的方法。该方法比较科学，可以有控制地分析、观察某些市场变量是否存在因果关系、影响程度，如新产品试销试验、试用试验、展销试验等。实验法主要有分割试验法和销售区域试验法两种。

1）分割试验法。在市场条件大致相同的情况下，试验两种或多种不同的广告，测定客户不同的反应，从中选择一种效果较好的广告。

2）销售区域试验法。这是用来测量不同市场的市场营销手段，如产品、设计、包装、陈列、广告等销售活动的效果。如把同一类产品采用包装或无包装分别在数家商店进行试销，然后测定其结果，了解用或不用包装对销售的影响。掌握了信息收集方法还必须了解信息收集渠道。

信息收集渠道主要包括正式渠道和非正式渠道两种，如图 4-1 所示。

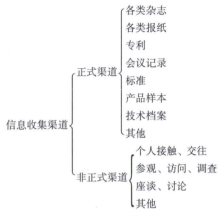

图 4-1 信息收集渠道

2. 分类、汇总市场信息并撰写调研报告

信息的分类和汇总是将搜集到的信息按照一定程序和方法，进行分类、计算、分析、判断、编写，使之成为一份真实的信息资料，以便使用、传递和存储。它不仅要投入原始形态的信息资料，而且还要采用科学方法并耗费大量智力劳动。可利用经过分类、汇总的调研信息，撰写简单的调研报告。简单的调研报告一般包括调研的目的、调研采用的方法和调研的结果。调研总结必须具有真实性和及时性。

3. 市场预测

要会根据单车用量（或消耗量）估算当地汽车配件需求量（或需求额）。要估算某汽车配件的需求量，必须了解该配件历史销售数据（更主要是同期数据）、本地汽车保有量、汽车配件单车用量和汽车年均配件消耗额。根据历史销售数据和历史周期汽车保有量推算单车年均配件消耗量。某个品种汽车配件年需求量和全国汽车配件年需求总量的计算方法如下：

某品种汽车配件年需求量 = 单车年均该配件消耗量 × 上年度汽车保有量

全国汽车配件年需求总量(万元) = 单车年均配件消耗量(万元) × 上年度全国汽车保有量

如何进行市场调研

> 小提示
>
> 注意：单车年均配件消耗量是根据不同类型地区抽样调研所得数据，利用算术平均法，加上专家的意见推算出来的。

二、竞争分析（Ⅰ级）

1. 竞争者的概念

（1）**行业的角度** 生产同一种类型或功能相近、在使用价值上可以相互替代的产品的同行业企业互为竞争对手，如汽车制造商、手机制造商、计算机制造商各有自己行业内的竞争对手。

（2）**市场或客户的角度** 凡是满足相同客户需要或服务于同一客户群的公司也互为竞争对手。这样分析，公共汽车、自行车、出租车都是为满足客户交通方便的需要，提供这些产品和服务的企业将互为竞争对手。

2. 分析竞争者

要准确地评估各个竞争对手的优势与劣势，首先必须要收集其近期各个方面的重要资料，如销售额、市场占有率、边际利润、投资收益率、现金流量及财务状况等。企业的客户、供应商和中间商也是企业了解竞争对手状况的重要渠道。通过问卷调研，进行客户价值分析。

扫一扫

如何进行汽配
市场需求预测

小知识

客户价值分析的主要步骤是：
第一步，确认客户重视的主要属性。
第二步，评估各个属性的重要性。
第三步，评估企业与竞争对手在各项客户价值标准上的表现与标准重要程度的对比。
第四步，评定在特定细分市场上，企业与主要竞争对手在各项属性上的表现如何。
第五步，随时跟踪和注意客户价值的变化。

任务二　分析现有资源数据并完成营销计划

任务目标

知识目标	技能目标	素养目标
1. 了解收集信息的渠道。 2. 掌握市场调研的内容和程序。 3. 掌握定性预测法。 4. 掌握竞争者的营销目标和营销策略。	1. 具有建立稳定的信息收集渠道的能力。 2. 具有根据经营决策的需要进行市场调研的能力。 3. 具有通过分析影响配件需求量的因素，对某地汽车配件需求量进行准确预测的能力。 4. 具有阐述不同竞争手段特点的能力。	1. 树立运用定性预测法预测市场需求量的意识。 2. 树立对现有信息资源客观、全面地进行分析的意识。 3. 树立利用非价格竞争手段创造企业优势的意识。

建议学时

2学时。

相关知识

一、市场调研与市场预测（Ⅱ级）

1. 建立稳定的信息收集渠道

建立稳定的信息收集渠道，应做到：①必须选择好收集渠道（如利用信息网或信息中心站等，这是建立稳定信息收集渠道的前提）。②必须采取多种渠道。③必须保持渠道畅通。

2. 市场调研的内容、要求和程序

市场调研就是运用科学的方法，有目的、有计划地收集用户、市场活动的真实情况（即市场信息），并对这些信息进行整理、分析和存储。汽车配件销售企业的市场调研，就是对各种汽车配件或某种汽车配件的产、供、销及其影响因素、企业的销售量、用户结构及市场占有率进行调研。

（1）市场调研的内容 市场调研内容取决于经营决策的需要，一般包括以下内容：

1）汽车配件需求调研。汽车配件需求调研主要是为了了解配件需求量、需求结构和需求时间。

① 需求量调研。对于汽车配件销售企业来讲，市场需求量调研，不仅要了解企业所在地区的需求总量、已满足的需求量、潜在需求量，还必须了解本企业的销售量在该地区销售总量中所占的比重，即市场占有率，用公式表述如下：

市场占有率＝本企业汽车配件销售额÷该地区汽车配件销售总额×100％

② 需求结构调研。需求结构调研主要是了解购买力投向，不仅要调研汽车配件需求总量，还要调研各车型、各品种的需求结构，例如解放、东风、朗逸、新桑塔纳、奥迪、捷达等车型配件需求量以及各品种、规格的配件需求量等。另外，还必须了解引起需求量变化的原因，并调研用户结构情况。

③ 需求时间调研。许多种汽车配件的需求是有季节特点的，主要是了解用户需要购买配件的具体时间，如某季度、某月份等以及各需求时间要购进的品种、规格及数量。

2）市场经营条件调研。市场经营条件调研就是了解企业外部的经营环境和内部经营能力，主要包括以下内容：

① 该地区宏观经济发展形势。

② 该地区汽车保有量增长情况（包括主型、车数）。汽车保有量的增长与汽车配件需求量的增长直接相关。

③ 商品资源情况。主要是生产厂（或其他供货方）所能提供的商品的品种、质量、价格、数量、供货时间及商品竞争力，特别要了解开发新产品的可能性等情况。

④ 销售渠道情况。也就是销路调研，如果销售渠道不理想，就会造成货流不畅。

⑤ 竞争对手情况。即正在同本企业进行竞争的汽车配件销售企业的情况，了解其优劣势、竞争策略、销售情况、货源与销售方向、进销价格等，还要摸清可能新出现的竞争对手及其有关情况。

⑥ 本企业内部的经营管理水平、职工素质及物资设备、经营场所等情况。

3)市场商品分析。主要从销售量较大的易损易耗件的使用价值和消费的角度,调研其适销对路情况及其发展变化趋势,为开拓新市场、防止库存积压提供可靠信息。主要内容包括经营商品销售实际分析、商品潜在市场分析、商品生命周期分析、新产品投入市场的时间和销售趋势分析、市场商品需求变化动态及其发展趋势分析等。

(2) 市场调研的要求　市场调研要搞清楚引起市场变化的可控因素与不可控因素的变化方向与影响程度,发掘市场机会,寻找潜在的目标市场。因此,市场调研的信息力求系统和完整,市场信息越系统完整,市场预测越精确、可靠,经营决策也越具有科学依据。

(3) 市场调研的程序　市场调研就其活动而言,就是调研记录、集中、分析市场情况,市场调研应当有计划、有步骤地进行。市场调研的步骤如图4-2所示。

1)制订市场调研计划。这是市场调研的第一步。在制订计划时,要着重解决以下问题:

① 收集分析情况,明确调研主题。

② 确定调研对象和调研范围。明确了调研主题后,要根据调研主题的要求,选择好调研对象,即调研什么企业、单位、人员,根据调研对象的特点以及分散和集中的情况,来决定调研的范围,例如全面调研,还是抽样调研。如果是抽样调研,还要决定如何抽样,拟定接触多少人、多少企业和单位,在什么地方、什么时间接触等。

③ 确定调研的具体方法。市场调研的方法很多,按调研的方式分,有室内研究法、直接调研法、间接调研法;按调研范围分,有全面普查和抽样调研。根据汽车配件销售企业的情况,与其密切相关的是直接调研法和抽样调研法。

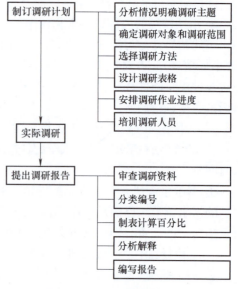

图4-2　市场调研程序示意图

④ 设计调研表格。调研表格是进行调研的主要工具,表格设计的好坏直接关系到调研资料的准确性和收集资料的效率。调研表的设计没有统一的格式,可以根据不同的预测课题,灵活地设计各种形式的调研表。但是,不管调研表的形式如何,都要注意以下原则:

第一,提出的问题必须清楚明了,不能含糊其辞、模棱两可。

第二,调研表应尽力为应答者提供方便,要得到调研对象的合作与关心。要注意使用礼貌语言,不要提与对方无关或对方不感兴趣的问题。

第三,调研表设计应简单、清晰,便于调研对象理解和回答,便于调研结果的统计处理。实际中常采用"填空"或"多项选择"的方式。

【亮点展示】

例如,某汽车工业贸易公司在调研家用汽车需求情况时,设问如下:

您近两年计划购买农用汽车吗?请在( )中打"√"。

急于购买( )　　准备购买( )　　不准备买( )

另外，在调研表上还应包括调研对象项目及调研者项目，主要内容有调研对象的姓名、性别、年龄、文化程度、职业、住址及联系电话，调研人的姓名、工作单位及调研日期。

⑤ 编制调研计划。编制正式调研计划时，除了包括调研的主题、方法外，还要选择好调研的路线，安排调研的日程，制作各种调研表格。

⑥ 培训调研人员。正式调研之前，要选择调研人员，并组织他们学习，让每个人都明确调研的主题、方法、时间安排。

2）实际调研。在实际调研中，调研者要注意以下问题：

① 发现问题，寻找原因。

② 分析调研资料。这是指在调研过程中的分析。在调研中，可能会获得大量的市场情报资料，但比较杂乱，必须边调研边分析。这样做，一方面可将调研的资料随时与调研的目的要求进行对照，以便进一步明确调研的方向；另一方面可以根据调研中发现的新问题，拟定新的调研项目，把调研引向深入，使调研获得更好的效果。

③ 保持绝对客观。调研者在调研过程中始终应保持客观的态度，实事求是，不要用主观想象去代替客观事实。

3）撰写调研报告。撰写调研报告是市场调研的最后一步。

3. 运用定性预测法预测某地汽车配件需求量

（1）影响汽车配件需求量的因素

1）国家政策和社会经济形势的变化。
2）社会商品购买力及其投向的变化。
3）人口变化。
4）消费心理差异。
5）价格的变化。

（2）用定性预测法预测汽车配件需求量　　定性预测法是依靠人的观察与分析，借助经验和判断力进行的预测，偏重于预测事件未来发展的方向、性质和发展阶段，不涉及数量或不重视数量的精度。定性预测的结果只能是定性结果而不是定量变化的结果。定性预测法包括专家征询法、经验估计法、用户调研法、综合意见预测法。

1）专家征询法。专家征询法主要采用表格式或问卷形式，以匿名方式通过几轮函询，征求专家的意见。当专家的意见一致时，预测人员就对最后一轮的征询表格或问卷进行统计整理，得出预测结果。具体步骤如下：

① 预测准备。预测准备包括设立预测机构、选定预测人员、确定预测目标、制订预测方案、收集信息资料、选择确定专家、设计表格或问卷等活动。专家预测的准备工作与其他预测方法相比，更复杂更具体，特别是专家的选择确定，因为选好专家是专家征询法成败的关键。

② 预测过程。这是专家征询法中最重要的一个过程，又叫核心过程，一般分四个轮次进行。

第一轮，由预测工作人员向专家提出明确预测目标和有关的数据资料。由专家自行预测，并把初次预测意见反馈给预测工作人员。预测工作人员对反馈的意见进行整理、统计、归纳，排除次要事项，并汇总归类成表格后，作为第二轮调研表再发给专家。

第二轮，专家对第二轮调研表中所列的每个初步预测进行评价，并说明理由。预测工作人员对专家修改后的意见再次进行集中整理后,作为反馈资料再发送给专家,进行下一轮预测。

第三轮,专家根据第二轮统计资料,进行再一次评价,并充分陈述理由。

第四轮,专家根据第三轮的统计资料,再次进行评价,考证预测结果或重新做出预测。在此基础上得到的预测是专家以匿名方式做出的最终预测,这时他们的意见渐渐趋于一致。

专家征询法的预测过程一般经过四个轮次(有时只需2~3个轮次),就可得出最终预测结果。但有时碰到比较复杂的预测项目时,经过四轮后,还不能达成一致意见的,可进行第五、第六轮征询意见,直到结果满意为止。

③ 预测结果的处理和表达。这是专家预测法的最后一个环节,也是一个必不可少的环节,否则就不可能得到最后的预测结果。因为专家预测的结果往往只能是趋近一致,预测工作人员要运用各种方法,对专家的各种预测结果进行归类汇总后,才能获得能直接运用的预测值。

> **小知识**
>
> 专家征询法可以集思广益,发挥集体智慧,占有信息量大,能系统地考虑多种因素。专家间相互启发,弥补了个人的不足,而且用统计方法归纳预测结果,就消除了主观因素的影响。专家征询法由于其真实性、系统性、科学性的特点,已成为一种可以在各方面进行广泛应用的预测方法。但是,这种方法容易屈从大多数专家的权威性意见而忽视少数人的正确意见,而且容易受到经费和时间的限制,实践性也较差。

2)经验估计法。经验估计法是依据熟悉业务、具有经验和综合分析能力的人员所进行的预测,具体包括以下两种形式:

① 经理人员评判法。指由市场部门经理依据其工作经验和分析判断能力所做的预测,即把负责企业预测的部门和与营销有关、熟悉市场情况的有关的经理人员,以座谈会的形式集中起来,集思广益,互相启发来研究分析市场前景。

② 推销人员估计法。指由推销人员根据自己所掌握的市场资料和长期的工作经验,对产品及其销售趋势做出估计。因此,企业把他们的意见集中起来,进行汇总分析,就能做出较为全面准确的销售预测。

> **小知识**
>
> 经验估计法简便易行,且具有可实践性,适合于任何部门和企业,特别是商业企业使用。但该方法主观随意性较大,预测结果易发生误差。利用这种方法进行市场预测,要求预测者必须十分了解环境及变化发展规律,否则就会出现失误。在实际运用过程中,如果能考虑影响汽车配件需求量变化的因素,其效果是比较好的。

3)用户调研法。用户调研法就是通过电话、信函和面谈方式,了解用户需求情况和意见,并在此基础上分析未来的需求趋势,做出预测的方法。

4)综合意见预测法。企业领导人召集各职能部门的主管人员和业务人员以及有关专家进行会议讨论,让他们对未来市场发展趋势或某一重大经营问题提供情况,发表意见,并根据已收集的资料和每个人的工作经验，共同对某一事物做出判断预测，最后把所有人的意见集中起来，进行整理、归纳、计算，取得的平均值就是预测结果。

> **小提示**
>
> 综合意见预测法集中了各方面的管理人员、业务人员和有关专家，能充分发挥集体的智慧，全面且有较强的系统性，因而做出的预测结果比较符合实际，有一定可靠性。加上此方法简单，所需时间短、费用也少，有利于广泛运用。该方法既可用于判断企业发展方向，又能预测具体经营状况。但采用这一方法要注意以下问题：
> ① 在会议讨论过程中，企业领导人应尽量避免自己的主观判断给与会人员造成一种权威性的心理压力，使他们不能充分发表自己的意见。
> ② 企业领导人要熟悉这种方法的运用条件和程序，创造良好的讨论气氛，避免与会者相互间的情绪影响。
> ③ 在收集整理意见过程中，要配合使用有关定量方法，使预测结果的精确度更高。

4. 撰写市场调研报告和编制预测报告

（1）**市场调研报告的组成** 市场调研报告一般是由题目、目录、概要、正文、结论和建议、附件等组成。

1）题目。题目包括市场调研题目、报告日期、委托方、调研方，一般应打印在扉页上。

2）目录。提交调研报告时，如果调研报告的内容、页数较多，为了方便读者阅读，应使用目录或索引形式，列出报告所分的主要章节和附录，并注明标题、有关章节号码及页码。一般来说，目录的篇幅不宜超过一页。

3）概要。概要主要阐述调研的目的与基本情况，它是按照市场调研的顺序将问题展开，并阐述对调研原始资料进行选择、评价、做出结论、提出建议的原则等，主要包括以下内容：

① 简要说明调研目的，说明调研的由来和委托调研的原因。

② 简要介绍调研对象和调研内容，包括调研时间、地点、对象、范围、要点及所要解答的问题。

③ 简要介绍调研研究的方法。

4）正文。正文是市场调研分析报告的主要部分。正文部分必须准确阐明全部有关论据，包括问题的提出到引出的结论，论证的全部过程，分析研究问题的方法，还应有可供市场活动的决策者进行独立思考的全部调研结果和必要的市场信息以及对这些情况和内容的分析、评论。

5）结论和建议。结论和建议是撰写综合分析报告的主要目的。这部分包括对引言和正文部分所提出的主要内容的总结，提出如何利用已证明为有效的措施和解决某一具体问题可供选择的方案与建议。结论和建议与正文部分的论述要紧密对应，不可提出没有证据的结论，也不要没有结论性意见的论证。

6）附件。附件是指调研报告正文包含不了或没有提及，但与正文有关必须附加说明的部分。它是对正文报告的补充或更详尽说明，包括数据汇总表、原始资料、背景材料和必要的工作技术报告，例如为调研选定样本的有关细节资料及调研期间所使用的文件副本等。

(2) 调研报告撰写步骤

1) 构思。调研报告的构思过程在收集资料、认识客观事物、经过判断推理、确立主题思想的基础上，确立观点，列出论点、论据，安排文章层次结构，编写详细提纲。

2) 选取数据资料。市场调研报告的撰写必须根据数据资料进行分析，即介绍情况要有数据做依据，反映问题要用数据做定量分析，提建议、措施同样要有数据来论证其可行性与效益。

在开始进行市场调研、收集资料过程中，思想上还没有形成任何固定的观点，因此，收集到的大量调研数据资料，不一定都是切中主题、能准确反映事物本质特征的典型材料。必须对所收集的数据资料，进行去粗取精、去伪存真、由此及彼、由表及里的分析研究，加以判断，才能挑选出符合选题需要，最能反映事物本质特征，形成观点，作为论据的准确资料。

选取数据资料后，还要运用得法，使用资料的过程就是一个用资料说明观点、揭示主题的过程。在写作时，要努力做到用资料说明观点，用观点论证主题，详略得当，主次分明，使观点与数据资料协调统一，以便突出主题。

3) 撰写初稿。根据撰写提纲的要求，由单独一人或数人分工负责撰写，各部分的写作格式、文字数量、图表和数据要协调，统一控制。初稿完成后，接着要进行修改，先看各部分内容和主题的连贯性，有无修改和增减，顺序安排是否得当，然后整理全文，提交审阅。

4) 定稿。写出初稿，征得各方意见进行修改后，就可以定稿。定稿阶段，一定要坚持对事客观、服从真理，使最终报告较完善、较准确地反映市场活动的客观规律。

(3) 编制预测报告　编制预测报告是预测程序中的最后一个环节，也是对整个预测工作的总结。简单的预测报告包括预测题目、预测时间、参加人员、预测目标、内容、方法、结果、分析评价意见等。

二、竞争分析（Ⅱ级）

1. 分析竞争者的营销目标和营销策略

(1) 营销目标

1) 长期或短期利润最大。长期利润最大是一般企业所追求的理想目标和最终目标。企业追求短期利润最大，最终不一定实现长期利润最大。所以，企业在追求长期利润最大时，需要有其他非短期利润最大化的目标相配合，企业常常通过实现一些非利润最大化的短期目标，来最终实现长期利润最大。

如何撰写调研报告

2) 获取"满意的"利润。许多企业在制订其营销策略时，只是追求达到目标利润，即使其他策略可能带来更大的利润，企业也以实现目标利润为满足，这是一种比较实际和现实的目标。

3) 获利能力的提高。获利能力的提高有利于企业长期利润最大目标的实现，企业的获利能力是通过企业的投资回报率来反映的，许多企业都非常重视资金运用效率和投资回报率，不断提高企业的投资效益是大多数企业追求的重要目标。

4）市场占有率的增长。市场占有率的高低反映了企业产品的市场地位的高低以及企业竞争实力的强弱。高市场占有率可以给企业带来较高的投资收益率，使企业有一个更好的经营氛围，比较容易形成企业经营的良性循环。因此，许多企业都把提高市场占有率作为一个经常性和长期性的目标。

5）技术领先或服务领先。技术领先或服务领先是企业实现其他目标的重要基础，企业有了技术领先的坚固基础，就可以长期稳定地获得满意的市场地位和投资收益。寻求长期发展的、有条件的大企业都十分重视这一目标。

(2) 营销策略　竞争对手采取的策略，与其所追求的目标有密切的关系。根据竞争对手要实现的目标，可以分析和确认其策略。一个企业与其竞争对手所采用的策略越相似，它们之间竞争就越激烈。通常在许多行业中，可以根据竞争对手所采用的策略，将其分成若干个不同的策略群体。策略群体是指在某一行业里采取相同或相似策略的企业群体。

企业要准确地确认竞争对手属于什么样的策略群体，必须尽可能多地了解竞争对手的产品质量、产品特色、价格政策、成本水平、分销渠道、促销手段、售后服务、新产品与新技术的研究开发以及财务状况等方面的情况，并对这些情况认真地分析和研究。

2. 选择竞争策略

竞争策略是指在意识到竞争对手行动的市场上，与竞争对手保持对本企业有利的相对位置关系、长期起作用和关系全局的对策和措施。

(1) 低成本策略　所谓低成本策略，就是实现比竞争对手低的成本，即通过实现比竞争对手低的成本来取得竞争的有利地位。在行业中，成本低的企业可以获得较高的利润和市场占有率，使企业在与竞争对手的对抗中处于有利和主动的地位，免受行业成本提高和竞争对手降价的威胁。低成本使企业在竞争中具有很强的抗冲击能力和应付能力，并能够有效地阻止竞争者进入。

为了实现低成本，一方面企业必须取得产量规模效益；另一方面企业还必须在各方面厉行节约，加强成本控制，提高产品合格率，提高管理效率，有效地降低成本。取得产量规模效益需要有两个条件，就是企业必须有比竞争对手高的市场占有率和拥有比竞争对手效率更高的先进设备，这两个条件缺一不可。

(2) 差异化策略　差异化策略就是通过使企业在某些方面拥有行业中其他企业所没有的特色，形成独家经营市场，以获得竞争的有利地位。差异化策略中的"差异"不仅是指产品的差异和特色，还包括产品加工工艺、产品商标、售后服务、促销方式和力度、分销网络等方面的差异。

(3) 集中性策略　集中性策略是指企业集中力量服务于整个市场中的某一细分市场，在这个细分市场上建立自己的成本优势或差异化优势。集中性策略适合小型企业。

3. 运用价格竞争与非价格竞争手段

(1) 价格竞争　价格竞争是一种古老、传统的竞争手段，主要是指企业通过产品价格的变动，尤其是削价，达到维持或扩大销售的目的。

价格竞争的弊端

1）价格竞争比较容易引起对方的报复。各方竞相杀价，爆发价格战，必然两败俱伤。纵然是拥有成本领先位置的企业，即使取得了最终胜利，也要付出昂贵的代价。

2）以各种削价方式为号召，只能吸引客户于一时，价格一旦恢复到正常水平，客户很可能减少购买，而且过低的定价，会迫使企业降低产品质量、减少服务项目，从而埋下丢失市场的隐患。

3）过分依赖于价格竞争，不利于企业提高经营素质和管理水平。

4）导致市场波动起伏频繁，供求关系紧张，并发出错误的价格信号。最终，这一切会转嫁到消费者身上。

(2) 非价格竞争 目前，在世界各国，非价格竞争已经成为市场竞争的主导方式。企业之间的竞争主要通过产品、分销和促销手段，即市场营销组合中的非价格因素，刺激需求和推动购买。

站在同一战略基点、奉行同一战略方针的中小型企业，面对位于同一市场"角落"、同一战略"群落"的竞争者，应当更多地考虑将非价格竞争作为竞争手段。例如，追求成本领先地位的企业，在坚持这一目标的同时，应注重产品、分销和促销手段的应用。这样，双方的成本水平比较接近时，或在无法达到竞争者的较低成本水平时，通过非价格因素弥补劣势。同样，争取产品差别优势的企业，在坚持基本目标的同时，可借助于分化促销手段等，创造出比竞争者更多的差别优势。

必须看到，非价格竞争还有更深远的战略意义。价格部分容易引发竞争者的及时反应，很快便会抵消首先发起者的竞争优势。非价格竞争虽然也会遭到对手的反击，但其反应速度要慢得多。因为非价格手段的变化，一般不太明显，也不易仿效。竞争者至少开始一段时间不易察觉，发现以后到做出反应也有一个过程。同样，对手要改变产品政策或分销政策，比如增加或减少产量、销售网点，推出新产品或采用新渠道等都有个时间问题，不能一蹴而就。尤其重要的是，非价格竞争的效果集中到一点，就是帮助企业树立某种市场形象，并深入人心。其他企业即使做出反应，也很难夺去老客户。实际上，这就是一个企业通过非价格竞争建立的商誉。依靠非价格竞争手段建立的相对优势，其效果比价格竞争更为持久。价格竞争改变的只是竞争对手之间的市场份额，非价格竞争则会改变整个市场需求曲线。

任务三 制订调研方案与管理

任务目标

知识目标	技能目标	素养目标
1. 了解市场调研计划的内容。 2. 了解市场调研表格的类型和注意事项。 3. 掌握预测报告的内容。	1. 具有制订市场调研方案的能力。 2. 具有设计调研表格项目的能力。 3. 具有撰写预测报告的能力。	1. 树立制订调研计划的意识。 2. 树立从正、反两面分析竞争企业及本企业优缺点的意识。 3. 树立建立学习型团队的意识。

2 学时。

一、市场调研与市场预测（Ⅲ级）

1. 制订市场调研计划

（1）确定调研目标 这是在任何一个市场调研计划中都应首先写明的。目标确定后，才能确定达到该目标所需的人力、财力、物力，在有限的预算条件下，以最小的资金消耗达到最大的目标；否则，毫无目标，无的放矢就会徒劳无功。确定调研目标时，可参照图4-3所示程序进行。

（2）确定调研项目 为达到既定的调研目标，应选择确定调研项目，即围绕调研目标来确定所需要的信息和统计资料，根据所需信息和资料的内容来拟定调研项目，并通过对调研项目重要程度的分析和排序，分析其对企业市场运营决策的影响作用，以此决定资料的取舍。

制订调研项目时要注意确定各调研项目的意义以及分类，并考虑调研人员与调研对象之间可能出现的问题，以减少调研对象的麻烦，保证调研项目的可实施性。一般来说，调研项目主要包括记录访问项目、统计分类资料项目、调研范围和调研对象项目、样本选择和容量的取舍项目等。

（3）决定调研方法 目前在市场调研活动中被广泛应用的主要有观察法、询问法（又叫访问法）、实验法和统计分析法四大类。在选择好调研方法后，还应根据调研方法的要求

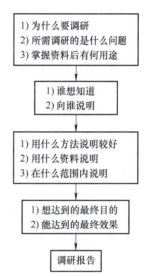

图4-3 调研目标设置程序

确定调研地点、调研对象、资料种类、样本数量和抽样方法等，其中特别要注意资料种类和调研对象的选择确定问题。资料基本上分为观察资料、实验资料和访问资料。按调研目的不同，资料还可分为第一手资料和第二手资料两类。资料种类不同，所要选择的调研对象就不一样，选择和确定的调研方法也就不同。

（4）制订调研实施计划 调研实施计划是调研计划的实施方案，它由调研计划、预算计划、问卷拟定和预试计划、统计计划、调研实施管理计划构成。预算计划由经费与实施日程计划两部分组成。调研费用因调研种类不同而不同，要准确预算具体数额往往不太可能，但是制订费用标准是可行也是必要的。调研实施日程的长短直接影响到调研费用的高低。因此，必须拟定合理的进度表，作为调研进行的依据；统计分析计划包括选择统计方法、统计项目等内容；实施管理计划实际上是调研实施的准备、组织、监督计划，它包括调研机构的设置和人员的配备，所需的表格和文件准备，调研活动的协调、检查等内容。

（5）实施试验调研 根据实施计划进行一次小规模的试验调研，目的在于检验或改进实施计划，以确保调研计划的顺利进行。实施试验调研可以检查问卷格式是否合适，求证抽样是否适当，收集和取得有关调研费用的相关资料，监督检查调研组织的工作效率以及计划

的适应性等。

（6）决定调研计划　正式调研计划只有在实施试验调研，弄清所需时间和经费后才能确定。实施试验计划实际上是对正式调研计划的一个求证补充过程，只有这样才能保证调研计划的实施并取得较好的效果。

2. 确定调研问题并设计调研表

市场调研表通常由调研对象项目、调研项目和调研者项目组成。调研对象项目主要包括被调研人的姓名、性别、年龄、文化程度、职业、家庭住址、联系电话和本人在家庭成员中的地位等。这些项目设置的目的主要是便于日后查询。有些项目对分析研究也很有用处，应根据调研目的，有针对性地选择调研对象的项目。

调研项目就是将所要调研了解的内容，具体化为一些问题和备选答案。通常，在所列项目中，要给出若干个答案供调研对象选择填写。调研者项目主要包括调研人员的姓名、工作单位及调研日期等。这些项目主要是为了明确责任和方便查询而设。

（1）市场调研表的类型

1）单一表。指一张调研表只由一个调研对象填写或回答。由于只填写一个调研对象的情况，因此，可以容纳较多的调研项目。

2）一览表。指在一张调研表中包含若干个调研对象及其意见或基本情况（见表4-1）。在一览表中，由于容纳的调研对象较多，设置的调研项目就应当少些。它特别适用于集中性的调研，这种调研节省时间、人力和财力，调研易于实施，其资料便于统计汇总，但难以了解较具体、较详细的情况，所以比较少用。

表4-1　×××展销会展销情况调研表

×××展销会展销情况调研表						
序号	参展单位	产品名称	规格型号	展销价格	已售件数（不包括订购件数）	已订购件数
调研员：			调研时间：			

3）问卷。指采用访问调研法时记录调研对象意见的问卷。若将单一表的线框删去，并将其文字化，便构成问卷。它比单一表能容纳更多的调研项目，且能搜集更系统、更详细的资料，所以经常被采用。此外，问卷从结构上可分为表头、表体和表脚三部分。其中，表头包括客套语，对填表者的激励方式等；表脚部分包括填表说明和必要的注释等，见亮点展示。

【亮点展示】

某公司汽车市场调研问卷

本公司以科学方法挑选，您是选中的代表之一。因此，需要听取您的意见，耽误您几分钟，谢谢合作。

1. 姓名：_____　住址：_____　邮编：_____　电话：_____
2. 家里有汽车吗？有□　　没有□

3. 若"有"，请回答①~③栏。

① 何时购买的？2001年以前□　　2001-2006年□　　2007-2010年□　　2011-2016年□　　2016年以后□

② 牌子是_____，产地是_____。

③ 使用过程中，最大缺点是：比较耗油□　　不太安全□　　易出故障□　　操作不方便□　　其他_____

4. 若"没有"，请回答①~④栏。

① 未购买的原因是：收入低□　　怕不安全□　　其他_____

② 如您要购买，您喜欢哪种类型的？微型轿车□　　普通轿车□　　越野汽车□

③ 若要购买，您打算什么时候购买？2016年底前□　　2016-2020年□　　2021年以后□

④ 如以下条件不能同时满足您，您最优先考虑选择哪一种？
省油的□　　操作方便的□　　不易出故障的□　　其他_____

填表说明：

1. 对选中的答案，在该答案后的方框"□"中填写"√"符号。
2. 在有"_____"的地方，必要时，请填写相应意见。

调研员：_____ 调研时间：____年____月____日

(2) 调研项目的设计　调研项目设计的关键就在于怎样命题以及如何确定命题的答案。一般情况下，调研项目中有以下三类问题：

1) 开放式问题。即自由回答式问题。其做法是调研表上没有拟定可选择的答案，所提出的问题由调研对象自由回答，不加任何限制。其优点在于可以使调研对象充分发表自己的意见，活跃调研气氛，尤其是可以收集到一些设计者事先估计不到的资料和建设性意见。其缺点是资料的整理分析困难，难免带有调研对象的主观意见。

2) 封闭式问题。其做法是对调研表中所提出的问题都设计了各种可能的答案，调研对象只要从中选定一个或几个答案即可。它主要有以下三种类型：

① 是非式问题，又称两项选择或对比式问题。这类问题只让调研对象在两个可能的答案中选答一个，适用于诸如"是"与"否"，"有"或"无"等互相排斥的两择一式问题。例如"您家有汽车吗？有□　无□"。

② 多项选择式问题。其做法是对一个问题预先列出若干个答案，让调研对象从中选择一个或几个答案，例如"您喜欢下列哪款车型？A. 高尔夫□　B. 捷达□　C. 博越□　D. 其他□"。

③ 顺位式问题，又称序列式问题。其做法是，在多项选择法的基础上，要求调研对象对所询问问题的答案，按照自己认为的重要程度和喜欢程度顺位排列做答。

3) 度量性问题。在市场调研中，往往涉及调研对象的态度、意见和感受等有关心理活动方面的问题。这类度量性问题通常用数量方法加以判断、测定，其实施工具就是态度测量表。其类型很多，常用的主要有以下几种：

① 评比量表。指由设计者事先把所测问题按不同态度列出一系列顺位排列的答案，并

按顺序给出一定分值，由调研对象自由选择回答。例如，以客户对某汽车配件商店服务员满意程度的评价，进行以下调研：

答案	很不满意	不满意	稍不满意	还可以	比较满意	满意	很满意
分值	1	2	3	4	5	6	7

评比量表可划分为若干阶段（如上列7段量表），企业可以根据具体情况而定，一般以3个或5个阶段比较适宜。表两端是反映极端态度的极端答案，最中间的答案反映中立态度。上列分值也可以采用-3分、-2分、-1分、0分、1分、2分、3分。

② 数值分配量表。指由调研对象在固定数值范围内，对所测问题依次分配一定数值做出不同评价的一种态度测量表。例如，在调研客户对汽车配件不同销售员的满意程度时，可让客户按对A、B、C三个销售员的满意程度分别打分，3项分值总数为100（或10）分。如客户甲评分为：A销售员40分，B销售员40分，C销售员20分。表明客户甲对销售员A、B、C满意程度有差异。汇总所有调研对象的评分，就可以判断出客户对各销售员的满意程度。运用这种量表，所对比的问题不宜过多。

③ 等值差距应答者量表，也叫沙斯通量表。指由应答者（即调研对象）根据设计者所提供的询问问题和语句来自行选定，并以数值（但应答者并不知其数值）表示的一种等值差距量表。但它制作复杂，资料汇总也较困难，需借助计算机完成。

(3) **设计市场调研表的注意事项**　市场调研表不是随意设计的，要将其设计科学，就必须注意以下问题：

1）所列项目应当是客观且必要的。市场调研表中，所列的项目要有客观性，不要提出一些带有向调研对象揭示答案方向或暗示调研者观点的问题。

2）所提问题应当是准确的。所提问题的界限用词要准确，要避免使用含糊不清、可作多种理解以及过于专业化的语句。另外，一个项目只能包含一个层次的内容，否则会影响调研对象对问题的正确理解以及回答的准确性。

3）设计方案应当是可行的，主要包括以下三方面：

① 对所有的问题，调研对象能够根据常识或经验选择答案，而不是依靠其记忆或计算作答。

② 设计要讲究艺术。可适当安排少数融洽调研气氛或引导作答的趣味性项目；对令人困窘且又有必要调研的问题，应设计出间接引问句。

③ 要注意设计问题的顺序性。所有项目应按其内容的逻辑联系顺势排列，问题宜设计成先易后难的顺序：在一张调研表中，融洽气氛或过滤性的问题应列在最前面，随后列较简单的或调研对象较关注的开放式问题，继而插入核心问题（必须收集的资料内容），最后才是较复杂的问题（包括令人困窘性的问题）。

3. 综合分析与筛选调研信息

(1) **分类**　这是用梳辫子的方法，将杂乱无章的初始状态信息按问题、时间、目的要求等，分门别类、排列成序。

(2) **比较**　这是用分析方法，从各种企业信息资料的比较中，分析企业活动变化趋势及特征，并与本企业管理需要进行比较，判断是否符合要求。

（3）计算　按照一定方法，对数据状态的信息进行加工运算，并从计算中得出所需要的新数据。

（4）研究　在比较、计算基础上的进一步加工深化，主要是通过信息加工者的智力分析，从纷繁的信息资料中形成新的概念、结论，也就是形成新的富有指导作用的信息。

（5）判断　就是对企业信息的准确性、可信度进行鉴别，剔除不可信、不真实的部分，同时对信息含量、价值、时效也进行判断，以供使用。

（6）编写　将手工操作的信息，通过加工后，编写成新的信息资料。它是信息加工的基本产出，也是信息加工的重要内容之一。

4. 分析预测变量影响因素的重要程度

影响预测变量的因素主要有国家政策、社会经济形势的变化、社会商品购买力及投向的变化、人口变化、消费心理差异、价格的变化等，每种因素不同程度地影响预测变量。对汽车配件预测量影响最大的当属国家政策，其次价格的变化和社会购买力的变化也对其影响较大，消费心理差异次之，而人口变化影响最小。

5. 运用常用定量预测及组合预测方法

（1）算术平均法　算术平均法是简易平均法中的一种，它是通过一组已知的统计资料或观察值求取平均数来进行预测的方法，主要适用于市场配件销售的预测。其计算公式为：

$$y'_{n+1} = \frac{\sum_{i}^{n} y_i}{n} = \frac{y_1 + y_2 + \cdots + y_n}{n}$$

式中　y'_{n+1}——第 $n+1$ 期销售量的预测值；

y_i——第 i 期实际销售量，$i = 1, 2, \cdots, n$；

n——所选资料期数。

【亮点展示】

某汽车交易市场12个月的汽车销售量依次为30台、35台、20台、26台、32台、38台、47台、50台、42台、36台、55台、58台，利用算术平均法预测第13个月销售量为：

$$y'_{13} = \frac{30+35+20+26+32+38+47+50+42+36+55+58}{12} \text{台/月} = 39 \text{台/月}$$

从上述计算可知该市场第13个月的汽车销售量预计为39台。算术平均法计算简单，使用起来很方便，但把用全部资料之和除以求和时使用的资料个数而求得的算术平均值直接作为预测值，其精确度不会很高，而且因为使用的都是过去统计的资料，无法反映市场的变化及发展趋势，预测结果往往与实际结果有偏差。

（2）移动平均法　移动平均法是根据已有的时间序列统计数据加以平均化，以此推断未来发展趋势的方法。一般只适用于变化不大的短期预测对象。移动平均法可分为一次移动平均法、二次移动平均法和加权移动平均法三种形式。

1）一次移动平均法。一次移动平均法是通过一次移动平均进行预测，它按选定段的大小，对已有的时间序列数据逐段平均，每次移动一个时段。具体做法就是把最后一期的移动平均值作为下一期的预测值，其计算公式如下：

$$y'_{n+1} = \frac{1}{K}\sum_{i}^{n} y_i$$

式中　y'_{n+1}——第 $n+1$ 期的一次移动平均预测值；

　　　y_i——第 i 期实际销售值，$i=(n-K+1),(n-K+2),\cdots,n$；

　　　K——移动跨期。

2）二次移动平均法。二次移动平均法是在一次移动平均法的基础上，为得到时间序列数据的明显线性趋势。采用相同的 K 值，对一次移动平均值再作一次平均移动。

二次移动平均值的计算公式如下：

$$y''_{n+1} = \frac{1}{K}\sum_{i}^{n+1} y'_i$$

式中　y''_{n+1}——第 $n+1$ 期的二次移动平均预算值；

　　　y'_i——第 i 期一次移动平均值，$i=(n-K+2),(n-K+3),\cdots,n$；

　　　K——移动跨期。

3）加权移动平均法。加权移动平均法就是根据同一个移动段内不同时间的数据对预测值的影响程度，分别给出不同的权数，然后再进行平均移动以预测未来值。有明显的季节性变化因素存在时，最好不要加权。加权移动平均法的计算公式如下：

$$\hat{y}_{n+1} = \sum_{i}^{n} y_i x_i$$

式中　$\hat{y}_{n+1}$——第 $n+1$ 期的加权平均值；

　　　y_i——第 i 期实际销售量，$i=(n-K+1),(n-K+2),\cdots,n$；

　　　x_i——第 i 期的权数（权数的和等于1）；

　　　n——本期数（所选资料期数）；

　　　K——每一分段数，即移动跨期。

(3) 一元线性回归法　在预测中运用该方法时，必须事先满足以下前提条件：第一，预测对象和影响因素间必须存在因果关系；第二，必须有足够多的基础数据；第三，基础数据均以二元组的形式出现，即二元函数的变量表示为（因素值，结果值）；第四，过去的和现在的数据之间应呈现出某种规律性（即数据的分布呈现出线性趋势），并能反映出未来状态。

一元线性回归的数学模型为：

$$y = a + bx$$

式中　x——变量（即因素）；

　　　y——因变量（即结果）；

　　　a——基点，即在无 x 影响下 y 的值，$a = \dfrac{\sum\limits_{i=1}^{n} y_i}{n}$；

　　　b——回归系数，即因素 x 对结果 y 的影响程度，$b = \dfrac{\sum\limits_{i=1}^{n} y_i x_i}{\sum\limits_{i=1}^{n} (x_i)^2}$；

式中　n——(x_i, y_i) 基础数据的组数；
　　　x_i——样本点中的因素值；
　　　y_i——样本点中的结果值。

当采用定量预测方法时，对同一预测对象的预测，既可以采用多种预测模型，也可以对同一模型采用不同的自变量。这种对同一预测对象采用多种途径进行预测的方法，叫作组合预测法。

6. 撰写预测报告

（1）预测题目　预测题目一般都明确地表示调研内容，如《2020 年汽车市场预测》，有时也可用副标题说明正标题。

（2）预测时间　预测时间包括预测进行的时间和预测的目标时间，如在 2018 年对 2019 年的预测，前者是预测进行时间（2018 年），后者是预测的目标时间（2019 年）。

（3）参加预测人员　对预测人员的介绍有利于评价预测的准确程度，一般来说，专家对相关内容的预测能综合反映未来的趋势。

（4）预测目标　预测目标是预测的目标，是某一事物未来的趋势或状态，如 2020 年的汽车需求等。

（5）预测内容　围绕预测目标，预测内容可以分为各部分，如围绕 2020 年的汽车市场预测，预测内容一般包括 2020 年的汽车供给量、需求量以及各种汽车的供求量（如轿车、载货车）等内容。

（6）预测方法　对相同的问题，可以采取不同的预测方法，如定量预测和定性预测以及具体的某种预测方法。采用不同的预测方法，可能有不同的预测结果。

（7）预测结果　通过预测可以得到结果，它可以是具体的数量，也可以是某种趋势。

（8）分析评价意见　对预测结果进行分析评价，有利于正确利用预测结果。

二、竞争分析（Ⅲ级）

1. 确定潜在竞争者

企业在确认其竞争对手时，仅仅辨别直接的竞争对手是远远不够的。一些潜在的和间接的竞争对手有时可能对企业造成重大的威胁，甚至可能被其击败。在行业中，成本低的企业可以获得较高的利润和市场占有率，销售增长迅速能够在与竞争对手的对抗中占有主动地位，成为潜在的竞争对手。

2. 分析本企业营销策略优缺点

企业营销策略大体上分为以经营规模取胜、以灵活而贴近客户取胜、以商业信誉取胜、以专营及特色经营取胜和以品种齐全取胜五种。以经营规模取胜是指以经营上的整体规模来吸引客户；以灵活而贴近客户取胜是指在给客户提供的服务上灵活，且贴近客户需求；以商业信誉取胜是指在产品质量、服务质量等各个方面有良好的商业信誉；以专营及特色经营取胜是指在经营特色上以专营和特色经营取胜，创出品牌；以品种齐全取胜是指以经营品种齐全来吸引更多的客户。

针对竞争对手状况以及本企业的经营目标，从规模、品种、服务、信誉等方面分析本企业的优点与缺点。在此基础上，企业可随着市场环境的变化对价格进行调整。在竞争的市场上，企业的价格调整有两种情况：一是根据市场条件的变化主动进行调价，即主动调价；二是当竞争对手价格变动后进行调价，即应变调价。

（1）**主动调价**　在企业营销过程中，会因外部环境的变化而主动降价或提价。

1）企业可能降价基于的原因。①企业的生产能力过剩需要扩大销售，而通过其他营销策略（如产品改进、加强促销等）来扩大销售的余地很小。②在强大的竞争压力下，企业的市场份额下降。③企业的成本费用低于竞争者，降价可以扩大销售，提高市场占有率。

2）企业可能会提价的情况。①由于通货膨胀，企业的成本费用提高，因而不得不提高产品价格。②企业的产品供不应求，不能满足所有客户的需要。

企业提价的方式不一定都是提高基本价格，还可以通过减少价格折扣、减少某些货物或服务（或由免费改为收费）、在大类产品中增加高价项目或减少低价项目等方式来实现。

3）客户的反应。对不同产品价格的变动，客户的反应会有所不同，一般对价值较高、购买量少的商品价格变动反应不太敏感。此外，对降价或提价的反应还依赖于具体的商品及市场条件。

4）竞争者的反应。了解竞争者对企业调价的反应要比了解客户的反应更加复杂。这是因为企业所面临的主要竞争者可能是一个、两个，也可能是多个；竞争者对企业调价可能有完整的对策，也可能是对每次价格变化采取不同的对策。

假设竞争者有一完整的价格对策体系，可以通过两种方法进行了解，一是搜集有关情报；二是运用统计分析方法，研究过去的价格反应策略。

（2）**应变调价**　在竞争的市场上，如果竞争对手率先调整了价格，那么企业要采取应变措施。

1）维持原有的营销组合。这建立在企业的市场份额不会下降太多，并且以后能够恢复的基础上。

2）保持价格不变，修改其他营销策略。企业认为运用非价格手段竞争比削价更合算。

3）同幅度或不同幅度的价格跟进，争取与竞争对手保持原有的竞争格局。

3. 针对本企业的竞争劣势提出改进意见

（1）**明确本企业竞争劣势**　一般竞争劣势包括产品价格过高、产品无特色、市场占有率低且分散、经营规模小、经营方式不灵活（不贴近市场）、企业的信誉低等，只有明确了企业的竞争劣势，才能提出改进意见。

（2）**分析本企业竞争劣势的原因**　企业的竞争劣势一般都有其原因，这些原因中包括可控因素与不可控因素，必须针对可控因素提出改进意见。

（3）**提出改进意见**　能够针对本企业的竞争劣势，提出改进意见，例如，对于具有特色的产品，其价格高一些很正常，若一味地认为价格高会影响其竞争力，那么调低价格只会让企业减少利润，从而削弱了企业的竞争优势。

三、营销团队管理

1. 营销团队的组建

（1）**团队成员的甄选**　团队是由个体组成的，只有好的个体再加上好的管理体制，才有可能组建起好的团队。

 小知识

对于小型的汽配销售企业团队成员的甄选标准主要有：态度上能够吃苦耐劳、务实真干；道德上对业主忠诚，对客户讲诚信；精神上服从、有责任心；身体上健康，心理承受能力强；智力上理解能力强，适应能力强，有培养发展前途，为企业带来可见效益。对大中型的汽配销售企业，团队成员的甄选，除了要有学历及若干年的工作经验外，更要着重从个人品质、个人能力、个人形象三方面来选择。

（2）管理者个人魅力的提升　管理者个人魅力也是影响团队稳定的重要因素之一，是团队凝聚力和战斗力的保障。作为团队的灵魂人物，应该具有指导力、亲和力、执行力。以自我为表率，走在团队之前，坚持原则、敢抓敢管，树立良好的团队风气，建立起团队高效的执行力体系。

（3）组建学习型团队　在知识经济时代，科学技术突飞猛进，新的知识信息与日俱增。社会中的每个人都要接受终身教育。中国企业改革的重要一条是提高企业的素质，其中第一点就是要把企业建成"学习型组织"。

2. 营销团队的使用

（1）"以人为本"的用人理念　以人为本的用人理念体现在：人人都是人才；了解人、理解人、尊重人；宽容人、体谅人、不搞内耗；员工与企业一同成长；对有德有才、高热情高能力的人才要大胆提拔重用，对有德无才、高热情低能力的人才要鼓励、培训、调至合适岗位，对无德有才、低热情高能力的人才或挽救或坚决抛弃，对无德无才、低热情低能力的人才有限使用。

1）员工培训。对于小型的汽配销售企业而言应对员工的培训主要以岗位培训为主，即师傅带徒弟式的培训，边干边学、模拟操作，以晨会、小组会、研讨会、内部讲座、问题会诊等形式进行。合理利用政府劳动部门对职业培训提供补贴的政策优惠，结合本企业现有业务和未来发展规划，鼓励员工参加职业技能培训，做到持证上岗并将员工所获得的相应等级的证书与工资待遇等直接挂钩，或提供适当的补贴。

2）监督和授权。企业经营者授权是我国企业管理的薄弱环节，通常经营者主观上会将此看成权力的流失，客观上不信任员工的能力，在实际操作时产生"一放就乱、一乱就收、一收就死"的恶性循环。在这些企业里都能看到"老板忙得团团转、员工闲得发慌"的现象。所以经营者要学会放手、解放自己，划定合理的授权范围，日常实务工作交给员工去做，经营者个人才有更多的精力集中在思考大的战略问题上。

3）防止人才流失。员工流动过于频繁，会造成员工队伍不稳、技术没有积累、产品服务质量没有保证，这样对企业是很不利的。企业的经营者要做到"事业留人、感情留人、待遇留人"。

（2）绩效考核方法　有效的绩效体系应该体现在两点：一是物质需要方面；二是精神需要方面。物质需要主要体现在工资、福利、奖金、工作环境等，而精神需要则主要体现在社会地位、成就感、安全感、发展空间等。

> **小知识**
>
> 1）建立绩效标准。要评估营销人员的绩效，一定要有合理的标准。企业常用的绩效考评指标主要有销售目标达成率、销售增长率、销售费用率、销售毛利率和货款回收率。由于各企业的情况不尽相同，还应根据自身的经营特点设立相应的各类考核指标。
>
> 2）营销人员的业绩考评方法有横向比较法、纵向比较法、尺度考评法。

（3）激励与处罚　　激励要把握最佳时机、公平准确、奖罚分明。激励要有足够力度，对有突出贡献的员工予以重奖，对造成重大损失的予以重罚。

四、汽车配件分销渠道及流通模式

1. 厂家分销渠道类型

（1）厂家分销渠道类型划分　　根据有无中间环节以及中间环节的多少，分销渠道分为零级渠道、一级渠道、二级渠道、三级渠道，如图4-4所示。

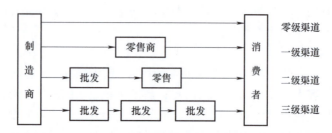

图4-4　消费者分销渠道结构图

（2）企业建立有效销售渠道的做法　　与中间商沟通做到互谅、互让、互利、互惠。如付款方式上的通融，相对优惠的利润回报。

（3）对批发商和零售商提供优质服务　　如甲集团是一家大型汽车防盗器生产厂商，其针对所有消费者，特别包括它的批发商和零售商，都做到了星级服务。只要到甲集团分公司或经营部办妥进货手续，其余的事，如提货、运输、保险、产品陈列、展售台制作、售后维修、滞销换货等事宜皆由甲集团来服务完成。无论远近，货多的就专车上门送货，货少的零担发送。这样使批发商或零售商没有后顾之忧。另外，甲集团还在条件适合的地方，出资（控股51%）资助当地经销商设立甲集团产品品牌的专卖店，一来减少零售商的风险和压力；二来借机提高市场覆盖率，通过借力提高占有率，与自己的经销商共同繁荣。

2. 中间商分类及功能

（1）中间商功能　　中间商是协助公司（厂家）寻找客户或直接与客户进行交易的商业企业。

1）代理中间商。如代理人、经纪人、制造商代表。代理中间商专门介绍客户或与客户磋商交易合同，但并不拥有所有权。

2）经销中间商。如批发商、零售商和其他再售商。经销中间商购买商品，拥有商品所有权，再售商品。

【亮点展示】
例如，汽车配件生产企业把汽车配件卖给批发商、汽车配件经销商等，这些中间商再以一定的利润把汽车配件卖给汽车用户。中间商的角色，对用户或消费者而言，他们代表生产厂家；对生产厂家而言，他们又代表用户或消费者；所谓"一手托两家"。

（2）中间商的经营方式

1）批零兼营。批零兼营业务主要是指零售企业从批发企业或生产单位购进商品后批发给其他单位或个体商业的一种销售业务。

2）买断经营。买断经营主要是指由中间商或零售企业与生产厂家就某种商品在一定区域内达成协议，以非常优惠的价格从厂家批量采购，然后以低于市场价的价格对外销售。

3）代理经营。代理经营主要是指对不独立核算的商业网点采用的销售方式。一般采用"拨付商品，交款补货"的管理办法。

4）独家经营。独家经营是指中间商与厂商之间的一种约定。厂商将某种商品在一定时期和地区内，单独向该买方发货销售，进行交易。

3. 我国汽车零配件流通模式

（1）国内配件供应链　如图4-5所示，国内汽车零配件流通是从零配件供应商出发，经过零配件流通商至车辆维修商再到车主。在这一传递过程中，由于存在零配件产品品种与规格、车主使用品牌特征、车主选择服务的主题内容等的不同，就出现了不同的流通渠道。

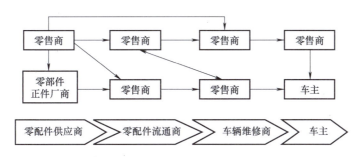

图4-5　国内汽车零配件市场供应链

（2）国内配件流通商的类型

1）大型零配件批发商。它们大多是国有企业，曾经是进口零配件的主要采购者。该部分经销商的采购规模正迅速扩大，并呈现出买断某一品牌或多个品牌的能力。

2）中小规模的汽配经销商。目前，国内这类群体相当庞大，主要集中在汽配城等地。这类经销商的采购对象通常是各地各级大型零配件批发商、零部件正件厂商及其他汽配经销商。其销售对象通常是汽车维修站。据不完全统计，目前，国内有大约25万家汽车配件经销商，他们分布在全国各地大约350个汽配城里，我国国内汽车维修用的零部件60%来自汽配城。

3）特约维修站。主要是国内轿车、客车、货车等车型所独有的服务模式。通常是通过厂家封闭或准封闭式的供货渠道进货并直接在车辆维修、养护过程中将配件销售至终端——车主。

项目五 汽车配件的销售

任务一 日常汽车配件销售业务

任务目标

知识目标	技能目标	素养目标
1. 了解汽车配件售货程序。 2. 掌握发现潜在客户的方法。 3. 掌握汽车配件介绍的方法。 4. 掌握汽车配件提货、交货与货款结算的方法。	1. 具有按照工作流程完成日常配件销售的能力。 2. 具有挖掘潜在客户的能力。 3. 具有根据客户遇到的实际问题，提供咨询服务的能力。 4. 具有根据实际情况协助客户完成汽车配件交付的能力。	1. 树立以客户需求为导向的服务意识。 2. 锻炼与客户沟通的能力。 3. 养成依据工作流程进行汽车配件销售的习惯。

建议学时

4 学时。

相关知识

一、接待与拜访客户（Ⅰ级）

1. 售货程序

售货程序是指以手工操作为基本售货方式的零售企业，营业员在一天的售货接待过程中，依次进行的工作步骤。

（1）**准备** 营业员的准备工作是围绕商品销售进行的。其主要内容有商品的准备、售货用具的准备、营业场地的清理和营业员的仪容、个人卫生的准备等方面。

（2）**接待** 柜台接待服务是营业员的基本职责。接待步骤一般分为迎客和接触。

1）迎客。迎客即迎接客户，是客户光临柜台前的准备阶段。基本要求是随时准备、主动迎客。

2）接触。接触即接近客户并打招呼。营业员应针对各种不同的情况灵活掌握好接待时机。

(3) 展示与介绍商品

1）展示。将商品从柜台、货架上取出，向客户展示商品的全貌、性能和特点，便于客户对商品进行鉴别、挑选，激发客户购买的欲望。

2）介绍。介绍就是营业员向客户推荐介绍商品。基本要求是：实事求是，维护客户利益；因人而异，尊重客户；态度诚恳，语言准确鲜明；介绍商品要和展示商品结合起来。

(4) 开票与收款　零售商店的收款方式主要有三种：一是货款合一，即客户当即付款当即取货，钱货两清；二是货款分责，即营业员管货不管钱，客户持凭证到收银台交款，然后回原售货地点取货；三是自动售货自行结算，即交款付货完全由计算机进行。

(5) 递交与道别　将商品递交给客户的基本要求是主动递交、准确礼貌。道别即送别客户，基本要求是亲切自然、用语恰当。

2. 购买心理

(1) 客户购买心理过程的 8 个阶段　一般来说，来到店内的客户购物时的心理过程如下：
注意—兴趣—联想—欲望—比较—信念—行动—满足。

客户购买行为与店铺售卖的关系见表 5-1。

表 5-1　客户购买行为与店铺售卖的关系

序 号	阶 段	客户的行为	店铺或营业员的工作
1	注意	注目	商品容易看到和拿去
2	兴趣	止步	具有吸引力的展示
3	联想	注视特定商品	接近客户，了解其动机
4	欲望	浏览	将商品呈现在客户面前
5	比较	注意价格及其他商品	商量，建议
6	信念	拿起商品	强调销售重点
7	行动	购买	成交，继续要求一些关联产品
8	满足	高兴离开	将物品包装，找回零钱

(2) 消费者购买动机的种类

1）追求实用型。这是追求商品的使用价值，即商品的实用与实惠。这类客户讲究商品的效用、质量、朴实大方、耐用方便等。

2）追求安全、健康型。这类消费者注重自身的生命安全和生理健康，把保障安全和健康作为消费的重要内容。

3）追求便利型。这类消费者把"便利"看作是提高生活质量的主要内容，不过多注意商品的价格。

4）追求廉价型。这类客户注重商品价格的低廉，希望以较少的支出来获得较多的利益。

5）追求新奇型。这些消费者以追求商品的新颖、奇特、时髦为主要目的。

6）追求美感型。这些消费者以对商品美学价值和艺术欣赏价值的追求为购买动机。

7）自我表现型。这是以显示自己的身份、地位、威望及财富为主要目的的购买动机。

8）习惯型。这是指消费者对特定商品或特定商品品牌产生特殊偏好，从而在近似条件反射的基础上习惯性地、重复地光顾某一商店，或反复地、习惯性地购买同一品牌、同一商标的产品。

(3) 消费者的购买行为类型

1) 习惯型。这类消费者对某一厂牌商标的产品十分熟悉、信任，体验深刻，形成了习惯性购买。对于这类消费者，销售员应努力记住客户的容貌和所购物品，在客户再次光临时要主动打招呼，并且迅速地替客户办好售卖手续。

2) 理智型。这类消费者的购买行为比较冷静慎重，善于控制自己的情绪，不易受各种号牌和商品的包装干扰和影响，对各类商品喜欢细心地挑选，然后才决定购买。对于这类消费者，销售员一方面要热情介绍商品，为客户购买创造条件；另一方面应给客户留出自己思考、比较的空间，创造出一个宽松舒适的购物环境。

3) 经济型。这类消费者善于发现别人不易察觉的价格差异，对商品价格反应敏锐、迅速，对价格特别重视，多数人以价格便宜为满足。对于这类消费者，销售员应注意突出介绍品质类似的商品间的价格差异，对于正在举办降价促销活动的商品应着重介绍。

4) 不稳型。这类消费者多属于不常购买商品的人，一般是奉命而买或顺便而买。对于这类消费者，销售员要当好参谋，让消费者买得放心。

3. 社交礼仪

(1) 尊重客户，注意礼仪

1) 社交基本原则。基本原则包括互惠原则、平等原则、信用原则、相容原则、发展原则。

2) 礼仪行为规范。人际交往包括两个方面：一方面是以利益为基础的角色关系，另一方面是以情感为基础的个性交往。实际生活中的人际交往，许多都兼有利益和情感两方面的色彩。人际沟通是多层次的，因此，不可能有一套固定礼仪模式能够适应所有的公共关系场合。

(2) 汽车配件销售员的基本礼仪

1) 仪表。仪表是人们内在心理素质的外在表现，仪表反映一个人的精神状态和礼仪素养，如同一张介绍信，在极短暂的接触中，给客户留下深刻的第一印象。

> **小知识**
>
> ① 衣着。着装要合体、合时，做到自然、整洁、庄重和谐调。
> ② 装饰。适当的装饰虽是小小的点缀，但有时却能给客户留下深刻的印象。
> ③ 化妆。作为女销售员，恰到好处的化妆既可增添女性的风采，又可表现出对客户的尊重。
> ④ 整洁。勤洗澡，常刷牙。皮鞋要经常打油擦亮，穿凉鞋时应穿上袜子，戴手套要保持手套清洁美观。

2) 谈吐。销售员在营业时间要特别注重使用礼貌用语。

3) 倾听。与客户的交谈中，销售员应该是"倾听"而不是"听"。"倾听"就是要对客户的言谈做出反应。

4) 举止。举止是指人的动作和表情。销售员恰到好处的举止，有助于销售的成功。销售员的举止要做到彬彬有礼，落落大方，遵守一般的进退礼节，尽量避免各种不礼貌、不文明的习惯。

> **小知识**
> ① 举止有度。站立、坐、走方面做到"站有站相,坐有坐相"。
> ② 举止得当。要做到举止适度,还应做到举止得当。注意介绍礼仪、握手礼仪、告别礼仪。
> ③ 举止文明。

5)打电话、赴宴礼仪。

① 打电话、接电话的礼仪。接电话的动作要迅速,尽可能在铃响第二遍时就接听,并立即应答,拿起电话首先要问好,然后自报姓名。

② 赴宴礼仪。销售员应邀赴宴,也应遵循各方面的礼仪。

6)递接名片、留址、递物礼仪。

① 递接名片的礼仪。现在人们常用名片代替自我介绍,一般发名片的顺序应是地位低的先把名片交给地位高的,年轻的先把名片交给年长的。

② 留址的礼仪。在给对方留址时,可以用名片代替。如无名片,也可在一张纸上或对方的通讯录上写下自己的姓名、职位、地址、通信方式(如电话、手机)等。

③ 递物的礼仪。交易结束时,销售员应将产品用双手递到客户手中,并且关照"请您拿好"。

(3)习俗与禁忌 销售员在与客户打交道时,必须注意他们的习俗与禁忌。

(4)社交语言 合理使用社交语言,既能使自己敞开美好心灵,给对方以亲切感,又能增进双方的了解和感情,为交谈创造出和谐融洽的气氛,使双方都留下一个美好的印象,即用语言塑造了一个美好的自我形象。

4. 发现潜在客户

潜在客户是指目前还没有购买某种商品,但有购买可能性的客户。在现代商品销售中,销售员必须尽可能多地掌握信息,通过多种信息渠道,发现潜在客户。汽车配件销售员是企业与市场之间、企业与客户之间的桥架和纽带,必须善于发现潜在客户。下面介绍几种发现潜在客户的方法:

(1)利用本地区车型、车数信息发现潜在客户 公安交通管理部门储存着大量车辆资料信息,通过车型、车数可以概算出本地区每年汽车配件需求总量,而且可以较准确地找到目标市场,这是发现潜在客户的一个最快捷有效的办法。

(2)通过老客户发现潜在客户 汽车配件的老客户一般对产品的质量、价格等情况比较了解,从用户的角度来考虑,他们容易赢得客户的信任,而且他们对需求情况、用户情况比较熟悉,可以发挥他们的宣传作用或者聘请他们做销售员,通过他们发现潜在客户。

(3)通过各种信息渠道发现潜在客户

① 人际关系渠道。通过广交朋友、多参加社交活动来获取信息。

② 竞争对手渠道。即利用合法的、正当的方式,收集竞争对手的信息,如利用机会参加竞争对手的展销活动,同竞争对手的用户或代理商交谈。

③ 行文渠道。即通过下发的文件、简报、通知、总结材料等来收集销售信息。

④ 流通渠道。即通过购买查阅各类报纸、杂志或其他商情信息、供求信息来获取所需

信息，也可通过市场交易部门、物资交流中心之间的交换资料以及科研机构与企业之间的交换资料获取信息。

5. 汽车配件门市销售

（1）柜组分工方式

1）按品种系列分柜组。经营的所有配件，不分车型，而是按部、系、品名分柜组经营，如经营发动机系统配件的柜组，叫发动机柜组；经营通用工具及通用电器的柜组，叫通用柜组；经营轮胎轮毂的，叫轮胎柜组等。

这种柜组分工方式的优点是比较适合专业化分工的要求，因为汽车配件系统是按照配件在一辆整车的几个构成部分来划分的，如发动机系统、离合变速系统、传动轮轴系统等；比较能够结合商品的本质特点，如金属机械配件归为一类，电气产品为一类等。这种划分方式有助于经营人员深入了解商品的性能特点、材质、工艺等商品知识。

2）按车型分柜组。按不同车型分柜组，如分成桑塔纳、富康、捷达、奥迪、东风、解放柜组等。每个柜组经营一个或两个车型的全部品种。

按车型分柜组也有利于进行经济核算，便于管理。若孤立地经营不同车型的部分品种，难以考核经济效益。按车型分工经营，根据社会车型保有量统计数据，把进货、销量、库存、资金占用、费用、资金周转几项经济指标落实到柜组，在此基础上实行利润包干形式的经营责任制，有利于企业管理的规范化。

但这种方法也有缺点，那就是每个柜组经营品种繁多，对营业员的要求高，他们需要熟悉所经营车型每种商品的性能、特点、材质、价格及产地等情况，这不是一件容易的事，并且当一种配件可以通用几个车型时，往往容易造成重复进货、重复经营。两种柜组分工方式各有利弊，采用何种方式可根据企业的具体条件决定。

（2）柜台服务规范和纪律

1）柜台服务规范。在接待客户过程中，销售员应遵守接待服务规范。所谓服务规范，是指在服务工作中，销售员应当把自觉遵守和执行的标准、制度、措施，用科学的行为准则确定下来，并以此作为监督检查工作的依据。它是企业提高服务质量的基础，是企业内部控制、评价、衡量服务质量的重要依据。

> **小知识**
>
> ① 客户走近柜台时，要适时适机地打招呼，说好第一句话。
> ② 按照客户的需要拿递商品，要轻拿轻放，不准扔摔商品。
> ③ 介绍商品时要实事求是，态度和蔼，做到多问不烦、多挑不厌。
> ④ 展示商品时要讲究技巧，做到"四展示"，即披肩展示、平面展示、立体展示、对比展示，让客户充分了解商品，促使客户积极购买。
> ⑤ 客户认准购买的商品后，销售员应向客户报价，计价收款，唱收唱付。如果是集中收款，要填写好购货票，递给客户，指明收款台位置，收回盖有"现金收讫"的取货联，再将商品送给客户。如客户需要购货发票，应按规定办理，如实填写。
> ⑥ 对于需要包装的商品，要包装得牢固、美观，便于携带。客户所购商品多时，应主动帮助客户将商品包装在一起。

⑦ 客户购完所需要的全部商品后，销售员要用适当的语言和方式与客户告别。

⑧ 营业将要结束时，应耐心接待好最后一位客户，不能以挂帘、关灯、封底款或收拾东西等方式催促客户，要圆满地完成一天的工作。

2）柜台纪律。汽车配件销售员必须遵守柜台纪律规范。

小知识

① 工作时间不得擅离职守、空岗、串柜或闲逛。

② 不准带小孩或非本柜营业员上岗。

③ 工作时间不准读书、看报、聊天、会客、打闹、听歌曲、吃零食、干私活或坐着接待客户。

④ 不准因上货、盘点、结账等内部工作而影响接待客户。

⑤ 不准抽调、挪用、转移销货款或兑换外币，不准挪借票据。

⑥ 不准在柜台内存放私人物品或亲友的东西。

⑦ 不准私自拿用商品，不准私分、抢购紧俏商品或动用、隐匿客户遗失商品。

⑧ 不准代卖私人物品，不准销售不符合质量标准的商品。

⑨ 不准酒后上岗。

二、汽车配件介绍与咨询（Ⅰ级）

1. 汽车配件的来源

市场上常见的配件（汽车用品如油料、辅料不在其列）一般有以下来源：正厂汽车配件、配套厂外销汽车配件、许可生产件、其他汽车配件、拆车件和翻新件。

扫一扫

汽车配件销售程序简介

2. 商品介绍与咨询

（1）咨询服务内容　销售员在售货过程中的咨询服务内容如下：

1）介绍商品的质量。汽车配件种类繁多，其用途、性能、技术参数和质量评价指标各不相同。如发动机的质量主要取决于它的技术经济指标，即动力性、经济性和可靠性。

2）介绍商品的特点。汽车配件具有车型多、品种繁、专用性强的特点，销售员要清楚地向客户介绍所经销配件的通用互换情况，介绍同一车型、不同代产品的配件能否通用的情况。

3）介绍商品的使用及保养方法。客户在购买汽车配件时，有时并不十分清楚所购配件在使用过程中的注意事项，销售员应详细向客户介绍该配件的功能、性能特点及使用方法。有时还需亲自示范或让客户亲自试用，有条件的话，可向客户分发产品使用说明书。同时也要介绍其质量保修规定，如保修年限、承保范围、费用分担等，这些都是客户十分关心的问题。

4）介绍商品的原料构成及生产工艺。每种商品的原料构成和其生产工艺水平的高低对该种商品的质量、性能和使用寿命都有重大的影响。销售员应详细了解所售汽车配件的材料及生产工艺。

5）向消费者提供有关的市场信息。

（2）咨询服务方式

1）现场咨询。即在销售活动中，销售员现场解答消费者提出问题的一种服务方式。

> **小知识**
>
> 它的优点是消费者与销售员直接进行面对面的交流，信息反馈迅速，有利于双方的交流与沟通。另外，消费者所提的问题都是围绕销售员所销售的商品，因此，销售员可以通过展示、表演、示范、操作商品等方式，解答消费者的疑问，使消费者全面、充分地了解其销售的产品，并加深消费者对产品的良好印象。

2）电话咨询。电话咨询是利用电话解答消费者提出问题的一种服务方式。

> **小知识**
>
> 电话咨询的优点是高效、迅速，它在商品销售工作中起的作用越来越大。不足之处是由于销售员与消费者不能见面，使双方的交流及沟通受到很大影响。

3）信函咨询。即销售员以信函的形式，为消费者解答疑问的一种咨询服务方式。

（3）咨询服务的注意事项　销售员在提供各种咨询服务时要热情周到，应能为消费者解决实际问题，例如代客送货、上门安装调试、售后维修等。不要随便许诺提供不能兑现的各种服务，否则将违反消费者权益保护法，引起客户的不满，使客户有上当、受骗的感觉，同时，对企业的形象也会造成不良的影响。销售员在介绍商品的同时，既要全面介绍企业的售后服务政策，以吸引客户购买，又要交代清楚注意事项，避免日后产生纠纷。

【亮点展示】

例如，××汽车公司在其产品质量担保中有以下清晰的规定：

1）售给用户的车辆，按当时的技术水平，在其材料和制造质量均无缺陷的前提下，质量担保期从领取行车证之日算起，为期12个月，公里数不计。如果车辆出现故障，只有特约维修站有权受理质量担保申请，而且故障一旦出现，应立即与特约维修站联系解除。其间所发生的一切费用均由维修站向××汽车公司结算。

2）在维修站更换的配件，一年期限内，如果由于质量不佳而损坏，可到原维修站索赔。

3）质量担保期外的优惠待遇，是××汽车公司自愿给予客户的一种特殊待遇。

4）如果出现的故障在非特约维修站修理过，已装上未经××汽车公司许可的零件或未按××汽车公司许可的方式对车辆进行了改装，客户没有遵守车辆的使用规定（使用说明书、维修保养计划等），××汽车公司将不承担质量担保。

3. 客观介绍企业售后服务

随着各大汽车公司技术水平的不断提高和生产设备的不断完善，汽车产品的性能、质量、价格也趋于一致，导致市场竞争的焦点都在向产品的售后服务方面转移。因此，企业售后服务工作的好坏，直接影响到产品的市场占有率。销售员在介绍商品的同时，要全面介绍企业的售后服务政策，以吸引客户购买。

4. 接待客户服务投诉

处理客户投诉是营销活动中客户管理的一项重要内容。

(1) **客户投诉的内容**　汽车配件零售商场的客户投诉五花八门，按投诉的内容一般可归纳为以下几类：

1）对商品的投诉。针对汽车配件商品，客户主要对以下几点进行投诉：

① 价格偏高。客户对商品的价格比较敏感。在汽配城、汽配市场或汽配综合市场内经营同类商品的零售店比较多，价格的横向比较相对容易。客户一般抱怨某店的价格高于其他商店的价格，希望企业对价格进行一定幅度的下调。

② 商品质量差。商品质量差主要表现为质量有缺陷、规格不符、技术标准超出允许误差等。

③ 商品说明缺乏应有的信息。如进口商品没有中文标识、没有生产厂家、没有生产日期、保质期模糊不清、已过保质期、生产厂地不一致、出厂日期超前、价格标签模糊不清、说明书的内容与商品上的标识不一致等。

2）对商场服务的投诉。主要是对销售员的服务质量、服务态度、服务方式、服务技巧等方面提出的批评与抱怨。

① 收款付货发生差错引起的投诉。

② 接待不周的投诉。客户多的时候，销售员不可能同时接待，这时易发生客户要求迅速成交和销售员的接待速度发生矛盾而引起的投诉。

③ 销售员态度生硬或对客户没有做到一视同仁，厚此薄彼所引起的不满。

④ 服务制度方面。营业前准备不周造成的柜台投诉；客户退换商品时发生的矛盾；销售员下班前忙于点货结账与客户要求购买发生矛盾的投诉。

3）对商场环境的投诉。

① 光线太强或太暗。

② 地面过滑。卖场的地面过滑使客户跌倒，会引起客户的投诉，有时还会引来法律纠纷。

③ 卫生状况不佳。

4）购销合同投诉。主要是由于商品的数量、等级、规格、交货地点、结算方式等与原购销合同约定的不符等而导致的投诉。

5）货物运输投诉。指汽车配件在运输途中发生破损、丢失和变质，因包装或装卸不当造成商品损失以及交货时间不及时等引发的投诉。

(2) **处理客户投诉的原则**　在处理客户投诉时应遵循以下原则：

1）有章可循原则。指要制订专门的投诉制度，确定投诉的范围，并有专职人员来管理与处理客户投诉。解决客户投诉时，一般都先制订为解决问题可以提供的上限与下限的条件。

2）及时处理原则。对于客户投诉，相关部门应通力合作并迅速做出反应，力争在最短的时间内解决问题，给客户一个圆满的解决方案。否则，拖延或推卸责任，将会进一步激怒投诉者，使问题激化和复杂化。

3）分清责任原则。不仅要分清造成客户投诉的责任部门及当事人，而且要明确处理客户投诉的相关部门与责任人的具体责任及权限，分清客户投诉得不到及时解决而应承担的责任。

4）留档分析原则。对每一起客户投诉及其处理结果都要做出记录。主要记录投诉的内容、处理过程与结果、客户满意度等。通过记录分析原因，总结经验，为今后处理客户投诉提供参考意见。

(3) 处理客户投诉的程序

1）记录投诉内容。利用客户投诉记录表（卡）详细记录客户的全部投诉内容，如投诉人、投诉时间、投诉对象、投诉要求等。在记录中不可忽略以下要点：发生了什么事件；事件是何时发生的；有关的商品是什么；价格多少；设计如何；当时的销售员是谁；客户真正不满的原因何在；客户希望以何种方式解决；客户是否通情达理；这位客户是否为老客户等。

2）判断投诉是否成立。在倾听客户的投诉后，要分析评定客户投诉的理由是否充分，投诉要求是否合理。如果投诉要求不能成立，接待人员要以婉转的方式答复客户，争取客户的谅解，以消除误会，撤销投诉。

3）确定投诉处理的责任部门。根据客户投诉的内容，确定相关的具体受理部门及其负责人。有时消费者投诉的责任不在商场，可能是生产厂家造成的。在一般情况下，商场与厂方事先都制订了处理办法与规定，这时要求接待人员与消费者、厂方协商处理，使客户得到较满意的处理结果。

(4) 处理客户投诉的技巧

1）化解客户投诉的基本技巧

① 接待投诉的人员要以冷静的心情仔细地聆听，让申诉者说话，确认问题所在。在倾听时，要运用一些肢体语言，表达自己对客户的关注与同情。

【亮点展示】

例如，目光平视客户，表情严肃地点头，使客户充分意识到对方在默认他的问题。对于投诉的内容，接待人员觉得还不是很清楚时，要请对方进一步说明，但措辞要委婉，例如："我还有一点不太明白，能否麻烦您再解释一下""请您帮我再确认一下问题的所在""为了解您的问题重点，我有两点还想请教一下，不知可否……""但是""请您稍等一下"这类使对方说话中断的言语不能使用。

② 从客户的表情和身体反应中把握客户的心理，了解客户的真实意图。

③ 妥善使用道歉性话语。在处理客户投诉时，首先要冷静地聆听客户倾诉的委屈，整体把握其不满的真正原因，然后一定要妥善而且诚恳地使用"非常抱歉"等话语以平息客户的不满情绪，引导客户把不满的情绪平静地表达出来。

④ 善于把握客户的真正意图。

2）化解客户愤怒的技巧。接待情绪愤怒的客户是投诉中最难处理的。在客户愤怒的情况下很难与其进行理性的面谈，同时客户也可能会做出一些不明智的行为。因此，化解客户的愤怒需要一定的技巧。

> **小知识**
>
> ① 做一个好的听众。静下心来充分倾听客户愤怒的言辞，做一个好的听众。这样做有助于达到以下效果：客户将愤怒一吐为快后，其愤怒程度会有所减轻；在字里行间把握客户所投诉问题的实质和客户的真实意图；表示出与客户合作的态度。
>
> ② 表达同情和理解。客户的愤怒带有强烈的感情因素，因此，如果能够首先在感情上对对方表示理解和支持，将成为最终圆满解决问题的良好开端。
>
> ③ 立刻道歉。明确问题后，如果明显看出卖方要承担一定的责任，应马上道歉。即使在问题的归属上还不是很明确，需要进一步认定责任的承担者时，也要首先向客户表示歉意。但要注意，决不可让客户误认为卖方已完全承认是自己的错误。
>
> 例如，可以使用如下语言："让您不方便，对不起""给您添了麻烦，非常抱歉"。这样的道歉既有助于平息客户的愤怒，又不用承担导致客户误解的具体责任。
>
> ④ 基本达成一致。无论客户愤怒的表现是怎样的，其关键都在于怎样解决问题。销售员应学会切实地把握问题的本质，并就问题的本质以自己的理解与客户达成一致，这是非常重要的一项工作。
>
> ⑤ 化解愤怒的戒律。在化解客户愤怒时，为顺利地平息客户的愤怒，接待人员应切忌以下做法：立刻与客户讲道理；急于得出结论；盲目地一味道歉；与客户说"这是常有的事""少见多怪""鸡蛋里挑骨头""无中生有"等；转移视线，推卸责任；装聋作哑，装傻乞怜；与客户做无谓争论；中断或转移原来的话题；过多地使用一些专门用语或术语；言行不一致。

5. 销售技巧

销售策略是指企业将自己的商品向用户进行介绍、说明、报道，从而促使和影响潜在客户的购买行为、消费行为和吸附方式的一种经营策略。

（1）**销售方法的类别** 销售方法广义上可分为人员销售和非人员销售两大类。人员销售是指企业派出销售员，运用销售技巧，主动把商品或服务带给潜在客户，实现销售目标的一种直接销售法；非人员销售是指企业通过发布信息的方式，就企业的产品或服务进行介绍、宣传、推广来实现销售目标的一种销售法，如利用电视营销、电子网络营销等。汽车配件销售行业通常采用的是人员销售的方法。

（2）**常用销售方法** 人员销售的基本形式有店堂销售、户外销售、会议销售、电话销售等。店堂销售使客户能够亲眼看到商品，易刺激其购买欲；户外销售能够突破空间限制；会议销售具有群体接触、接触面广、销售集中、成交额大等特点，而且销售企业可在会内会外"开小会"，同与会客户充分接触，只要有客户带头订货，形成订货效应，就容易实现大批量交易；电话销售，主要是打电话给老客户或目标客户，也可打给一些陌生客户。

（3）**销售前的准备工作**

1）寻找潜在客户。

2）本企业与商品准备。

①掌握本企业的商品及商品知识，了解本企业商品的特点、性能、价格、具备的竞争力以及产品的附加服务所带给客户的利益。

②掌握企业竞争者的情况。

③掌握客户的情况。了解客户对各种商品的需求状况；组织购买者背景情况；老客户的背景情况；对潜在客户进行分析，根据其重要程度，分批进行拜访。

3）制订销售计划

① 建立销售目标。

② 制订商品销售介绍计划。主要包括确定商品的核心部分和延伸部分（安装调试、运输等售后服务）以及销售中采用的策略和技巧。

③ 销售员个人的准备。包括准备所需证件，整理个人仪表。

4）约见客户。约见客户是为了不影响客户的正常工作安排，也显示出销售员的礼貌和素质，为销售成功打下基础。

① 约见方法。常见的约见方法有当面约、信函约、电话约、托人约、广告约。

② 约见内容。确定访问对象、访问事由、访问时间、访问地点。一般在与客户达成约定之后，销售员最好不要随意更改。

三、谈判与成交（Ⅰ级）

1. 谈判的基本方法与技巧

（1）谈判的基本技巧

1）揣摩客户心理，抓住成交机会。在销售过程中，只有了解客户心理，投其所"好"，投其所"需"，才有可能促成交易。在实践中，应通过观察和交谈确定客户意图，然后引导其购买商品。

常用销售模式解析

① 观察。对待进店后购买某种配件目的很明确的客户，销售员要主动打招呼，先行接待，即使当时手中有业务交易而来不及立即接待，也要做到人未到话先到，不能让客户久等；对待进店后犹豫不决、拿不定主意的客户，销售员不要急于与其讨论成交，而应热情地进一步了解客户的需要，为其当好参谋，促使成交。

② 交谈。在与客户交谈的过程中，了解客户的购买动机、性格和购买心理，根据客户不同的性格和心理状态采取不同的接待方法。

2）营造和谐的谈判气氛

① 首先要精神饱满，面带微笑，目视客户，点头致意。

② 与客户交谈时，语言文雅、谦虚、礼貌，应尽量避免与客户争论，更不能争吵。

③ 设身处地地为客户着想，认真倾听客户要求，为客户提供热情的服务。

④ 交谈时，要以平等的态度拉近双方距离，明确主要议题；重复对方意思时要字斟句酌、表达明确，不要引起误解。

3）处理客户异议。在接待客户时，销售员与客户不可避免地会发生意见上的分歧或异议。作为销售员必须正确地对待这种意见分歧，应本着为客户利益着想、不回避意见分歧、尊重客户意见、永不争辩等原则来对待或处理与客户的意见分歧。

客户异议的种类：对客户本人有需求异议、购买决策权异议；针对产品有质量异议、价格异议、售后服务异议、货源异议；对购买行为有购买时间异议、责任异议、交货期异议；对销售员有信用异议、销售员异议。在这些异议中，可分为真实异议和虚假异议。虚假异议是客户掩盖真实想法的手段，或拒绝购买的借口。销售员要分清异议真假，了解客户的真实意图，区别对待。常见异议及处理：

① 价格分歧。有一些客户与销售员讨价还价，甚至进行比较激烈的争论的动机主要有以下方面：资金略有不足；想买到便宜的产品；不了解商品的价值，怕吃亏；把销售员的让步看作为自己的成功；设法使对方削价来向第三者施加压力等。

> **小知识**
>
> 第一，强调相对价格。相对价格即产品价值对应的价格。不要与客户单纯地讨论价格问题，而要把客户的注意力引向商品的相对价格，即商品的价值上来，把商品的特点、优点和带给客户的利益全部展示出来，使客户最终认识到所购买商品的实用价值是高的，而相对价格是低的。
>
> 第二，先谈价值，后说价格。一般销售员不应该首先提及价格，而应采取"不问价不报价，问价才报价"的策略。客户问价时，如果销售员认为回答的时机不成熟，就应该尽量往后拖延，暂不回答或告诉客户"一会儿再谈"，或采用反问的方式使客户不能立即进行对价格的讨论。
>
> 第三，强调优势。在客户提出诸如"你们的商品太贵了，××的要比你们便宜"等问题时，销售员要引导客户正确看待价格差别，通过强调本企业商品的优势，比如从使用寿命、使用成本、性能、维修、收益等方面，用对比分析的方法来化解客户的异议。
>
> 第四，让步策略。销售员应掌握的让步原则和方法主要有：不要作无谓的让步，让步应体现企业的原则和立场；让步要恰到好处，使较小的让步能够给对方较大的心理满足；对于大问题力争让对方让步，小问题可考虑销售方先让步；不要承诺同等幅度的让步；不要轻易让步，因为让步等于减少了利润，即使决定让步，也要使对方觉得得到的让步不容易；一次让步的幅度不宜过大，让步节奏也不宜太快。

② 货源、商品质量、交货时间、售后服务方面分歧的处理。

第一，实事求是，不强调客观原因。

第二，不轻易许诺。一定要慎用许诺，一旦给了客户许诺，必须要兑现。

第三，有效的类比。是指采用适当的比喻和类推的方法，将出现问题的原因向客户委婉地说明，以求得客户的谅解与合作。

最后，交易顺利达成时，销售员一定要做到善始善终，找一些彼此共同关心的问题聊聊，使客户的心情平和下来。

(2) 成交的策略

1) 成交信号。成交信号是指客户在接受推销的过程中，有意无意流露出来的各种成交意向，销售员必须善于观察客户的言行，捕捉各种成交信号，及时促成交易。

2) 成交信号的表现形式

【亮点展示】

信号1：当销售员将商品的有关细节以及各种交易条件说明后，客户表现出认真的神情，并把销售员所提出的交易条件与竞争对手的条件相比较时，就可以询问他的购买意向。

信号2：客户以种种理由要求降低价格。这是非常有利的信号，此时客户已将产品的价格与自己的支付能力进行比较，要求价格上的优惠是每一个有购买欲的客户所要做的。这时不能轻易让步，要判断客户是否确实想买而又存在支付上的困难，如果不是这样，销售员的让步或许会让客户兴味索然。此时不妨先回避"要"与"不要"的焦点，而反问对方要多少量，根据数量来考虑折扣与价格。

信号3：客户主动热情地将销售员介绍给所在单位的负责人或其他主管人员。虽然这时销售员会觉得有一点挫折感，因为之前一系列的努力并没有马上兑现销售，但这也是很有成绩的。一旦客户将销售员和产品介绍给负责人或其他主管，销售员的成功率便可能大大增加，因为这位客户一定想让别人赞同他的看法，那么他就会努力促使交易成功，这时销售员不妨先沉默一下。

信号4：客户要求详细说明该产品的使用要求、注意事项以及维修等售后服务。此时，销售员除了耐心详细地说明外，还要诱导对方提问，以打消客户的顾虑，使其迅速做出决定。有些客户会就已经解释过的某些问题反复询问，这时千万不能急躁，要耐心地回答。

信号5：客户主动出示有关某一产品的情报和资料。这说明客户在潜意识中已经接受了该产品，已经和销售员分享这种产品，此时可以让客户先试用。如果客户所持有的资料中有些部分已不利，也不要急于纠正，而应该充分地向客户展示产品。

信号6：客户对目前正在使用的其他厂家的产品不满。这是成交的机会，但也不能过分附和客户，批评其他厂家及其产品，只要适时地强调自己产品的优点即可。

信号7：客户对销售员的态度明显好转。这说明客户已经信任销售员并愿意听取建议，这时就可以提出交易条件，询问客户的购买意向了。

信号8：客户的反常行为。当客户感到犹豫不决时往往会通过不同的行为表现出来，销售员要善于发现、捕捉客户不自然的甚至是反常的行为。比如，忽然变换一种坐姿；下意识地举起茶杯或下意识地摆弄钢笔、手表；眼睛盯着产品的说明书、样品或长时间沉默不语；身体靠近销售员；询问旁人的意见等。

2. 订立口头合同

（1）口头合同的形式　销售员在购销汽车配件或用品时，会经常遇到一些口头契约，这在合同法中属于"口头形式"合同。口头形式是指当事人面对面地谈话，或以通信设备（如电话交谈方式）确定相互权利义务关系的协议。口头形式的优点是直接、简洁、快速；缺点是没有凭证，容易发生误会和产生争议，取证困难，不易分清责任。因此，对于标的金额比较大、履行期长、不能即时结清的汽车配件交易，不应采用口头形式，而要采用书面形式订立合同。

（2）口头合同的主要条款　购销合同的内容由当事人约定，一般应包含以下条款：

1）人的名称（姓名）、住所、联系方式。

2）标的。即成交汽车配件的品牌、品种或型号。

3）数量。在绝大多数合同中，数量是必备的条款。

4）质量。对于有形商品，质量是标的的物理、化学、机械、生物等性质。

5）价格或报酬。

6）履行期限、地点和方式。

7）违约责任。

8）解决争议的方法。

3. 收取货款

（1）正确计算货款　计算货款的基本要求是：一准、二快、三清，也就是说，销售员在计算货款时要准确、迅速，并将计算结果清晰地告知客户。为了避免误会，计价的整个过程，都要当着客户的面进行。如果客户对货款计价存有疑问，销售员要耐心地重算一遍，并有礼貌地做好必要的说明和解释。

（2）正确填写票据

1）凭证。原始凭证是根据经济业务活动的执行和完成情况来填制，具有法律效力的书面证明。原始凭证的填写必须严格按以下要求进行：

① 真实可靠、手续完备。从外单位取得的原始凭证，必须有填制单位的公章或专用章；从个人取得的原始凭证，必须有填制人签名或盖章；自制的原始凭证，必须有部门负责人和经办人员的签名或盖章；对外开出的原始凭证，必须加盖本单位的公章或有关部门的专用章。

② 内容完整、书写清楚。要求严格按照规定的格式和内容，逐项填写经济业务的完成情况。所有项目都必须填写齐全，不得省略或漏填。

③ 连续编号，及时填写。各种凭证都必须连续编号，以备查考。一些事先印好编号的重要凭证作废时，在作废的凭证上应加盖"作废"戳记，连同存根一起保存，不得随意撕毁。

2）销售员在售货业务结束后，要给客户购买的商品出具发票。

> **小知识**
>
> 发票是原始凭证，必须正确填写，不能出现以下问题：字迹潦草，使人看不清；填写栏目颠倒、漏填、涂改；价格计算错误；没有复核，内容前后矛盾；填写前复写纸没垫好，一次没写透或一联一联分开填写，第一联与以后几联内容不一致等。

四、汽车配件交付（Ⅰ级）

1. 汽车配件的提货与交货

（1）正确填写提货单　销售员在售货业务结束后，要给客户填写提货单。填写提货单时应注意以下几点：

1）字迹端正、清楚，不能涂改。

2）填写栏目，不得颠倒或漏填。

3）价格计算要准确。

4）要全面复核，尤其销售数额大的，可由另一销售员复核。

5）填写前垫好复写纸，一次写透，不得一联一联分开填写。

提货单样本见表5-2。

表 5-2　汽车配件提货单

提货单

购货单位：　　　　　　　　运输方式：
收货地址：　　　　　　　　20　　年　　月　　日　　编号：

配件编号	配件品名	规格	等级	单位	数量	单价	金额	备注
合计								

销售部门负责人（盖章）：　　　发货人：　　　提货：　　　制票：

（2）**交货**　交货时一定要注意核对提货单，核对项目有提货仓库名称、必要的印章、提货单上的各项内容和字迹以及提货的有效日期，以确保提取的配件是客户所购买的配件。

2. 汽车配件货款结算

（1）**计算货款**　为了加快计算货款的速度，减少客户的等待时间，防止算错账，对于一些特殊情况，如某种汽车配件销量大，交易又比较频繁，或经营论米数、论克重的商品，销售业务又比较繁忙，可应用根据单价、米数或克重预先计算好的数据制成的价格速算表（卡）帮助计价计算。

（2）**正确填写发票**　销售员在售货业务结束后（或销售员开售小票的同时），要填写发票。发票一般有三种：一种是属于集团购买，可作为报销凭证的增值税专用发票；另一种是商业统一专用发票（见图 5-1），也可作为报销凭证；还有一种是不能作为报销凭证的信用发票，一般适用于不能报销的汽车配件商品或作为客户的购货证明。销售员可根据业务的实

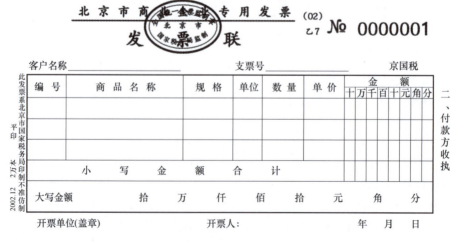

图 5-1　商业统一专用发票

际需要选用。

3. 柜组核算

(1) 柜组核算的概念　为了加强定额管理，更好地发挥营业柜组的管理作用，在大中型商场内都会将若干定额指标，如销售、经营品种、差错率等以及相应的管理权限下放给营业柜组。营业柜组在执行定额的过程中，定期地通过简易的核算来检查定额执行情况，这是实行科学管理、提高柜组经济效益的有效手段。

柜组核算是按照经济核算的原则和方法，以定额管理为基础，对柜组经营活动的有关经济指标给予记录、进行简单核算。柜组核算用于考核整个柜组或个人的经济效益，通过对柜组经济核算的分析提出积极建议，从而提高柜组与个人的经济效益。

(2) 柜组核算的内容

1) 销售额。它是柜组在一定时期内商品销售的货币表现，是柜组核算中的基础指标，是核算其他各项指标的重要依据。汽车配件销售额是指汽车配件销售收入的总额，它是汽车配件销售企业在一定时期内组织商品流转的主要指标，反映其主要经营成果，也是评价其经营成果的基础指标。汽车配件销售总额以销售金额的绝对值来表示。

2) 经营品种。它是柜组组织销售的商品品种数，是反映柜组经营范围的一个重要柜组质量指标。

3) 商品资金。它是柜组在一定时期内商品储存的货币表现，即商品库存金额指标。

4) 劳动效率。它是指在一定时期内每个员工完成的平均工作量，是衡量柜组质量的重要经济指标。

5) 差错率。指在一定时期内的经营过程中差错金额占销售金额的万分比，是反映柜组经营管理水平的质量指标。

6) 商品流通费用率。指费用额占商品销售额的百分比，说明每销售100元商品需要支出的商品流通费用。它是衡量企业费用支出和管理水平的一个重要指标。

7) 利润额。它是柜组在一定时期内的经营成果，是直接体现柜组经济效益的考核指标。

(3) 正常损耗与差错率

1) 正常损耗。损耗是指产品在生产、储运、销售过程中，由于各种原因，如蒸发、锯割、沾污、变质、裂漏、短秤等所造成的损失部分。正常损耗是指非人为因素所造成的（即不可避免的）在一定限度之内的损耗。正常损耗与差错的区别是：差错是可以避免的，而正常损耗是不可或很难避免的。

2) 差错率。差错率是一定时期内的业务工作所产生的差错笔数与本期业务工作总笔数之比。其计算公式为：

$$差错率 = \frac{本期发生差错笔数}{本期业务工作笔数} \times 100\%$$

(4) 汽车配件销货日报表的填写　汽车配件销货日报表在填写时应注意以下两点：

1) 必须以收到货款之日为准填写年、月、日；异地结算的，以办完委托银行收款手续为准；同城结算的，以取得现金和支票为准。

2) 表内的货号及货名、数量、单位、单价、金额必须填写清晰且准确。

汽车配件销货日报表样本见表5-3。

表 5-3　汽车配件销货日报表

销售日报表

部门　　　　　　　　　　　年　　月　　日

编号	
发票号数	

货号及货名	数　量	单　位	单　价	金　额	备　注

财务主管　　　　　记账　　　　　复核　　　　　制表

任务二　汽车配件销售业务中的问题处理

任务目标

知识目标	技能目标	素养目标
1. 掌握同类汽车配件价格、质量及售后服务对比介绍的要点。 2. 掌握克服谈判障碍的方法。	1. 具有发现客户关键人员，并向其进行汽车配件介绍的能力。 2. 具有处理客户产品异议的能力。 3. 具有做好谈判前的准备工作，并引导谈判走势，推动销售进程的能力。	1. 树立与客户进行有效沟通的意识。 2. 养成做好谈判前准备工作的意识。

建议学时

4 学时。

相关知识

一、接待与拜访客户（Ⅱ级）

1. 客户关键人员类型

若汽车配件的购买者不是个人而是集体单位，也就是生产者市场的购买者，那么对待这类潜在的购买者，应了解以下三种情况：第一，有哪些成员参加采购；第二，这些成员对于采购决策过程中各自的影响怎样；第三，每一成员均衡采购的标准是什么，他怎样以这些标准来评价供应商。一个单位参与采购和影响采购决策的人员形成的组织，可以称为"采购中心"。采购中心的人员结构一般包括以下五方面：

（1）使用人　使用人是采购单位中实际使用采购商品的人员，往往使用人就是建议采购的人员,他们对于采购商品的规格负有重要责任。

(2) 影响人 影响人是直接或间接影响采购决策的人员。他们往往帮助解释规格,并帮助提供、取舍有关资料。技术员、工程师常常是重要的影响人。

(3) 购买人 购买人是选择供应商和具体洽定购货条款的人。在复杂的采购中,采购单位的高级负责人往往亲自参加磋商交易。

(4) 决策人 决策人是采购单位正式或非正式有权选定供应商、决定交易的人员。在经常性标准件的采购中,采购人往往就是决策人。在重要复杂的采购中,采购单位的负责人常要亲自决定取舍。

(5) 守门人 守门人是对采购单位中有权控制传递情报的人员的称呼,他们的主要作用在于防止泄漏有关采购取舍的消息。

2. 发现客户关键人员的方法

(1) 注意观察 销售员可以进行观察、分析,判断出客户的关键人员。这种观察法比较实用,而且能获得较准确的信息。观察法一般有亲身经历法和行为记录法等。

1) 亲身经历法。从自己做客户的经验角度来观察、分析和判断出客户的关键人员。

2) 行为记录法。通过对客户的言语、行为做记录,分析所做记录而得出谁是客户的关键人员。

(2) 善于收集有关目标客户的信息 收集信息的渠道有多种。其中,人际关系渠道是一条重要渠道。一个精明的销售员要善于利用人际交往这一手段,主动与别人会晤,听旁人谈话,在交谈中,针对自己想要知道的客户信息请教别人,以获得必要的销售信息。销售员要想通过人际关系的渠道收集到有价值的客户信息,重要的是真诚待人、广交朋友和积极参加各种社会活动。

二、汽车配件介绍(Ⅱ级)

1. 汽车配件通用性互换原则

(1) 汽车配件互换、代用的概念 在汽车维护、修理过程中,经常需要更换零部件。对某一零部件而言,它们当中的任何一个在装配时都可以互相调换,而不需补充加工和修配,就能达到所要求的质量,满足使用要求。零部件所具有的这种性质,称为互换性。

汽车配件的代用可以理解为部分互换性。装有代用配件的汽车经常出现两种情况:一是装用代用品后,部分改变了原来汽车的某些技术性能;二是装用代用品时,需要补充加工和修配,然后才能使用。在使用性能上可能维持不变,或有少许变化。

(2) 汽车主要配件通用互换时的注意事项 某一零部件具有互换性的条件是:零部件的材料、结构形状、尺寸及尺寸精度和公差等级、表面粗糙度、形位公差、物理机械性能(热膨胀系数、强度、硬度等)及其他技术条件都应相同。同一系列车型的主要零部件,特别是易损件,经常具有互换性。

> **小知识**
>
> 如6135Q和12V135Q型两种汽车用柴油机,同属135系列,它们的活塞、活塞环、活塞销等许多零部件可以互换。国产各类汽车零配件通用互换情况可查阅有关资料。

（3）车身和发动机附件的互换　汽车上的车身附件主要有备胎架、保险杠、车门锁、车门铰链、各种密封件、玻璃升降器、风窗刮水器、风窗洗涤器、遮阳板、后视镜、座椅、安全带、扶手、护板、内饰等。汽车发动机附件主要有散热器及节温器、机油冷却器、机油泵、机油滤清器、空气滤清器、排气消声器等。

汽车车身附件和发动机附件为典型的可通用互换配件。一般情况下，同一厂家生产的同一系列车型该类配件基本可以通用。即使是不同厂家生产的同类型汽车，该类配件也具有较大的互换性。具体咨询时，可查询该类配件的通用互换手册。

2. 同类汽车配件价格、质量及售后服务

对同类汽车配件产品的价格、质量以及售后服务等通过对比进行介绍，以便客户有足够的依据做出正确地判断。这就要求汽车配件销售员对所销售的不同厂家的同类汽车配件的价格、质量以及售后服务等相关知识都非常了解。

对于汽车配件产品的价格，不同产地、产量、流通渠道、制造工艺和质量等都会对汽车配件的价格造成不同程度的影响。例如，同样是高尔夫的后制动片，进口品售价是739元，而国产的仅为360元，两者售价相差1倍还多。

同一个零部件有原厂价、副厂价、杂牌价，前者为正宗的产品，保证质量，价钱偏高；后者价钱便宜但质量良莠不齐。根据不同的生产渠道，又特别区分了副厂好零部件价与副厂差零部件价、杂牌好零部件价与杂牌差零部件价。其实，这些零部件往往都可以使用，最大的差别是在使用寿命上，如果勤换件有时用杂牌差零部件也没有事。

2014年5月，深圳一家汽车市场专业调研机构对主要家用轿车配件价格进行了调研，见表5-4。

表5-4　五个品牌家用轿车常用易耗件价格对比表　　　　　　　　　　（单位：元）

品牌	菲亚特	赛欧	飞度	威驰	POLO
机油滤芯	17.00	21.00	36.00	53.00	75.00
汽油滤芯	53.00	91.00	85.00	192.00	95.00
空气滤芯	45.00	33.00	61.00	80.00	175.00
进气门	11.00	186.00	66.00	100.00	260.00
排气门	22.74	475.00	117.00	100.00	210.00
火花塞	12.50	18.00	16.00	18.00	180.00
刮水片	68.80	48.00	88.00	146.00	210.00
前门玻璃	90.00	128.00	117.00	235.00	200.00
正时带	114.06	242.00	247.00	209.00	300.00
尾灯	115.32	350.00	246.00	467.00	360.00
前照灯	378.00	412.00	680.00	583.00	650.00
雾灯	101.00	199.00	216.00	401.00	300.00
散热器支架	117.26	292.00	6558.00	1522.00	856.00
水泵总成	243.00	183.00	242.99	900.00	850.00
电动后视镜	269.00	189.00	436.00	775.00	1270.00
制动盘	274.03	212.00	410.00	396.00	650.00
后风窗玻璃	274.95	282.00	465.00	572.00	750.00
翼子板总成	293.00	234.00	292.44	505.00	1200.00
前保险杠	490.00	615.00	582.00	480.00	520.00
后保险杠	600.00	636.00	582.00	396.00	690.00
高压线	152.00	452.00	480.00	505.00	160.00

注：以上价格为2014年5月价格。

夏利、吉利、羚羊和奇瑞四大品牌厂商公布的零配件整理出来的常规易损件的价格见表 5-5。

表 5-5　夏利、吉利、羚羊和奇瑞部分易耗件价格对比表　　　　　　　　　（单位：元）

项　目	夏利	吉利	羚羊	奇瑞
三滤常规易损件（机油滤芯、汽油滤芯、空气滤芯）	79.30	138.10	37.30	70.00
三泵常规易损件（其中的燃油泵、水泵）	990.00	856.40	1110.00	1110.00
发动机常规易损件（包括进气门、排气门、火花塞、高压线、正时带等）	287.00	265.10	548.00	400.00
水箱	125.00	280.00	280.00	350.00
制动系统常规易损件（包括前后制动片、离合器片、离合器压盘等）	255.00	700.00	650.00	750.00
外观常规易损件（包括刮水片、尾灯、前照灯、外后视镜、后风窗玻璃、翼子板总成、前后保险杠等）	888.00	700.00	2029.00	2385.00

注：以上价格为 2015 年 3 月价格。

以上价格由于地区和店面的不同而有所差异，实际价格应以厂商的最新公布为准。一般来说，三滤（机油滤芯、汽油滤芯、空气滤芯）、火花塞、制动片、离合器片和压盘、前照灯组合、尾灯以及外后视镜都是常换易损件，开车非常小心的经济型车主一年半左右至少要更换一次。表中所列的其他项目则是一般易损件，更换频率一般在两年半左右。

三、谈判与成交（Ⅱ级）

1. 做好谈判前的准备工作

在谈判前，谈判人员应做好两个方面的准备工作：一是尽量详细地收集有关资料；二是根据这些资料、信息，分析谈判中可能出现的各种情况，准备应对方案。即信息准备和决策准备两方面，其中信息准备是关键。下面介绍信息准备工作的主要内容。

（1）信息资料准备

1）商品市场情况、竞争情况。对拟销售商品的市场情况、竞争情况应做全面了解。这是因为市场因素及竞争对手情况与谈判成功与否有密切的联系。

① 市场商品需求情况。主要包括与谈判有关配件汽车的保有量、保有量变化趋势、用户对该配件及其服务的要求等。

② 市场商品供应情况。主要包括与谈判有关的商品生产状况、可供市场销售的商品量、商品库存状况、运输能力及其变化、进出口情况、替代品情况等。

③ 市场商品销售情况。主要包括与谈判有关的商品的市场销售量、己方企业与同行业市场销售情况、销售价格、商品市场寿命周期、经销线路、促销措施及效果等。

④ 市场竞争情况。主要包括同类配件经销商数量、其经销配件的品种、质量情况、市场占有率、价格策略情况（包括折价、分期付款）、销售渠道、信用情况等方面。

2）相关环境情况资料。与谈判交易相关的环境主要包括当地政府政策法规、交通运输部门能力情况、社会文化背景、商业习惯等方面。

3）本企业及其产品准备。

① 掌握本企业的企业状况及产品知识，了解产品的特点、性能、价格等，了解企业具备的竞争力以及产品的附加服务所带给客户的利益。

② 掌握本企业客户情况，包括对个人客户背景调研、对各种产品需求状况调研、组织购买者背景调研、老客户背景调研。

4）对谈判对手情况的了解。只有摸清对手的实际情况，才能对症下药，制订相应的谈判策略。要了解的情况包括对手的经济实力、资信、真正需要、谈判诚意、谈判人员决策权限、谈判风格等。

（2）制订谈判方案

1）确定谈判目标。各项目标与价格的关系如下：

$$期望目标 > 双方可接受目标 > 最低目标$$
$$（最优价格）\rightarrow（最低价格）$$

2）确定谈判期限。即预计在某个具体日期结束谈判，达成协议，以保证利益不受损失。

3）确定谈判组成员和负责人。

4）谈判员个人仪表及物品准备。

（3）制订谈判计划　制订谈判步骤和具体内容。谈判的具体内容主要有谈判的主题、采取的对策、谈判议程。

（4）选择谈判的时间、地点、场所　对于重大的谈判还应进行模拟谈判，以利于修正谈判方案。

2. 克服谈判障碍，引导谈判走势

谈判中出现异议、争论，以至发展到僵局，这种僵局就是谈判障碍，也就是指谈判各方在促成具体交易、进行意见交换过程中出现的阻碍谈判继续进行的因素。

在讨价还价过程中，不管争论多么激烈，只要谈判能继续下去，总有成交的希望。谈判出现僵局，会使双方无谓地浪费大量的时间、精力、资金，各自又一筹莫展，成交的希望又难以预料和实现。因此，谈判者应学会克服谈判障碍，并引导谈判向有利于己方的方向发展。

（1）克服谈判障碍应遵循的原则

1）符合人之常情，对事不对人。

2）努力做到双方不丢面子。在谈判中没有绝对的胜利者和失败者，谈判的结果都是在各有所得和各有所给的条件下共同努力取得的。因此，任何一方都必须尊重对方的人格，在调整双方利益取向的前提下，使双方的基本需求得到满足。

3）尽可能实现双方的真正意图。

（2）克服谈判障碍的方法

1）感情缓解法。

① 临时安排短暂的休会和调整，以缓和紧张的气氛。特别对于谈判中的主谈者，在调整时间内更要有亲近者为之疏通关系。

② 进一步增进人际关系。先衡量一下己方与对方之间的熟悉程度与亲善程度。如果关系熟悉，相互信任，往往可被己方说服。

③ 以对方为说服对象，注意以情动情。人的感情，特别是同类的感情能互相传递和感染。

2）期限缓解法。在谈判中规定洽谈结束时间是很有必要的，它会一反以往的拖沓，造成一种紧张的气氛，引起人们的心理反应，促使双方集中精力灵活地、创造性地解决问题。规定谈判期限一般采取委婉地提出的方法较好，如"我们能否在今天结束会谈，达成交易，明天我就要出差了"，这就提得恰到好处。不过在设立期限时应注意：

① 采用有利于己方的方式。因为期限是对谈判双方的时间限制，因此应采用有利于己方的方式为对方设立期限。

② 不要透露自己与要约相关的期限，即别让对手了解一定要在哪个时间之前完成谈判不可。

③ 细心地研究对方设立期限的动机以及不遵守该期限招致的后果。

④ 绝大多数的期限都要留有谈判余地。

3）改变话题缓解法。谈判双方在主要交易条件上没有原则分歧，只是在某些方面相持不下的时候，可以运用横向铺开的方式打破僵局，先把僵持不下的问题放下，转而就双方易于通融的其他问题交换意见。事情往往会这样发展，当另一些交易条件的谈判取得进展后，再回到原来的内容上进行协商时，双方都已从态度上、方法上发生根本性的改变，谈判中谅解的气氛也随之浓厚起来。

4）休会缓解法。在谈判中，双方的观点产生差异，情感上出现裂痕，情绪上发生对立时，双方又各抒己见、互不妥协，洽谈难免陷入僵局。这时再继续洽谈，结果往往是徒劳无益，有时甚至适得其反，导致以前的成果付诸东流。

因此，有一种明智的做法是休会。当然，休会并不是自己真的去休息，主要应利用休会期冷静下来，做一些思考，比如：自己的立场能否有所松动，或能否提出一些新方案；另外也是让对方冷静下来。双方有对立时，暂时休会，让己方有思考时间，再重新谈判时，一般会取得新进展。

5）换将缓解法。在谈判出现僵局时，究其原因又与双方谈判人员的情绪对立有关，甚至是个别人员持有偏见与成见，在争论问题时，伤害了一方或双方人员的自尊心。为了顾及双方人员的情绪，再次建立融洽的合作气氛，通常采用更换谈判人员的办法，以缓和气氛，促成谈判达成互利成交的合理协议。

上面介绍的是克服谈判障碍的几种常用方法。前三种方法在克服因意见分歧引起的谈判障碍时采用的，后两种方法在克服由于谈判时双方产生感情上的伤害而引起的谈判障碍时采用。当然，在实践中还有其他一些方法也会有助于克服谈判障碍，引导谈判走势。比如，做出与其他第三方洽谈的姿态；一人唱红脸，另一人唱白脸的办法；给对方"最后通牒"的办法等，而且在运用这些方法时还应注意场合和情况的变化。

以上所有方法，都有其适用也有不适用的情况。作为汽车配件销售员，在进行谈判时，应努力做到两点：一是要冷静；二是要灵活。所谓冷静，就是不被对方的一些表面现象所迷惑，要认清藏在表面现象后的对方的真实意图，并施之以相应对策；所谓灵活，就是根据不同对手、不同情况灵活运用各种方法，以促成于己有利而又不损害对方利益的交易。

四、汽车配件交付（Ⅱ级）

1. 介绍汽车配件使用注意事项

客户在选购汽车配件过程中，比较关心有关配件使用方面的知识。汽车配件销售员掌握的配件使用知识越全面，就越能使客户满意。掌握配件使用知识是对汽车配件销售员的基本要求。汽车配件使用知识涉及面广，主要包括以下内容：

1）配件名——正式的配件名称如何称呼？有无偏名？有无学名？
2）用途——谁是主要使用者？有何用途？是否有其他特殊用途？
3）使用方法——如何使用此配件？
4）养护——如何储藏？如何维护？特别注意事项是什么？
5）材料——使用何种材料？材料有何特点？
6）质量——品质如何？强度、耐久性如何？有无试验结果？
7）时尚——有无使用这种配件的名人或公司？总的市场销售情况如何？

汽车配件销售员不仅自己要熟练掌握配件的使用知识，还应针对客户的询问，把汽车配件的有用性、功能及使用方法详细地向客户介绍；有时还须做示范，或让客户亲自试用，并给客户分发一些有关产品使用方面的小册子、说明书或宣传碟片。如果汽车配件的使用过程比较复杂，还可开办专门的培训课程。

2. 介绍汽车配件的质量保修规定

客户购买汽车配件，一般对汽车配件质量有一定要求，因此，销售员应对汽车配件的产地、质量、特点等有较深地了解，主动如实地向客户介绍，以满足客户的要求。同时，有关质量保修的规定，也是客户十分关心的问题，销售员也应向客户做详细介绍，如质量保修的年限、承保范围、费用分担等问题，还须向客户发送质量保修卡。

每辆车都有保修期，也称质量担保期，这是由各个厂家规定的，一般会给出两个数据（时间和行驶里程，以先到者为准），例如伊兰特的保修期为从购车之日起 24 个月或车辆行驶 6×10^4 km。在保修期内，用户在规定的使用条件下使用，若车辆由于制造、装配及材料质量问题所造成的各类故障或零部件损坏（丧失使用功能），经厂家授权的维修站检验并确认后，均由厂家提供无偿维修或更换相应配件。

在保修期内，各个厂家都有不同的"保修规定"，明确地写出了零部件的保修范围和相关注意事项。首先需要明确的是，保修不单单只有整车保修，以"千里马"为例，它的整车（除去特殊件）保修期为 3 年或 5×10^4 km（以先达到者为准）；前后减振器、音响系统、车门升降器、倒车镜、灯具、门锁等"A 类"特殊件的保修期为 1 年或 2×10^4 km（先到者为准）；而对于更易磨损的滤清器、火花塞、离合器片、刮水片和轮胎等"B 类"特殊件保修期更短，为 3 个月或 5000km（先到者为准）。

2005 年 8 月 1 日开始实施的《机动车维修行业管理规定》中给出了出厂质保期、配件明码标价等相关规定。新的《机动车维修管理规定》中明确写明，机动车维修竣工质量检验合格的，维修质量检验人员应当签发《机动车维修竣工出厂合格证》；未签发合格证的机动车，不得交付使用，车主可以拒绝交费或接车。此合格证由省级道路运输管理机构统一印制和编号。

项目五　汽车配件的销售

任务三　汽车配件销售业务开拓

任务目标

知识目标	技能目标	素养目标
1. 掌握信息收集的方法。 2. 了解4种不同类型的销售模式。 3. 掌握谈判的基本方案和技巧。	1. 具有收集信息，利用多种渠道挖掘潜在客户的能力。 2. 具有对不同类型的客户选择合适的销售模式，设计个性化销售方案的能力。 3. 具有对不同类型的客户选择合适的谈判策略，完成汽车配件销售的能力。	1. 养成与人积极沟通的习惯。 2. 具备较强的责任感和严谨的工作作风。 3. 树立服务客户的工作意识。

建议学时

2学时。

相关知识

一、接待与拜访客户（Ⅲ级）

1. 通过多种信息途径发现潜在客户

（1）销售信息收集工作的原则和要求　销售信息收集工作应遵循原则有准确性、时效性、全面性、经济性、目的性。收集信息的销售员应具备信息意识、信息智力和广泛的知识。

（2）收集销售信息的内容　销售信息收集的内容很广泛，大体包括市场需求容量信息、消费者和消费行为信息、商品质量信息、商品价格信息、销售渠道及竞争企业信息、购销策略信息、市场营销环境信息等。

（3）收集销售信息的渠道　不同的销售信息来自不同渠道。销售员要进行比较，选择传播渠道最短，与信息源最近的通道。这样，既可减少费用，又使信息更加真实、可靠。主要有流通渠道、行文渠道、人际关系渠道、竞争对手渠道。

2. 销售模式

销售模式就是根据销售活动的特点以及对消费者购买行为各阶段的心理演变应采取的策略，总结出一套程序化的标准销售形式。

（1）埃达（AIDA）模式　埃达模式是指将推销活动分为四个步骤，即引起消费者注意→唤起消费者兴趣→激起消费者购买欲望→促成消费者购买行为。

小知识

1）引起消费者注意。其方法主要有形象吸引法、语言口才吸引法、动作吸引法、产品吸引法、广告吸引法等。

125

2）唤起消费者兴趣。其方法大致可分为示范类和情感类。示范类方法有：展示法、表演法、道具示范法、示范参与法、实地参观法。情感类方法有为消费者着想、通情达理、为消费者当购买参谋、讲真话、投其所好、晓之以理、学会聆听，尊重消费者。

3）激起消费者购买欲望。它是销售过程的一个关键性阶段，主要方法有：在示范并吸引客户对销售的配件产生兴趣后，通过询问客户是否有不明白、不理解的地方等，及时检验客户对其销售汽车配件的认识程度，如果有需进一步示范及说明的地方，销售员应立即进行再示范、再说明，直至客户表示明白并形成整体良好印象为止；针对客户的担忧与忧虑反复解释，并重点示范；消除客户情感上的消极心态、对立情绪，使客户完全接受销售；诱导客户从汽车配件的优点去想象汽车配件的使用价值和拥有后的喜悦和愉快；通过提供充分的证据、例证，尽说利益，用理智去唤起消费者的欲望。

4）促成消费者购买行为。其方法有直接成交法、假定成交法、有效选择成交法、次要问题成交法、优惠成交法、分段成交法、试用成交法、异议成交法、最后机会成交法。

埃达模式适用于店堂的销售，如柜台销售、展销会销售；适用于一些易于携带的生活用品与办公用品的销售；适用于新销售员以及面对的是陌生销售对象的销售。

（2）迪伯达（DIPADA）模式 迪伯达模式分为六个步骤，即准确地发现客户的需求与愿望→把要销售的汽车配件与客户的需要及客户的愿望结合起来→证实所销售的汽车配件符合需求→促进客户接受所销售的汽车配件→刺激客户的购买欲望→促使客户做出购买成交的决定。

1）如何把客户的需求及愿望与所销售的汽车配件结合起来，有以下方法参考。首先，从"结合"的内容上看结合的方法，可分为物的结合法、汽车配件整体概念的结合法、观念结合法、信息结合法、关系结合法。

其次，从生产的社会化流程看，有上行关系结合法、下行关系结合法、平行关系结合法。

最后，从对需求的管理方法上看，有适合需求结合法、调整需求结合法、教育与引导需求结合法。

2）证实所销售的汽车配件符合客户需求的关键是收集和应用证据。按证据的提供者分类，证据主要有人证、物证、例证。

按证据的获取渠道，可分为生产现场证据、销售与使用现场证据、客户自我经验所提供的证据。

按证据的载体，可分为文字证据，如上级文件、鉴定材料、客户表扬书信、订单、书报文章等形成的证据；图片证据，即用真人、真事、真物拍摄照片以及用图形表格制成的图片所形成的证据；光电证据，主要指用光电等科技手法获取的证据，如录音录像盒带、电影拷贝、电脑网络储存的资料等。

3）促进客户接受所销售的汽车配件。其方法有：

① 询问促进法：即销售员在介绍汽车配件、证实汽车配件符合客户需求的过程中，不断询问客户是否认同或理解销售员的讲解及演示，借以促进客户接受汽车配件。

② 总结促进法：即销售员在销售谈话中不断对前段的销售活动及进展情况进行总结，以促使客户接受汽车配件的方法。一方面总结汽车配件对客户需求的满足程度，另一方面总结已被证实的汽车配件的优点及特色，同时强调总结客户与销售员之间取得的共识等。

③ 确认书促进法：要求销售员一边总结与客户在认识上的共同点，一边把客户认同的内容在记事板、打字显示荧屏与备忘录等工具上记录下来，并放在显眼的地方，时刻提醒客户他已表态接受的各个方面。

④ 诱导促进法：指销售员通过向客户提出一系列问题，并请求客户做出回答而诱使客户逐步接受所推销的汽车配件的办法。

⑤ 示范检查促进法：指销售员通过检查示范效果而促使客户接受汽车配件的方法，销售员在示范前、示范中、示范后，不停地向客户提出一些带有检查性的问题，从而试探客户的接受程度以及是否有购买意图，如果客户在关键性问题上并没有接受，可立即纠正补充。

⑥ 等待接受法：有时受多种因素影响，客户无法立即接受汽车配件，如有的客户无法对是否接受所销售的汽车配件立即表态。销售员无法见到所有对购买活动有影响和决策权利的人，这时，销售员应学会等待，但等待过程中，销售员应不断地与客户接触，经常确认与总结双方的共识及前段销售活动取得的进展，将长时间的等待与积极的销售相结合。

⑦ 客户试用促进法：即销售员把已介绍与初步证实的汽车配件留给客户试用，从而促使客户接受汽车配件的方法。

> **小知识**
>
> 由于迪伯达模式的第五个步骤及第六个步骤均与埃达模式的第三及第四个步骤相同，此处不再重述。迪伯达模式适用于生产资料市场汽车配件的销售，适用于对老客户及熟悉客户的销售，适用于客户属于有组织购买即单位购买者的销售。

(3) 埃德伯（IDEPA）模式　埃德伯模式分为五个阶段，即把所销售的汽车配件与客户的愿望结合起来→示范阶段→淘汰不合格的汽车配件→证实客户的选择是正确的→促使客户接受汽车配件。埃德伯模式多适用于向熟悉的中间商销售，或向主动上门购买的客户销售。只要客户主动与销售员接触，并带有明确的需求而来，就适宜使用埃德伯模式。

1）把所销售的汽车配件与客户的愿望结合起来：应注意无论在汽车配件畅销还是滞销时都应对上门主动求购的客户热情接待，同时应尽量满足客户需求。对上门求购的客户，销售员应按照客户提供的需求标准，尽量提供更多货源供客户选择，不怕麻烦。对客户原来没有打算购买的汽车配件，销售员应揣摩客户的愿望与要求，并把所销售的汽车配件与这些愿望结合起来。

2）示范阶段：应注意按客户的需要示范汽车配件。如果客户拿着进货清单，那么清单上所列汽车配件都应加以示范。销售员如能按照客户的需要，向客户销售进货清单上没有的汽车配件，客户也会很高兴，如刚出厂的新汽车配件、即将成为畅销货的汽车配件、进销差价大的汽车配件等。

3）淘汰不合格的汽车配件。如能通过与客户的谈话了解目标市场消费者的特点，就能有把握地提供与淘汰汽车配件。只要不是货款问题，可鼓励客户多进货。

4）证实客户的选择是正确的这一环节不可缺少，主要采用案例的方式证明。如某个汽车配件在某个市场或由某个商人销售得很好，年利不少，促进中间商人接受汽车配件。

5）促使客户接受汽车配件。销售员应针对客户的具体特点开展工作，如有的应帮助他们尽快办好进货手续；有的要解决运输，以致他们尽快把货物摆到货架上；有的需在货款的结算上给予方便；有的则要求退货赔偿及降低赔偿等。销售员应尽力给予解决。

(4) 费比（FABE）模式　　费比模式分为4个步骤，即把汽车配件的特征详细地介绍给客户→充分分析汽车配件的优点→尽数汽车配件给客户带来的利益→以"证据"说服客户。

销售员在见到客户后，要以准确的语言把汽车配件的特征详细地介绍给客户。特征的内容有汽车配件性能、构造、作用、使用的简易及方便程度、耐久性、经济性、外观优点及价格等。如果有新汽车配件应更详细地介绍；如果汽车配件在用料或加工工艺方面有所改进的话，也应介绍清楚；如果上述内容多而难记，销售员应事先打印成广告式的宣传材料与卡片，以便在向客户介绍时将材料或卡片交给客户。因此，如何制作好广告材料或卡片将成为费比模式的主要特色。

3. 设计销售方案

销售方案是在销售战略决策机构进行反复思考、深入探讨和进行可行性研究的基础上，从若干个备选方案中选出的最佳方案。要设计销售方案，首先必须完成两项工作，即确定销售战略目标和确定销售战略重点。设计销售方案时，要进行充分的市场调研和预测，围绕销售战略目标和销售战略重点，充分考虑其现实可行性、预期效益性和能否达到较先进的水平。在设计销售方案的过程中，可以先采取典型试验和局部试行的方法，以便用销售实践去检验。做好信息反馈工作，从而发现问题，及时修正。

为了更好地设计销售方案，企业销售员应该有针对性和目的性地开展一些活动。如鼓励本企业全体员工、客户及其他相关群体出谋献策，建议被采纳者，给予奖励。优选出的销售方案还要具体化为若干个阶段计划，这些销售计划是为实现销售战略的阶段目标服务的。根据销售战略的阶段性销售计划，制订相应的战略措施和实施步骤，确定有利于执行计划的方法、途径与手段，才能使销售方案得以实施。

二、汽车配件营销的发展趋势

1. 汽车配件网络化经营

(1) 国外的汽车配件网络化经营　　美国汽车配件经销商雷蒙德的汽车配件店位于美国亚特兰大市的一个郊外，这个小店与别的配件店并无二致，但其特色是网上交易，任何与汽车配件销售相关的服务均可在互联网上实现。如观看该店全貌、下载所需车款配件的图片、了解价格、下订单等。

这是国外汽车配件经营实现网络化销售的一个实例。这种通过互联网和电子商务实现网上经营的方式，对我国的汽车配件销售业具有非常重要的借鉴意义。从目前我国的汽车配件销售状况看，整个汽车配件流通领域的网络建设还不健全，还处在一种内部局域网的状况，而这种网络的设置大都是为了企业内部的协调和日常管理，而非电子商务。

(2) 汽车配件网络化经营的优点　　首先，对于汽车配件经销商来说，互联网可以更方便地收集客户购买汽车配件过程中所提的各种问题，并及时将这些信息反馈给汽车配件生产企业。生产企业可以据此分析出客户的购买意愿，从而尽早生产出符合市场需求的汽车配件。其次，利用互联网的信息和便捷服务，生产企业可以及时得知配件销售商的库存情况和销售情况，从而调整自己的生产和调配计划。汽车配件销售商减少了库存，加快了资金流通，获得了较满意的收益。对客户来说，他们可以通过互联网，像"点菜单"似的随意选取自己所需要的汽车配件。

市场信息对于汽车配件生产企业和销售商来说至关重要，而通过互联网即可轻松获得。互联网汽车配件销售商可以给生产企业提供客户实时实地的信息。这种需求意愿的信息可以帮助生产企业降低汽车配件销售费用，而这种费用通常将占到汽车配件最终销售价格的15%左右。如果算上促销费用的话，这种费用所占比例就更高了。事实上，互联网还可起到一定的广告促销作用。

销售商所销售的汽车配件中总有一部分畅销，而另一部分滞销。滞销部分占用资金所引起的费用就要分摊到卖出去的汽车配件上。通过互联网，生产企业和销售商都可以及时避免生产销售市场销售不好的汽车配件。有了互联网的便捷服务，不仅仅节约了时间和费用，更重要的是，互联网还可引起一种观念的变革，使汽车配件生产企业、销售商和客户贴得更近。

(3) 我国汽车配件网络化经营的发展趋势　我国的汽车配件网络化经营和电子商务已经开始呈现发展的趋势。目前，国内的许多大中型汽车修理企业都建立了计算机管理系统，实现了内部联网。这种网络覆盖了整个维修业务，从业务接待到派工领料，再到检验结算。计算机的实时控制使经营者可随时了解到厂内的实时状态，从而进行监控，并且大大地提高了每位员工的工作效率，更重要的是可取代手工做账和对账，加强了配件管理。

汽车配件经营管理网络涵盖了汽车配件经营的全流程，从产品入库、确定零售和批发价格以及按车型、编号等方式分类管理，最后到出货、结算乃至做账、销账。连锁经营搞得比较好的经销商已把这种网络管理扩大到了整个分销点，形成了一定规模的网内网。许多汽车配件经销商都从网络管理中获得了较好的收益，其最显著的特点就体现在商品的调拨上，通过网络管理，可达到事半功倍的效果。

> **小知识**
>
> 对于汽车配件网络化经营和电子商务，有人认为，汽车配件电话购物其实也是电子商务，因为两者之间只是通信平台不同，后台的操作基本上是一样的。其实这种理解并不准确，首先，消费者从电话中了解的信息很有限，无法充分满足客户要求；其次，如果发广告或印刷配件目录给客户，由于销售的配件越来越多，使得印刷成本越来越高，故更新速度却越来越慢；另外，在电话中交流时，由于环境、语音、语速、方言等因素的影响，使电话业务人员的工作难度和出错率不断增加。

2. 汽车配件的连锁经营

(1) 汽车配件连锁经营概述　连锁经营是未来汽车配件销售的一个趋势。要形成规模、形成集散必须走连锁经营的道路。对此，大唐、大众、隆丰、蓝霸等都已经在探索走这条路了。当然，连锁经营离不开市场和政府的支持。政府给予一定的优惠政策来扶持一个新型专业的发展是很有必要的，但它只是一个扶持，关键是要靠自己。所以，连锁经营要想对自己的产品从批发到直接对终端客户有销售，这是一个很难的过程，需要有一个自立的完整的采购体系，这就需要在对社会产品的考察上下一番工夫。比如郑州的万通和上海的隆丰这一步做得比较好。这几年来，各个销售公司都创建了自己的自主品牌，这就更显示了完整的采购体系和连锁经营的必要性和迫切性。

1) 巩固老客户。巩固老客户对连锁店的发展至关重要，因为只要留住全部老客户，连锁店的业务量就只会增加不会减少。相反，如果老客户流失严重，一方面连锁店为了开发新客户，要投入大量的资金；另一方面流失老客户很可能把对连锁店不好的影响传递给潜在消费者，从而增加了连锁店开发新客户的难度。为此，连锁店对老客户必须做好前期服务和后续服务两项工作。

　　前期服务是指在提供汽车配件销售服务之前为老客户所提供的服务。具体工作内容是每月向老客户投递宣传广告，介绍连锁店的新增服务项目和各种优惠活动；每两个月与老客户进行一次电话交流，了解客户最近是否需要汽车配件养护服务，是否需要连锁店帮助的其他事项；重要节日向老客户寄送贺卡等；后续服务是指客户每一次到连锁店做完汽车配件采购和养护服务之后所提供的服务。主要工作内容有了解汽车配件养护的效果、客户的满意程度，提供技术指导、技术咨询服务，为客户解决技术上的难题，提供零配件和备用件的服务等。如果在后续服务中发现连锁店为客户提供的服务存在瑕疵，连锁店应主动提出补救措施，并向客户赔礼道歉。

　　另外，连锁店还应该在日常经营记录的基础上做好客户资料档案，这样既可以方便与客户联系，又能够准确地计算各种消费积分。连锁总部建议连锁店制订客户积分卡和客户档案积分相结合的消费积分记录，如果消费者到连锁店消费时没有携带积分卡，可以先在客户档案里记载，并附注未记入积分卡的信息，以后方便时再补记到积分卡上。对于客户的确认采取"认车"与"认人"并行的方式，只要有客户记录的人开车来消费，无论是曾经登记过的汽车，还是其他汽车，均可积分；同样，只要是曾经登记过的汽车来店消费，无论驾驶人是原来登记的客户还是其他人，均可积分，但上述积分只能记入最初建立档案的那个客户的积分里。

　　2）开发新客户。开发新客户是连锁店打败竞争对手和扩大经营规模的必然选择。新客户的来源通常有两类，一类是新增汽车用户；另一类是从其他汽车配件销售店转移过来的客户，连锁店应分别针对这两种客源采取适宜的开发策略。

　　对于新增汽车用户，抓住客源的关键是在消费者购买汽车时就使之成为汽车配件销售维护连锁店的客户。具体的策略是连锁店与当地主要的汽车销售商建立战略合作关系，汽车销售商每卖出一辆汽车就送一张汽车配件销售连锁店的会员卡，并且可以在一定期限内享受一次免费或特别的优惠服务，从而最大限度地吸引新增汽车用户。

　　挖掘其他汽车配件销售店的客户，难度要大过吸引新增汽车用户。促使其他汽车配件销售店的客户转移需要做很多工作，付出的代价也很大。首先，应对当地其他汽车配件销售店的服务情况、客户等有所了解，分析这些汽车配件销售店的不足及其客户的真实需求，同时加强本店的服务和管理，保证其他汽车配件销售店的客户能够在本店获得满意的服务，然后通过优惠活动、市场调研等与其他汽车配件销售店的客户进行接触，承诺只要这些客户用其他汽车配件销售店发给的会员卡或优惠卡，就可以换取一张本店的会员卡或优惠卡，并给予他们比原来常去的汽车配件销售店更多的优惠。

　　(2) 美国的 NAPA　　NAPA 是"全国汽车配件联盟"的缩写，成立于 1925 年。它随着美国汽车业的蓬勃发展应运而生，并为了满足广大驾车者对先进汽车零部件配送系统和专业化汽车维修保养的需求而不断完善。NAPA 最早以经营汽车配件起家，后来在丰厚利润的吸引下投入汽车售后服务业，从此一发不可收。

　　20 世纪 80 年代是 NAPA 迅速发展的重要时期。当时，美国的传统汽修业在经历了大发展和空前繁荣之后开始走上萎缩和衰败之路，而汽车快修养护连锁业悄然兴起，汽车"以养代修"和"三分修，七分养"的观念开始流行。一些汽车维修厂先后关门，快修养护连锁企业逐渐占到了整个汽车维修行业的80%以上，取代了传统汽车维修的霸主地位。目前，NAPA旗下大小规模的汽车售后服务连锁店多达10500家，分布在美国50个州。客户一般都能很方便地在公路沿途和自己居家附近找到NAPA连锁店。由于NAPA提供的是标准化的专业服务，不少人往往都会固定选择邻近的一家NAPA店进行日常维护保养。

　　NAPA的汽车养护连锁网络是多层次的，包括事故车维修中心，即以事故车维修、保险理赔及处理车辆突发紧急事故为主要业务的汽车维修企业。此类企业占地规模大，维修设备和技术水平都较高，但所处位置一般距离市区较远，不过交通便利。而以汽车快修养护服务为主的汽车快修养护店规模相对要小得多，有的业务也比较单一，或专门维修制动系统、冷却系统、转向/悬架系统，甚至专管换油/滤清器。这类店数量较多，且大多分布在市区或交通要道附近，对客户来说非常便利。

　　以经营汽车配件起家的NAPA不仅是美国最大的汽车维修服务网络，同时也是美国最大的独立汽车配件经销商。它在全国各地分布了65个汽车配件配送中心，6000家连锁配件店，常年库存的各种配件达到31万种，这不仅巩固了其最大配件供应商的地位，同时也确保了旗下汽车维修养护店所需配件的及时和足量供应，为赢得宝贵的修车时间创造了必要的条件。

　　NAPA的成功显示了连锁经营模式的强大优势。首先，连锁经营的规模化确保了服务价格和服务质量的优势。连锁网络成功地将分散零落、规模不大的区域市场结合起来，形成了一个巨大而稳定的用户市场，确保了巨大而稳定的经营额，从而以独立经营者所不可能具备的强大实力获得价格优势；其次，管理现代化、集约化有效地兼顾了经营成本和市场需求。它利用信息系统充分调动总部、分中心和连锁店库存，科学利用仓储流动资金，有效地减少物资储存和资金占用，降低了运营成本；再有，品牌统一化树立了整体信誉。连锁经营将各连锁店的有限资金集合起来，形成巨大的行销投资。这种投资规模足以使连锁网络的总部集中最专业的市场策划人员负责策划工作，组织多种媒体参与广告宣传和促销活动，从而快速、有效地提升整体品牌的知名度。

　　(3) AC德科　AC德科汽车快修保养连锁中心拥有当今全球最大的连锁网络，并不断壮大。伴随全球汽车零部件消费的增长，越来越多的车主要求得到高品质的车辆修理服务：由经验丰富的技师安装合格的备件，清洁舒适的环境，有竞争力的价格以及关于车辆维护的专家级建议，AC德科维修中心就是为了满足这些需要设立的，其部分服务包括更换机油和滤清器，调整发动机，更换蓄电池，更换减振器和支柱，维修空调，四轮定位等。AC德科维修中心备有高品质的AC德科配件，提供当今主流车型的大部分配件。

　　2000年8月，我国大陆第一家AC德科汽车快修保养中心在深圳皇岗正式开业，并在短时间内取得了良好的业绩。在其后的一年多时间里，新陆氏公司分别在深圳、广州、佛山、顺德及海口建立了多家AC德科汽车快修保养连锁店，截至2001年底，共有12间连锁店投入运营，大部分在极短的时间内获得了良好的经济效益，在业界引起了极大的反响。由此，通用公司将AC德科在我国华南六省（广东、广西、福建、江西、湖南、海南）的代理权授予深圳新陆氏实业有限公司。与此同时，AC德科快修保养连锁体系也在中国其他地区迅速发展，到2001年底，投入运营的AC德科快修保养连锁店已超过50家，目前仍在高速增长。上汽通用汽车宣布，从2016年1月1日起正式承接通用汽车旗下知名售后零部件百年品牌ACDelco，并整合推出全新的汽车配件品牌——德科，致力于开拓国内汽车独立售后市场。

三、汽车配件介绍与咨询（Ⅲ级）

一般来说，同一汽车生产厂家生产的同一系列车型上的许多零部件都具有互换性，即能通用。即使是不同厂家生产的同类型汽车，有许多零部件也可以互换。如一汽大众的捷达轿车和上海大众的桑塔纳轿车发动机的活塞、活塞环、气缸垫、前制动盘等零部件就可通用，因为它们都是引进的德国大众汽车公司的技术。由于汽车种类很多，汽车配件类别繁杂，作为汽车配件的高级销售员除必须牢记一些汽车配件所能通用的车型外，还须学会查阅各种汽车配件目录和配件通用互换手册，以便更好地为客户服务。

四、谈判与成交（Ⅲ级）

1. 制订谈判方案

客户咨询如何做，产品介绍有妙招

所谓谈判方案就是有关谈判应达到的谈判目标、应遵循的原则及为达到谈判目标而确定采取的步骤等的总和。它是从全局出发制订的谈判行动的总方针、总谋划、总体布局。谈判方案是谈判的指南。谈判成功与否，与谈判人员所采用的谈判方案有直接关系，决策正确就能促进谈判成功。

（1）制订谈判方案的方法

1）明确谈判目标。谈判目标是指制订谈判计划时，对所要达到结果的设定，是指导商贸谈判的核心。谈判中最重要的阶段，即报价阶段和磋商阶段都是以谈判目标为依据的，策略的选择也与目标紧密相关。谈判目标一般包括谈判性质及谈判对象；商品价格、质量、品种、规格等要素的要求；交货日期和付款方式；在情况变动的条件下，上述各要素必须达到的目标；与谈判目标相关的事实和问题，为解决这些问题需要提出的要求或期望。谈判目标是一种目标体系，按照可实现的程度可分为四个层次：

① 最优期望目标。最优期望目标是指对谈判某方最有利的理想目标，即在满足某方实际需求利益之外，还有一个增加值。

② 实际需求目标。实际需求目标是指谈判各方根据主客观因素，考虑到各方面情况，经过科学论证、预测及核算后，纳入谈判计划的目标。

③ 可接受目标。可接受目标是指能满足谈判某方部分需求、实现部分经济利益的目标。

④ 最低目标。最低目标是指谈判各方对交易内容的最低要求，它是谈判必须达到的目标。最低目标与最优目标有着必然的内在联系。最低目标的确定，不仅可以创造良好的应变心理环境，而且还为谈判双方提供了可供选择的契机。

以上四个谈判目标层次，各有各的作用，须遵循实用性、合理性、合法性的原则认真规划设计，即应把自己的需要、经济重要程度和可能性结合起来。同时，谈判目标应尽量明确、具体、可行，并尽量的数量化。

与谈判目标有关的一个重要问题是确定最初报价水平。因为不能有把握地预测所做的选择能否取得满意的结果，故成为一个技巧性的难题。根据经验，报价取高是一条金科玉律，即如果是卖方，应提出最高的可行价；如果是买方，应提出最低的可行价。

2）规定谈判策略。谈判策略是谈判者在洽谈过程中，为了达到某个预定的近期目标或长期目标所采取的一些行动和方法。它包含两重含义：一是指关于谈判的原则的、整体的、方针性的方法和措施；二是指针对具体时机、场合和状况所采用的手段和对策。谈判策略的选择和运用，取决于谈判对象的状况、谈判的焦点、谈判所处的阶段和谈判的组织方式等因素。

① 谈判对象的状况。谈判对象的状况具体说就是指买方、卖方的具体条件及状态。具体条件是指地位、经验、态度、性格。谈判对手的具体条件如何，通常影响谈判策略的选择。

② 谈判的焦点。双方谈判的焦点包括两层含义：什么性质的买卖及属该买卖的哪部分内容，小批量成交还是大批量成交，是价格上的谈判还是支付方式或售后服务等条款的谈判，策略也要区别选择。

③ 谈判所处的阶段。谈判所处的阶段可分为开局阶段、摸底阶段、报价阶段、磋商阶段、成交阶段和签约阶段。

④ 谈判的组织方式。谈判的对方是一家还是几家，分别谈还是联合谈，所运用策略各异。

3）确定谈判期限。即对谈判所需时间的估计，需要注意的是：在相互对立的谈判中，千万别向对方暴露自己的实际截止期。因为这样，对方可利用这点施加压力。

4）预计将会发生的问题和成交的可能。在谈判之前，应把困难估计的充分一些，把谈判中可能会出现的问题设想得细一些，并预先多设想几套应对方案，以便在谈判过程中根据不同情况择优选用，这样就能做到"临变不惊"，应付自如。对于有利于实现己方谈判目标的机会要有清醒的认识，并抓住不放。应注意的是，在谈判开始之前制订的谈判方案有可能随谈判的深入或了解掌握的情报资料的变化而改变。

(2) 制订谈判方案应注意的问题

1）是否要同对方保持长期的业务往来。
2）双方在谈判中的实力及地位。
3）对方的谈判作风和主谈者的性格特点。
4）交易的重要性。
5）谈判时间的限度。谈判时间的限度对谈判战略的影响主要表现在：
① 影响谈判的方针，如果谈判时间长，谈判方针可更加灵活。
② 影响谈判目标的弹性。较长时间的谈判，谈判目标的弹性较大；较短时间的谈判，谈判目标的弹性较小。
6）谈判能力。

2. 灵活运用谈判技巧

(1) 提问与聆听　在谈判过程中善于提问和聆听对方的发言，才能弄清对方的真实意图和根本利益所在，发现对手的需要，发现其在谈判中可以退让的程度。同时，对疑问点提出问题，有助于发展新的想法，找到解决这些问题的办法。

(2) 不轻易亮底牌　尽可能了解对方的动机、权限以及最后期限，但让对方知道己方这方面的资料越少越好，即使对方是所谈汽车配件的独家供应商，仍可以告诉对方，己方可以在该配件与其他替代配件之间选择，或在买与不买之间选择。反之，对于卖方，己方也可以采用相同的办法。总之，要造成这样一种竞争姿势，使对方感到不是非他不可，使己方处于有利的地位。

(3) 报价的艺术 提出比预期能达到的目标稍高一点的要求，就等于给自己留下妥协的余地。所以，通常谈判者在谈判开始的时候，总要提出一个较高初始报价。较高的初始报价提供了"谈判余地"，并且能使对方希望得到的利益在谈判过程中变得明显。较高初始报价的目的是想最终达到一个合理的妥协方案。最后报价必须考虑到对方提出的所有正当的论点、要求，必须注意，有些谈判者使用"第一次"最后报价，而保留最终最后报价，以备用来打破任何遗留下来的僵局。

(4) 时间期限战术 谈判通常是按预先订好的议事日程进行的，缺乏时间和期限的概念将会使谈判者陷入时间的压力中，有时还会得到于己不利的结果。有些谈判者，把时间看得很宝贵，急于早日达成协议，拖延越长，费用越大。所以，在谈判时，可以利用对方的这种心理，适当采用拖延战术。但要注意，过分拖延有时会适得其反。

(5) 伺机喊"暂停" 如果谈判即将陷入僵局，不妨喊"暂停"。在谈判过程中有这样一个短暂的暂停，至少给谈判双方提供额外的时间重新考虑自己的立场和估计对方的立场。这样就有机会重新肯定自己的谈判立场，或以一点点小的让步，重回谈判桌。

(6) 适当使用威胁手段 酌量情势，表现一点过激的情绪化行为。必要时，可以提高嗓门，逼视对手，或大胆威胁，扬言立即中断谈判等，看对方反应如何。这一手段有冒险性，但时机掌握得好，运用适当，在碰到僵局时，往往会取得意想不到的效果。不过，不恰当的威胁可能导致自己并不希望的谈判破裂。

(7) 出其不意 在谈判过程中，突然改变方法、论点或步骤，以让对方折服、陷入混乱或迫使对方让步。这种策略可以简单到突然改变说话的声调、语气或戏剧性地突然生气等，都可能使对方措手不及而软化立场。

(8) 额外奉送 在谈判过程中，准备一些附加的刺激条件，即给对方一些有价值的"额外奉送"；奉送的时机选择是至关重要的。恰当的时间选择往往能解决某些问题上出现的僵局。

(9) 沉默与耐心 不要期望对方立即接受新的构想，坚持、忍耐，对方或许会接受己方的意见。在这种情况下，"沉默"有时在谈判中是一种有力武器。在一段时间内保持沉默，会使对方感到不自在，甚至茫然，不知所措。在这样的气氛下，对方往往沉不住气而极力想说些什么，有时甚至说些不适当的话，改变态度。在谈判过程中，即使对方小小的让步，也值得争取。

(10) 折中调和战术 成功的谈判，应该是双方愉快地离开谈判桌。在谈判中，对价格和其他交易条件都可以采用折中调和的战术。如一方要价100元；另一方只给50元，折中后以75元达成协议。当然，还可以多次折中。在谈交易条件时，虽然可以让步之处很多，但每次只能让一步，而且步子应越让越小，称之为"切香肠战术"，可让步条件就如一段香肠，每次只切下一片，而且越切越薄。

(11) 谈判中权力的运用 权力是指谈判一方对另一方所能施加的约束力或财力物力的总和。拒绝运用权力意味着谈判中的自杀。然而，运用权力是很复杂的，权力也不可轻率地或过分地运用，这样就变成滥用了。如果运用不慎，就会危及谈判的成功。

以上所列是在谈判中常用的技巧，而在实际谈判过程中，它们绝不是孤立的，只有巧妙地利用各种技巧，才能成功。至关重要的是要掌握运用各种技巧的时机和分寸，不恰当的运用或过分地运用这些技巧，往往会适得其反。

项目六

汽车配件的营销

任务一　普通配件柜陈列与销售核算

 任务目标

知识目标	技能目标	素养目标
1. 了解普通商品流通的知识。 2. 掌握差错率的计算公式。 3. 掌握汽车配件陈列方法。 4. 掌握销售统计、计算方法。	1. 具有做好汽车配件宣传的准备工作的能力。 2. 具有核算差错率的能力。 3. 具有根据实际情况完成普通配件柜的商品陈列的能力。 4. 具有根据实际情况做好汽车配件财务核算的能力。	1. 树立服务客户的工作意识。 2. 培养较强的责任感和严谨的工作作风。

 建议学时

2 学时。

 相关知识

一、汽车配件陈列与广告宣传（Ⅰ级）

1. 普通商品流通知识

（1）简单商品流通　简单商品流通的形式是商品转化为货币,再从货币转化为商品,即 W-G-W'。它的交换过程是以卖开始,以买结束,为买而卖。买的目的是为了直接满足某种消费需要,满足自己的消费需要。

（2）发达商品流通　发达商品流通的形式是货币转化为商品,再从商品转化为货币,即 G-W-G'。它是由简单商品流通发展而成的,在商品生产者自己进行商品交换的基础上,商人介入其中。它的交换过程是以买开始,以卖结束,为卖而买。卖的目的是为了取得更多的交换价值,使原来的货币增值。商人为购买商品暂时垫支货币,通过商品的出售,货币又重新回到商人手里,但这时的货币额应加上增值额,这样商人才能成为独立的经营者,以营利为目的,从而为社会经济活动起中间媒介作用,并推动经济发展。

2. 汽车配件陈列的认知

（1）汽车配件陈列的概念　商品陈列是以商品为主体，利用各种道具将商品列出来，充分展示其美感、质感、特点和全貌，向客户推荐商品的宣传方式。商品陈列强调的是商品，并使客户方便购买，其优劣能够影响整个销售区的气氛，影响销售业绩。

（2）汽车配件陈列应满足的要求

1）醒目、美观、整齐。柜台、货架商品陈列，要根据各种商品的不同特点，采取不同的陈列方法。尽量做到提全摆全，拥有足够的品种；要摆得成行成列，整齐条理，多而不乱；要易于客户辨认、醒目。

2）库有柜有，明码标价。陈列的商品要明码标价，有货有价，商品随销随补，不断档，不空架，便于客户选购。

3）定位定量陈列。为防止差错，便于客户选购和营业员取放、盘点，商品要实行定位摆放、定量陈列，不要随意移动，以提高售货效率。

4）分类分等，顺序陈列。陈列某种商品应按商品的品种、系列、使用部位、质量等级等分类、分等陈列，方便客户购买。如油类、橡胶类、金属类商品应分开摆放，这也有醒目的效果。

5）连带商品，系统陈列。把使用上有联系的商品陈列在一起出售，这样能引起客户的联想，利于销售。

3. 汽车配件陈列方法及注意事项

（1）汽车配件陈列的方法

1）橱窗陈列。这是一种综合性的陈列形式，是利用商店临街的橱窗专门展示陈列样品，一般大中型零售企业由专人设计造型陈列商品，是商业广告的一种主要形式。橱窗陈列一般适用于陈列某一类配件，如不同规格、不同车型、不同形状的轮辋、钢圈，或某一系列喷油泵总成等。这种呈现某一专题的陈列，可让客户知道本店主要经营的品种。

2）柜台、货架陈列。柜台、货架陈列也叫商品摆布。它有既陈列又销售、商品更换勤的特点。除无法摆上货架或柜台的商品外，其他商品均可用此法陈列。货架、柜台陈列是销售员的经常性工作，也是商店中最主要的陈列。汽车配件中的火花塞、皮碗、修理包等小件商品，较适合此种陈列方式。

3）架顶陈列。架顶陈列是零售商店普遍采用的形式之一，它是在货架上面陈列商品。特点是占用空间位置，商品陈列的视野范围较高，客户易于观看，有充当柜组"招牌"的作用。它适用于机油、美容清洗剂等商品的陈列。

4）壁挂陈列。一般在墙壁上设置悬挂陈列架来陈列商品，适用于质量较轻的配件，如轮辋、传动带等。

5）平地陈列。这种陈列是将体积大而笨重的、无法摆上货架或柜台的商品，在营业场的地面上设置陈列，特点是能充分利用营业场的空余地方。平地陈列适用于轮胎、蓄电池等配件，陈列时应因地制宜，摆放合理，陈列有序，留有通道，便于销售。

（2）汽车配件陈列的注意事项

1）陈列商品的选择。在陈列之前，要充分考虑客户的生活习惯、行动趋向和特点，并结合季节与时期、新商品、流行商品、热门商品等因素来选择上货架的商品。从销售角度来看，一般把商品分为畅销商品、高毛利商品、摆饰商品、滞销商品。

2）陈列层次。在处理商品层次上，要根据橱窗和柜台、货架的深度来考虑层次变化。

一般说，小商品四五层，大商品三层就可以了，否则显得杂乱无序。要运用商品的数量、位置、大小、距离、穿插、交替、参差等手段变换层次，不能使客户有"上仰"和"俯视"的不舒服感觉。同时要注意商品的前后层次，将体积较大的商品布置在后面；体积较小的布置在前面，前后可见，层次分明，鲜艳夺目。

3）陈列的主次。处理好商品的主次关系、疏密与虚实、分组与整体的统一。布置橱窗柜台、货架里的商品，既要有重点，又要完整；既要多变，又要统一。

4）陈列要有容量感。为了显示商品的丰富，陈列商品时务必考虑陈列的容量感。一般采用以下方法：立体陈列方法；收集多种同类型的商品，使客户能在使用方法、功能、设计等多方面挑选商品；根据自己所负责的销售区的大小，陈列吸引客户的适量商品；特价商品和季节性商品的摆设容量要适当；对于想销售的商品可将陈列范围扩大；有时可在商品之间用空盒子填补空间，用以显示出容量感和陈列商品的高度。在制造容量感时要注意不要将商品堆得太高、塞得太多，以免造成拥挤感和不安全因素。

5）陈列的布局。要根据平面布置的实际情况和空间的大小来安排吊挂商品的高低。要根据商品的特征选取合适的摆放高度，一般在举起手也难以够到的高度处，放置商品的信息广告或需展示的商品；在容易观看的高度（约1.25m）处，放置第二档意向销售的商品；在最容易看到并且很轻松就能拿到的高度（0.7~1m，俗称黄金线）处，放置主力档意向销售的商品；在蹲下来的高度（约0.3m）处，放置第三档意向销售的商品。此外，大型商品要放置于地面上；用盒子包装的商品尽可能地把商品取出来摆放；商品的标签要向外；最外层商品要排列整齐；去除妨碍视线的障碍物（如肮脏的或已损坏的商品、陈旧的图片或画报、破损的货架、垃圾等）。

6）陈列道具的协调。要注意商品与道具的协调，背幕与整个橱窗和柜台、货架陈列的协调，色彩之间的协调，使店内充满温馨和谐的气氛。

二、财务核算（Ⅰ级）

1. 销售统计计算

（1）**汽车配件销售额** 汽车配件销售额是指汽车配件销售收入的总额。它是汽车配件销售企业在一定时期内，组织商品流转的主要指标，反映其主要经营成果，也是评价其他经营成果的基础指标。汽车配件销售总额以销售金额的绝对值来表示。

计算汽车配件销售额时，不论采用哪种计算方式，均以商品所有权的转移时间为准，即以付出商品取得货款权利的时间，或收入货款转移商品所有权的时间，作为商品销售的时间；对外省市的以办完委托银行收款手续为准，对市内的以取得现金和支票为准，作为商品销售的时间。商品销售总额的计算从"商品进项日报表"（见表6-1）中可以看出，本日发生零售销货与批发销货之和，即是专业核算的"营业收入"，又是当天销售指标的完成数，加上该表昨日累计得到本日累计销售额，这个本日累计销售额就是本月今日止累计销售额。

扫一扫

汽车配件财务知识普及

（2）**汽车配件销售费用** 汽车配件销售企业为了取得本期的销售收入或营业收入所发生的有关费用，就是汽车配件销售费用。销售费用包括在销售产品以及提供劳务过程中发生的应当由企业分担的运输费、装卸费、包装费、保险费、销售佣金、代销手续费、广告费、租赁费和销售服务费用以及销售部门人员工资、差旅费、折旧费、修理费、办公费、业务费、物料消耗费、低值易耗品摊销和其他经费。销售费用应当按照有关销售部门进行归集，按实际发生数计算。

表6-1 商品进项日报表

×××（ ）组/部进销日报表（代交款单）

第一联：存根　　　　　　　　　　　　　　　　　　　　　　　　字第　　　号

商品品种	经营： 个	拟定金额定款：38608.00元
	本日增加： 个	销贷计划：54300.00元
	本日减少： 个	
	现　有： 个	

项目	增加金额			减少金额			结算金额	备注
	外购进货	内部进货	代销进货	零售销货	批发销货	扣率损失	34800.00	附件　份
昨日累计	46837.00	2100.00	8654.00	47300.00	5600.00		35331.00	
本日发生	1610.00	1480.00		72500.00			其中：本日集团销贷	
本日累计	48447.00	3580.00	8654.00	—	54550.00	5600.00		

交款情况（现金）	票面	张数	金额	支票	开户行	账号	支票号码	金额	进销差价	项目	金额	欠进贷款（代销商品）（进价）	项目	金额	附件　份
	100	30	3000							昨日结余			昨日结余		
	50	34	1700							本日增加			本日增加		
	10	100	1000							本日减少			本日减少		
	5	120	600							本日结余			本日结余		
	2	400	800												
	1	150	150												

收款：　　　　复核：　　　　制单：王云

（3）汽车配件的利润　汽车配件的利润是汽车配件销售企业在一定期间生产经营活动的最终成果，也就是收入与成本费用相抵后的差额，如果收入小于成本费用，之差为亏损，反之为利润。从汽车配件销售企业的利润构成来看，既有通过生产经营活动获得的，也有通过投资活动获得的，还包括那些与生产经营活动无直接关系的事项所引起的盈亏。

（4）销售统计计算注意事项

1）必须准确确定汽车配件商品销售入账的时间和销售费用发生的时间。

2）必须准确确定汽车配件销售入账的价格。商品销售入账价格是指商品销售以后进行入账核算的计价标准。一般情况下，企业的商品销售入账价格为实际收到的或应收到的价款。但由于商品销售过程中存在一些不确定因素，如可能发生的销售退回、销售折扣与折让等，往往需要对实际收到的或应收的收入进行调整，以确认最终的入账价格。

3）必须严格控制费用指标，增收节支。

4）必须准确核算汽车配件企业的商品销售。企业的商品销售包括销售收入和销售成本两大部分。销售收入中调整的内容有销售退回、销售折扣与折让；销售成本中调整的内容有提取和转销商品削价准备以及出口退税等，由于商品销售收入和销售成本需要调整的内容增多，因此，商品的销售需要设置收入账户和成本账户，并分别进行核算。

2. 核算差错率

差错率是一定时期内业务工作所发生的差错笔数与本期业务工作总笔数之比。其计算公式为：

$$差错率 = \frac{本期发生差错笔数}{本期工作笔数} \times 100\%$$

任务二　店面宣传与订立经济合同

任务目标

知识目标	技能目标	素养目标
1. 了解汽车配件营业场地布置注意事项及汽车配件陈列原则。 2. 了解广告的分类、广告媒体的选择因素及广告宣传的原则。 3. 了解促销的含义、主要任务、目的、方式、作用及促销组合策略。 4. 掌握买卖合同的签订原则、关键条款、变更与解除条件、签订注意事项。	1. 具有完成汽车配件营业场地布置及汽车配件陈列的能力。 2. 具有正确地选择广告媒体，完成汽车配件广告宣传的能力。 3. 具有完成汽车配件促销活动的能力。 4. 具有与客户订立买卖合同的能力。	1. 培养较强的责任感和严谨的工作作风。 2. 养成与人积极沟通的习惯。 3. 树立服务客户的工作意识。

建议学时

2 学时。

相关知识

一、汽车配件陈列与广告宣传（Ⅱ级）

1. 布置营业场地

经营汽车配件的营业场地并不需要太大的空间，但需要进行合理的布置。牌匾要醒目大方；橱窗要洁净明亮；配件陈列以及背景和色彩搭配要协调统一。同时还应注意以下两点：第一，要体现本店的经营特色，突出专营配件，结合本店的经营范围和特点灵活地运用一些方法，如适当地做夸张处理，在店门口放置一个放大的配件模型来增强宣传效果；第二，要在色彩、灯光和图案文字上突出宣传效果。以配件色彩为中心，注意冷暖色调的搭配，一定要衬出配件的主体地位，不要喧宾夺主。总之，配件经营场地的布置既要体现销售商专业、诚信和务实的特征，又要为客户营造一个轻松愉快、充满信任的购物环境，如图 6-1 所示。

2. 利用配件陈列进行宣传

（1）**在汽车配件组合上突出宣传效果**　采用专题商品组合法，将本店经营的特色商品集中陈列，告诉客户本店的主要经营品种，吸引客户走进商店；采用特写商品组合法，运用概括、集中、典型的艺术手法突出宣传某一种商品品种，在造型、色彩上采用适当的夸张处理。比如在商店门口放置一个放大的轮胎模型等，可增强宣传的效果，以吸引客户的注意。当然，商品组合还有其他办法，关键是结合本店的经营范围与特色灵活地选用与处理。

图 6-1　世界最大的汽车配件公司——美国 NAPA

（2）**在设计上突出宣传效果**　在色彩、灯光和图案文字的设计上突出宣传效果。特别是橱窗设计时，色彩、灯光和图案文字的新颖合理设计，可达到意想不到的效果。在色彩设计时，要以商品色彩为中心，注意商品、道具、背景三种色彩的对比和调和，给人以整体感。在橱窗里设置小型霓虹灯，可使商品显得高档，以增加宣传的效果，还可以利用阴影来强调商品的主体感。图案、文字是为商品服务的，因此在图案与文字的设计上，既不能喧宾夺主，又要衬托出商品。在图案的处理上，尽量不用或少用写实的画面，否则显得杂乱。文字是画面的重要组成部分，文字的运用要简明扼要，浅显易懂，新颖风趣；字体要端正、美观、大方、规范化，力求文字形式与宣传内容相统一。陈列商品主要用黑体、宋体、仿宋体、楷体等几种常用的字体以及变形字体，如长黑、扁黑、长宋、扁宋、美术体等。

> **小知识**
>
> 　　用黑体字，可暗示其强劲有力；美术体字可自行创造，不受约束与图案融为一体，富于画意；还可以通过文字形式，把商品的效能、特性和某些承诺（保修、保退）等售后服务措施介绍出来，以激发潜在的购买力，增强消费者的购买信心。

3. 利用广告进行宣传

广告的分类方法很多，按广告的传播媒体划分，广告可分为报纸广告、杂志广告、电视广告、招贴广告、邮寄广告和报纸夹页或传单广告等。

（1）**报纸、杂志广告**　报纸、杂志（合称报刊）属文字传播媒介，是最具有渗透力和扩散力的传播媒介。

> **小知识**
>
> 　　① 报刊广告的优势：广泛性，报刊传播的受众广泛，遍及社会各个阶层；自由度，读者在接受信息的时候自由度比较高，有充分的选择余地。既不需要专门的设备，也不受既定顺序和场地的限制，可以按照自己的需要和兴趣来选择阅读的内容、顺序、速度和方式；深度，报刊广告能够通过增加版面和发行密度，充分地介绍产品性能等，使报刊广告的宣传内容更为深入细致；低成本，相对电视广告来说，报刊广告的制作比较容

易,成本较低,易于普及推广,其广告宣传费用比电视广告低。

② 报刊广告的弱点:报刊广告信息不如电视那么迅速、及时,这主要是因为报刊的传播要受出版周期和发行环节的制约;受读者文化水平和理解能力的限制。报纸刊物不如电视那么形象、生动、直观和口语化,特别是在文化水平低的读者群中,广告的效果受到制约。

(2) **电视广告** 电视是用电子技术传送活动图像的通信方式。

小知识

① 电视广告的主要优点:它用形象和声音表达思想,这比报纸广告只靠文字符号表达要直观得多,电视广告这种形象和声音相结合的表达手段,最符合人类感受客观事件的习惯,因而最容易被人们理解和接受;它可以对事物做直接目击报道,能让观众直接看到事物的情景,这种纪实性使电视广告逼真、可信,能使观众产生亲临其境的现场感和参与感;电视广告迅速,服务范围广,观众多;适应面广,娱乐性强,由于直接用图像和声音来传播信息,因此,观众完全不受文化程度的限制,适应面最广泛,电视广告集各种艺术手段和传播媒介之长,是当今娱乐性最强的一种广告手段。

② 电视广告的弱点:广告的效果稍纵即逝,难以把握;信息储存的成本较高;电视广告受时间顺序的限制,加上受场地、设备条件的限制,使信息的传送和接收都不如报刊广告那样具有较大的灵活性、随意性;电视广告的制作、传送、接收和保存的成本较高。

报刊和电视广告由于波及面广而较适合于大、中型企业对经销企业的形象进行宣传,可用于扩大企业的影响力,寻找合作伙伴及发布商品展览会信息。

(3) **招贴广告** 招贴广告也称海报,是一种提供简短、及时、确切信息的招贴。它常张贴于能引起客户注意的醒目之处,以告知客户某种商品的及时信息,营造宣传气氛,适用于某种或某系列商品信息的公布。这种广告宣传方式信息覆盖面相对窄小。

(4) **邮寄广告** 它的特点是信息传播方向性强,宣传效果好,适用于本企业经营范围、品种、价格的宣传。

(5) **报纸夹页或传单广告** 它是一种印成单张向外散发的宣传品,上面说明本企业经营品种范围、价格水平、联系方式等,叫作为促销广告使用。这种形式比较灵活,造价低廉,散发方便,适合于大型汽车展会及汽车配件展会上对汽车配件销售的广告宣传。

4. 广告媒体的选择

(1) **广告商品的特性** 由于每种商品的性质、性能、特点各有不同,因而需要选择不同的广告媒体。如日常生活中常用的消费品,就可选用电视或广播做广告,以便深入家庭进行宣传;对一些科技含量较高的工业品,可以选择专业性杂志或采用邮寄广告的形式进行宣传,以便详细说明产品的性能及使用方法。

(2) **媒体的性质** 不同的广告媒体,其传播范围有大有小,对消费者产生的影响力有强有弱。如畅销全国的商品应选择在全国性的报纸、杂志、电视或电台上做广告。在一定范围内适销的商品可选用区域性或地方性的报刊、电视、广播等媒体做广告。

（3）广告对象与媒体的关系　不同的媒体，其视听者阶层和人数是不同的，能够达到目标市场者就是最有效的媒体。即广告对象越是与媒体对象接近或一致，广告的针对性效果就越强。

（4）广告费用支出　不同的广告媒体，费用是不同的，同一类型的广告媒体，也因刊登广告的时间及位置不同，有不同的收费标准。所以，企业发布广告要依据自身的财力合理地选择广告媒体，要在能达到同样宣传效果的前提下，选择最省钱的广告媒体。

5. 广告宣传的原则

（1）遵循真实性原则　真实性是广告的灵魂和生命。没有真实性就没有广告。所以《中华人民共和国广告法》（以下简称《广告法》）将广告的真实性列为首要原则。广告的真实性包括：

1）以客观存在的事实为依据。广告介绍的信息应做到科学、准确、具体。反对夸大事实，美化失度，含义不清，以致引起误解。特别是有关商品的性能、质量等实质性内容的评价，更须实事求是。

2）注重信誉，兑现承诺。广告中的一切承诺都应落实兑现，如"三包"等。

（2）遵循合法性的原则　合法性原则是法律规范的要求。广告宣传内容必须合法，即必须符合《广告法》及相关法规。

（3）遵循科学性的原则　广告的科学性就是要使广告反映客观实际，符合客观实际，达到对客观实际的抽象。广告的科学性还表现在广告活动是多学科的综合运用方面。

（4）遵循思想性的原则　广告通过传递信息，以简洁、鲜明、生动、具体的商品形象，反映企业的促销活动，并直接或间接地对消费者的思想、情感、兴趣和行为起着潜移默化的作用。所以，要坚持广告的思想性原则，广告要激发、教育人们正直、向上的精神，促进人们树立正确的价值观、审美观，形成良好的社会风尚和健康、科学的消费方式。防止那些低级、颓废、没落的内容潜藏在广告中，创造一种具有先进思想性的广告氛围。

（5）遵循艺术性的原则　广告的艺术性是指广告作品的艺术魅力与审美情趣，它集中表现为广告在立意、文字、图画、色彩、字体、修辞等方面都要运用艺术原理或讲究艺术效果，使广告宣传的内容以真实的、生动的、艺术的形象感染消费者，引发消费者的联想，刺激消费者的需求欲望，实现消费者的购买，达到消费者对商品和服务在理智上的认知和在感情上的接受。

6. 促销与促销组合

（1）促销的含义　所谓促销，就是营销者向消费者传递有关本企业及产品的各种信息，说服或吸引消费者购买其产品，以达到扩大销售量的目的。

（2）促销的主要任务　从核心和实质上看，促销就是一种信息沟通，通过各种各样的手段和方式，实现企业与中间商、企业与最终用户之间的各种各样的信息沟通。另外，通过信息沟通又能传递最终用户和中间商对生产者及有关产品的各种各样的评价。

（3）促销的目的　促销的目的就是通过各种形式的信息沟通来引发、刺激消费者产生购买欲望直至发生购买行为，实现企业产品的销售。

（4）促销的方式　促销的方式主要有人员促销和非人员促销两类。人员促销就是企业派出销售员，说服客户购买；非人员促销主要是指借助广告、公关和各种各样的销售促进方式进行信息沟通，达到引发、刺激消费者产生购买欲望直至发生购买行为、实现企业产品销售的目的。

（5）促销的作用

1）传递信息、提供情报。

2）突出特点。通过各种促销形式的展现，将产品优于竞争对手之处揭示出来并让消费者知晓，进而产生拉动市场的作用，从而达到诱导需求的目的。

3）指导消费者、扩大销售。通过各种形式的沟通，让消费者了解产品的一般功能特性，了解产品的最基本的操作和使用方法，对消费者起到一定的指导作用。

4）稳定销售。不断的促销可以强化消费者对某个品牌、某个企业产品的认识、理解和认同，从而产生对某个品牌、某个产品的信任感。这对稳定市场所起到的作用是不可低估的。

（6）促销组合策略　企业在实际促销活动中，会出现选择一种还是两种促销方式，以哪种方式为主、以哪几种方式为辅的问题。把各种促销方式有机搭配和统筹运用的过程就称为促销组合。促销方式可以分为人员推销、广告、公关、销售促进四种。

7. 销售促进

所谓销售促进，是指企业运用各种短期诱因，鼓励购买或销售企业产品或服务的促销活动。一般来讲，企业的销售促进策略包括确定销售促进目标、选择销售促进工具、制订销售促进方案、预试销售促进方案、实施和控制销售促进方案以及评价结果等内容。

【亮点展示】

上海双林汽车销售服务公司在开拓"佩特来"电动机主机配套市场时，首先是品牌推广。组织了三次用户推荐会，由点及面，历时一年半时间让"佩特来"品牌深入到具体用户的心里。其次是了解用户，为用户提供有针对性的个性化服务，甚至是无偿服务。如与客车厂洽谈，争取产品配套；与主机厂合作，为用户提供最优化的服务方案。该公司从用户的愿望出发，提供持续服务方案，帮助用户达到降低成本、增加产值、提供效率的目的。同时该公司把这种促销组合称为"集成服务"，借助"佩特来"品牌提升了自身的形象，在客户和潜在市场中赢得了较高的信任度和赞誉，从而使公司实现可持续发展的竞争力。

【亮点展示】

利用"汽车俱乐部"拓展经营范围，提供多方面服务。国内的大型汽车俱乐部都是××车的拥有者，都是持卡会员制。这些俱乐部的成员都是潜在的用户，俱乐部旨在为会员（用户）创造额外价值。如"汽车生活俱乐部"成立于2016年，由38家上海的汽车生产、汽车服务和维修连锁店发起。会员年费是980元，享受的服务包括汽车清洗、上蜡、轮胎和车窗护理、车轮调整、37项安全检查、免费礼物等服务，而且购买装饰品、汽车美容产品可享受10%的折扣。所有维修都享受折扣。在9家经营1年的汽车生活店里，他们的平均会员数是4000，年营销额至少在390.2万元以上。

二、订立合同（Ⅰ级）

1. 订立经济合同

书面合同是当事人双方以书面文件的方式表达协商一致意见的一种协议。这种形式明确肯定，有据可查，对于防止争议和解决纠纷有积极意义。书面形式包括合同书、书信、电报、传真及电子数据交换、电子邮件等形式。为此，我国《合同法》明确规定，除即时清结者外，都应当采用书面形式。合同法规定应当采用书面形式的经济合同必须采用书面形式签订，否则，视为合同形式不合法。汽车配件销售员常遇到的合同有买卖合同、运输合同、保险合同等，其中最主要的是汽车配件买卖合同。

（1）**签订买卖合同应遵循的原则**　合同是当事人双方真实意思的体现，因此，签订合同必须贯彻"平等互利、协商一致、等价有偿、诚实信用"的原则。国家法律不允许签订有损于对方合法权益的"不平等条约"或"霸王合同"。

（2）**买卖合同的关键条款**　合同是约束双方的权利与义务的法律文书，为避免在执行合同时出现争议，在合同中必须写明一些关键性的条款。针对汽车配件买卖合同来说，具体有以下几条：

1）汽车配件的品名、品牌、规格、型号。有时也称为"标的"，是合同当事人双方的权利义务共同指向的对象。

2）汽车配件的数量和质量。在确定数量时，应考虑汽车配件常见的包装规范，一般以个、件、副、千克等计算；质量是合同的主要内容，一般是型号、等级等。

3）汽车配件的价格、合同价款。价格是指汽车配件的单件（位）价格；合同价款是指合同涉及汽车配件的总金额。

4）履行的期限、地点和方式。履行期限是指当事人各方依照合同规定全面完成自己合同义务的时间；履行地点是指当事人各方依照合同规定完成自己的合同义务所处的场所；履行方式是指当事人完成合同义务的方法。

5）违约责任。违约责任是指买卖合同当事人因过错而不履行或不完全履行买卖合同时应承受的经济制裁，如偿付违约金、赔偿金等。此外，根据法律规定，当事人一方要求必须规定的条款也是买卖合同的主要条款。

（3）**合同的变更与解除的条件**

1）当事人双方经协商同意，并且不因此损害国家利益和社会公共利益。

2）由于不可抗力，致使合同的全部义务不能履行。

3）由于另一方在合同约定的期限内没有履行合同。

2. 签订经济合同时应注意的问题

（1）**尽可能了解对方**　签订经济合同时，为了使合同稳妥可靠，应尽可能了解对方的情况。

1）了解对方是否具有签订经济合同的主体资格（社会组织必须具备法人资格；个体工商户必须经过核准登记，领有营业执照）。

2）经济合同主体是否具有权利能力和行为能力，是否具备履行合同的条件。

3）法定代表人签订合同是否具有合法的身份证明；代理人签订合同是否具有委托证明。

4）代签合同单位是否具有委托单位的委托证明等。

（2）合同的主要条款必须齐备　经济合同必须具备明确、具体、齐备的条款；文字表达必须清楚、准确，切不可用含混不清、模棱两可和一语双关的词汇；语言简练，标点使用正确；产生笔误不得擅自涂改。

（3）明确双方违约责任　经济合同的违约责任，是合同内容的核心，是合同法律约束力的具体表现。当事人双方必须根据法律规定或双方约定明确各自的违约责任。

3. 经济合同履行中已发生的纠纷及避免方法

在履行汽车配件买卖合同的过程中，易出现由于商品质量、商品数量、商品交货及交款是否符合要求或是否及时等原因引起的纠纷。为避免这些纠纷的出现，最常采用的措施是在合同中明确规定双方应尽的责任或义务以及违约责任条款，这样一来，可避免双方由于对合同理解不一致或合同未有规定而出现纷争，万一出现纠纷，也有凭据寻求法律保护。

三、财务核算（Ⅱ级）

1. 成本分析法和成本中心定价法的认知

（1）成本分析法　成本分析法是分析产品成本的方法。产品的成本是企业为研究开发、生产和销售产品所支付的全部实际费用以及企业为产品承担风险所付出的代价的总和。如果说，市场供需决定了产品的最高价格，成本决定了产品的最低价格。产品成本包括科研制造成本、营销成本、储运成本等。

（2）成本中心定价法　成本中心定价法就是以产品的总成本为中心来定价，这一类定价方法有许多具体形式，常用的方法有完全成本定价法、变动成本定价法和目标利润定价法三种。

2. 汽车配件损耗率的计算

汽车配件的损耗率是指汽车配件的损耗量（损耗金额）占汽车配件总量（总金额）的百分比。其计算公式如下：

$$汽车配件损耗率 = \frac{汽车配件的损耗金额}{汽车配件的总量金额} \times 100\%$$

3. 利润的计算

（1）核算毛利率　销售毛利率是毛利占销售收入的百分比，其中毛利是销售收入与销售成本的差。其计算公式如下：

$$销售毛利率 = \frac{销售收入 - 销售成本}{销售收入} \times 100\%$$

销售毛利率表示每1元销售收入扣除销售产品或商品成本后，有多少钱可以用于期间费用和形成盈利。毛利率是企业销售净利率的基础。

（2）核算流通费用率　汽车配件流通费用率是考核企业流通费用额相对数的重要指标。

流通费用率表示平均每销售100元商品所支出的费用，它是流通费用额和商品总销售额（或纯销售额）的比较。它比流通费用额更能说明企业的工作质量和评价企业的经济效益。其计算公式是：

$$商品流通费用率 = \frac{商品流通费用总额}{商品总销售额（或纯销售额）} \times 100\%$$

【亮点展示】

例：某汽车配件公司，1999年商品总销售额为7817万元，费用总额380万元，试求其商品流通费用率？

解：商品流通费用率 = 380 ÷ 7817 × 100% = 4.86%

（3）**利润的计算** 计算利润的公式如下：

商品销售利润 = 商品进销差价 −（商品流通费用总额 + 商品销售税金）

任务三 订立配件展会合同与资金管理

 任务目标

知识目标	技能目标	
1. 了解组织汽车配件展会的目的及注意事项。 2. 掌握订立合同的原则及购销合同的关键条款。 3. 掌握处理经济合同纠纷的方法。 4. 掌握利润分析、成本分析、资金流转分析的方法。	1. 具有组织小规模的汽车配件展会，进行汽车配件宣传的能力。 2. 具有订立汽车配件购销合同的能力。 3. 具有根据实际情况解决和处理合同履行中出现的纠纷的能力。 4. 具有根据实际情况进行财务核算，做好成本管理，提高企业经济效益的能力。	**素养目标** 1. 培养较强的责任感和严谨的工作作风。 2. 树立成本管理意识。

 建议学时

2学时。

 相关知识

一、组织汽车配件展会

（1）**认真设计布展** 要围绕展会的主题，精心选择和制作展会图片、文字说明、实物模型，准备影视、音响等资料，然后根据展会大纲撰写布展脚本（包括文字、设计图、解说词等），统筹美术、摄影、灯光、音响、装修等方面的工程人员进行展厅布置。

（2）**做好宣传** 展会一般是固定在某一场馆的，必须招来观众，才能达到传播的目的。因此对展会活动本身要有足够的宣传影响，通过新闻广播、广告、海报、传单、邀请函、入场券、门面装饰等方式将展会的信息传送出去，吸引观众，扩大影响。

（3）**搞好接待** 展会活动面对众多的观众，接待任务比较重。对于社会名流、新闻记者应该有专门的人员接待。展会活动要配备一批合格的讲解员和接待员，随时为观众提供咨询和服务。

要搞好展会活动，关键是要有一个良好的客观基础，那就是企业、优质商品及良好的服务素质。也就是说，展会活动只是客观地把企业的真实面貌和所经销商品在观众面前展现出来。

(4) 展会上客户信息的搜集　在展会上，通过留下客户名片和采用对来访客户进行信息登记的方式，获取客户的信息。

(5) 展会结束后的用户跟踪　展会结束后，将获得的相关客户信息进行整理、保存，并对重要客户进行跟踪服务，将潜在客户发展成最终客户。

二、订立合同（Ⅱ级）

1. 合同的订立

汽车配件经营经常涉及的合同有购销合同、运输合同和保险合同，其中最主要的是汽车配件购销合同。

订立购销合同有口头和书面两种方式。口头合同是当事人双方通过口头或电话等方式而确定的相互权利义务关系的协议，由于缺少文字依据，一旦发生纠纷，容易出现口说无凭、举证困难的不利后果，因此，它只适用于非计划性的、能及时结清的简单经营业务。对于标的金额比较大、履行期限比较长、不能及时结清的交易，应采用书面合同的形式。

(1) 订立合同应遵循的原则　必须贯彻"平等互利、协商一致、等价有偿、诚实守信"的原则。

(2) 购销合同的关键条款

1）标的。标的是合同中权利义务关系所指的对象，在汽车配件购销合同中，主要指汽车配件的品名、品牌、规格、型号。在履行合同时，合同中规定的是什么样的配件，义务人就应该交付什么样的配件，不能用其他配件来代替。如果一方违约，违约方在交付违约金和赔偿金以后，如果受害方要求违约方继续履行合同，违约方也有能力履行时，应该按合同规定继续履行。

2）质量。由于产品质量问题往往引起合同纠纷，所以此条款至关重要。合同法规定的产品质量标准有国家标准和行业标准，若没有这两项标准，按主管部门制订的标准。当事人有特殊要求的可依据协商标准，至于协商标准，必须另附协议书或提交样品。国际贸易中对于产品的质量有这样的规定，货物的样品可作为质量的标准，要按照封存的样品或按样品详细记录下来的标准验收。

3）数量。数量必须规定明确、具体。

4）包装。包装的主要作用是保护产品在运输和储存中保持完好，并起着美化产品和防锈、防蚀作用。

5）价格。产品的价格是指双方议定的汽车配件的单件（或单位）价格。合同中对价格是如何规定的，义务人就应按合同履行。一般情况下，逾期交货的，遇价格上涨时按原价执行；遇价格下降时按新价格执行。逾期提货、逾期付款的，遇价格上涨时按新价格执行；遇价格下降时按原价格执行。执行浮动价、议价的按合同规定的价格执行。

6）履行的期限。合同必须有履行期限，这对安排生产和销售都是十分重要的。

7）履行的地点和交货方式。这实际上是产品由生产者（或一方）向消费者（或另一方）转移的过程中双方的权利和义务，它的选择前提是迅速和廉价。合同中规定在什么地方履行，义务人就应该在什么地方履行，如果需要变更履行地点，应及时通知对方，不经对方同意，不得擅自更改履行地点。如果因为不可抗力或其他原因不能在约定地点履行，可在距约定地点较近的地方履行，但也要及时通知对方。

8）费用负担的分摊。这是在签订购销合同时，容易忽视的一点。商品在从生产者（或一方）向消费者（或另一方）的实体转移中，所支付的费用可分为两部分：一是包装费，这项费用许多行业都有明确规定，即产品的包装费在产品成本内，不再向需方加收包装费。但包装是有标准的，如需方超标准要求，就产生了费用分摊问题，双方必须协商签约，明确各自分担的份额；二是运杂费，这是由交货地点决定的，合同中应规定交货地点，此前费用由供方负担，此后费用由需方负担。交货地点有的选在发货车站（码头），有的选在收货车站（码头），签约时要明确规定，不要将收（发）站混为一谈，从而造成费用负担上的纠纷。

9）结算方式。结算是经济合同履行中的最后阶段。购销合同用货币履行义务时，应按合同中规定的结算方式和中国人民银行规定的结算办法进行结算，可以通过银行转账结算，异地的可采取托收承付，同一城市可采取转账支票或付款委托书、现金结清货款。当事人双方应按合同规定的开户银行、账户名称和账号进行结算。接受方不仅要按合同约定及时办理结算，而且还应知道在什么情况下享有拒付、少付或延付全部或部分货款或酬金的权力。拒付全部或部分货款或酬金的条件如下：

① 已经付清而重复托收的货款。
② 供方托收的货款，不是合同中所订购的货物。
③ 货价高于合同规定的部分。
④ 质量高于合同规定而又未经需方同意所提价的那一部分货款。
⑤ 未经对方同意，发货量超过合同规定部分的货款。
⑥ 未经对方同意，提前交货部分的货款。
⑦ 托收金额计算错误而多计算部分的货款。
⑧ 经检查，货物与发货单不符部分的货款。

接收方对于拒付货款的产品，必须负责接收，妥善管理，不得动用。如发现动用，由银行代供货方扣收货款，并按逾期付款处理。

10）违约责任。这是对不按合同履行义务的制裁条款。这一点只要在合同中写出就取得了法律保证，合同当事人双方都有对等的责任，如规定一定比例的违约金或规定一定数量的赔偿金等。

11）合同担保。合同担保是当事人双方为了确保合同的切实履行，经共同协商采取具有法律效力的保证措施。合同当事人一方要求保证的，可由保证单位保证。保证单位是保证当事人一方履行合同的关系人，当被保证的当事人不履行合同时，由保证单位连带承担赔偿损失责任。保证的形式有罚款违约金、定金、留置权、抵押。

12）合同的变更和解除。合同依法成立后，即具有法律约束力，任何一方不得擅自变更或解除。但在一定条件下，当事人在订立合同后，可通过协商或自然地变更或解除合同，具体有以下三个条件，在合同中必须明确写上：

① 当事人双方经协商同意变更或解除合同，但并不因此损害国家利益，也不损害社会公共利益。
② 由于不可抗力致使合同的全部义务不能履行。
③ 由于另一方在合同约定期限内没有履行合同。

13）未尽事宜。未尽事宜包括双方签约时没写明，但在合同履行中产生了问题，为了弥补且不致引起纠纷特别列出的条款，一般采用协商解决。

此外，合同的文本一般分为"正"本和"副"本，通常正本由当事人收存，副本也归当事人备用（发生纠纷申请仲裁或提出诉讼时，作为原始凭证使用）。

2. 处理经济合同的争议与纠纷

（1）协商解决　所谓合同纠纷的协商是指合同当事人在履行合同过程中，对所产生的合同纠纷，互相主动接触，充分协商，取得一致意见，从而正确解决合同纠纷的一种方法。

（2）调解解决　调解是指在第三者参加下，由第三者出面，查明事实，分清责任，通过说服，促使双方互相谅解，从而依法解决双方合同纠纷的一种处理办法。在购销合同纠纷中，调解当事人双方之间的争端有三种方式，即律师事务所调解、工商行政管理部门调解和人民法院调解。

调解并不是法定解决合同纠纷的必然程序，它是在合同双方当事人自愿的基础上进行的，如果当事人双方或一方不愿意调解，或调解后反悔，可以申请仲裁，直至起诉。但是双方接受并达成的调解协议，当事人应当履行。

（3）仲裁解决　合同纠纷的仲裁是指合同当事人之间发生争议，经双方协商不成，而调解又达不成妥协时，根据合同当事人一方的申请，由合同仲裁机关依法做出裁决。合同仲裁机关是国家工商行政管理局和地方各级工商行政管理局设立的经济合同仲裁委员会。仲裁一般有申请与受理、查明事实真相、先行调解、案件仲裁四个程序。

仲裁决定书是由仲裁庭经过评议后做出的裁决。当事人一方或双方对仲裁不服，在收到仲裁决定书之日起15天内，可以向人民法院起诉。当事人在期限内向人民法院起诉后，仲裁决定书就不发生法律效力；期满不起诉的，仲裁决定书即发生法律效力。

合同当事人对已发生法律效力的仲裁决定书，应在规定的期限内自动履行。一方逾期不履行时，另一方可向有管辖权的人民法院申请强制执行。

（4）诉讼解决　当协商不成、调解无效、对仲裁不服时，可向人民法院起诉，通过审理判决解决。审理就是人民法院对起诉的合同纠纷案件进行审查和处理。人民法院经济审判庭在受理案件后，采取合议庭形式审理案件，由双方（原、被告）或聘请律师进行指证、辩护，最后由法院做出调解或判决，一般也是先调解后判决。

> **小知识**
>
> 在采用仲裁或诉讼解决合同纠纷时，应注意两方面的问题：第一，管辖权问题。在合同纠纷仲裁中，一般采用地域管辖原则。所谓地域管辖是指根据合同的履行地或签订地，企业、事业单位、国家机关、社会团体的机构常驻地，个体经营户、专业户、农户户籍所在地和仲裁机关的地域，来划分合同纠纷案件的管辖。由合同双方当事人，事先或事后达成书面仲裁协议，选择有管辖权的仲裁机构进行仲裁申请。在合同纠纷的审理中，一般也采用地域管辖原则，而且实行原告就被告原则，即原告到被告所在地有管辖权的人民法院进行诉讼。当事人任何一方或双方对法院做出判决不服时，可以向上一级人民法院提起上诉；第二，时效期限问题。申请调解或仲裁是有时效期限的，合同当事人向合同管理机关（仲裁机关）申请调解和仲裁，应从其知道或应当知道权利被侵害之日起1年内提出，超过期限的，一般不予受理。但侵权人愿意承担债务的，不受时效限制。所谓"应当知道"是指申请仲裁的当事人本应知道自己权利被侵害，但由于主观过错而未能发觉，这时申请仲裁的开始日期，就不应从他知道之日算起，而应从他"应该

知道"时算起。当仲裁机构做出裁决后,如当事人一方或双方对仲裁不服,在收到仲裁决定书之日起15日内可以向人民法院起诉,由人民法院进行审理。

三、财务核算(Ⅲ级)

1. 利润分析与损益评价

(1) 利润分析　利润分析即对企业生产经营成果进行的分析。

1) 企业利润分析的作用。

① 分析利润总额与利润结构的变动情况,考察产品销售利润、其他销售利润和营业外收支等项目脱离计划的原因以及各自存在的具体问题。

② 检查企业是否将已实现的利润按照规定在国家、企业和职工之间进行合理分配,该上交的所得税和利润是否足额及时地上交国家财政,税后利润的分配是否正确合理,应符合国家规章制度。

③ 将企业的利润率指标与同行业其他企业的相关指标进行比较,可以对企业经营效益和工作业绩做出大致的判断,并且通过对利润率指标脱离计划的各因素分析,有利于企业经营者找到问题的症结,从而提高企业的经营管理水平。

2) 利润分析方法。开展利润分析,可以从利润总额分析和利润水平分析两方面着手:利润总额是一个综合性很强的指标,对其进行分析主要是分析总额的大小、构成及其变化趋势;利润水平分析,就是借助有关利润水平指标对企业的收益水平、盈利能力和资金使用效果所进行的分析和评价。

(2) 损益评价　进行损益评价时,可以通过对毛利及利润总额的分析、对资金及费用的分析、对盈亏平衡点的分析等,找出损益的原因,如分析经营品种的结构是否合理,经营的汽车配件是否适销对路,各销售人员及销售小组的汽车配件销售计划是否顺利完成等。进行损益评价应遵循以下原则:

1) 宏观经济效益与微观经济效益要统一。

2) 眼前经济效益与长远经济效益要一致。

3) 正确处理局部经济效益与企业整体经济效益的关系。

4) 正确处理直接经济效益与间接经济效益的关系。

2. 成本分析

成本分析是成本管理的最后环节,是分析与考核中的重要内容,起到一个承上启下的作用。成本分析可以分为全部商品产品成本分析、可比产品成本分析和主要产品单位成本分析三个层次。

3. 资金流转分析

资金流转分析是从资金占用的角度来考核经济效益的。

(1) 基本指标

1) 全部资金占用率:全部资金占用率 = $\dfrac{\text{全部资金平均占用额}}{\text{商品销售额}} \times 100\%$

2) 固定资金占用率:固定资金占用率 = $\dfrac{\text{固定资金平均占用额}}{\text{商品销售额}} \times 100\%$

3）商品资金占用率：商品资金占用率 = $\dfrac{\text{商品资金平均占用额}}{\text{商品销售额}} \times 100\%$

4）资金周转次数：资金周转次数 = $\dfrac{\text{商品销售额}}{\text{流动资金平均占用额}} \times 100\%$

注：公式中分子、分母为一定时期值。

5）资金周转天数：资金周转天数 = $\dfrac{\text{一定时期}}{\text{资金周转次数}} \times 100\%$

(2) 主要指标

1）流动资金周转率。流动资金周转率是指流动资金在一定时期内周转的次数或周转一次所需要的天数，是商品总销售额或纯销售额和流动资金平均占用额的比较，是衡量企业经济效益的重要指标。加速流动资金周转是合理使用资金的关键。考核流动资金周转率的公式是：

$$流动资金周转次数 = \dfrac{\text{商品总销售额（或纯销售额）}}{\text{流动资金平均占用额}}$$

$$流动资金周转天数 = \dfrac{\text{报告期天数}}{\text{流动资金平均占用额}} = \dfrac{\text{流动资金平均占用额} \times \text{报告期天数}}{\text{商品总销售额（或纯销售额）}}$$

【亮点展示】

例：某市汽车配件公司，2006 年流动资金平均占用额为 2570 万元，商品总销售额为 7817 万元，试计算流动资金周转次数。若报告期按 360 天计算，试求其周转天数。

解：流动资金周转次数 = $\dfrac{\text{商品总销售额}}{\text{流动资金平均占用额}}$ = 7817 ÷ 2570 次 ≈ 3.04 次

流动资金周转天数 = $\dfrac{\text{报告期天数}}{\text{流动资金平均占用额}}$ = 360 ÷ 3.04 天 ≈ 118 天

2）流动资金占用率。流动资金占用率是指流动资金平均占用额和商品总销售额的比较，一般用每百元销售额所占用的流动资金额来表示。这个指标可以更直接地分析考核流动资金的利用情况。从流动资金占用率的大小，可以看出企业使用流动资金效率的高低，反映企业的经营管理水平。在其他条件不变的情况下，每百元商品销售额所占用的流动资金越少，经济效益就越好；反之，经济效益就越差。其计算公式是：

$$每百元商品销售额占用流动资金 = \dfrac{\text{某一时期流动资金平均占用额}}{\text{某一时期商品总销售额}} \times 100$$

现仍以上面例子中的资料为例，计算每百元商品销售额所占用的流动资金额。

每百元商品销售额占用流动资金 = 2570 ÷ 7817 × 100 元 = 32.87 元

扫一扫

流转资金分析

项目七

汽车配件售后服务与客户关系维系

任务一 客户建立与索赔

 任务目标

知识目标	技能目标	素养目标
1. 掌握建立客户档案的方法。 2. 了解质量保修与索赔申报程序及可以申请质量保修的索赔项目。	1. 具有建立客户档案，跟踪回访客户的能力。 2. 具有正确认识使用易损件的能力。 3. 具有受理客户质量索赔，帮助其进行质量索赔的能力。	1. 养成按照流程办事的工作习惯。 2. 树立服务客户的工作意识。

 建议学时

2 学时。

 相关知识

一、客户关系管理

1. 建立客户档案

建立客户档案直接关系到售后服务的正确组织和实施。客户档案（资料卡）是反映客户基本情况的重要资料，在需要时便于查询和调阅。内容主要包括客户名称、地址、邮政编码、联系电话、法定代表人姓名、注册资金、生产经营范围、经营状况、信用状况、与我方建立关系年月、往来银行、历年交易记录、联系记录等，见表 7-1。现在汽车配件经销商一般都采用计算机管理客户档案，可以及时、快速、准确地查找所需信息。

2. 客户分类

可按不同的方法对客户进行分类。按客户的性质划分可分为政府机构、汽车修理厂、专业运输单位、普通公司、个人客户及商业伙伴等；按交易过程划分可分为有业务交易的客户、正在进行交易的客户以及即将交易的客户；按时间序列划分可分为老客户、新客户和潜在客户；按交易数量和市场地位划分可分为主力客户、一般客户和零散客户；按客户诚信度划分可分为诚信度好、诚信度一般、诚信度差三类客户。

综上所述分类法，可以把客户归纳为三大类，见表7-2。

表7-1 客户资料卡

制表日期：_____年_____月_____日　　　　　　　制表人：

消费者信息	消费者姓名		年龄		性别		职业	
	电话							
	手机				电子邮件			
	部门				传真			
	公司名称				信用状况			
	公司法人				银行账号			
	公司经营范围							
	与我公司建立关系日期　年　月				其他联系人			
	详细地址				电话			
					邮编			
交易记录	第一次　年　月　日				交货日期　年　月　日			
	货物名称							
	总货款				付款日期　年　月　日			
	第二次　年　月　日				交货日期　年　月　日			
	货物名称							
	总货款				付款日期　年　月　日			
	第三次　年　月　日				交货日期　年　月　日			
	货物名称							
	总货款				付款日期　年　月　日			
联系记录	第一次：　年　月　日				对方联系人			
	沟通内容及处理意见							
	第二次：　年　月　日				对方联系人			
	沟通内容及处理意见							
	第三次：　年　月　日				对方联系人			
	沟通内容及处理意见							

表7-2 客户归纳分类

客户类型	特征
A类客户	资信状况好、经营作风好、经济实力强、长期往来成交次数多、成交额较大、关系比较牢固的基本往来户
B类客户	资信状况好、经济实力不太强，但也能进行一般的交易，完成一定购买额的一般往来户
C类客户	资信状况一般、业务成交量较少、可作为普通联系客户

这种分类是随情况变化而调整的，C类客户有可能上升为A类客户，也有B类客户降为C类客户的。对于不同类别客户，要采取不同的策略，优先与A类客户成交，在资源分配和定价上适当优惠；对B类客户要"保持"和"培养"；对C类客户则积极争取，加强联

系，迅速了解。

3. 客户档案管理

客户档案管理是对与客户有关的材料及其他技术资料加以收集、整理、鉴定、统计、保管和对变动情况进行记载的一项专门工作。客户档案应由专人负责，档案的建立与保管要注意以下几点：

1）档案内容必须完整、准确。
2）档案内容的增减变动必须及时。
3）档案必须完整无损，要注意防火、防盗、防潮、防霉、防蛀、防污损变质。
4）档案的查阅、改动必须遵循有关规章制度。
5）要确保某些档案及资料的保密性。

二、保持客户关系（Ⅰ级）

1. 跟踪回访客户

配件销售员不但要分类登记管理各种配件及其相应的客户资料，对客户的信息进行查询统计，而且还要对重要客户跟踪回访。客户购买配件后的一定时间内，要回访客户一次，提醒客户按说明书使用并适时保养，同时询问有无异常情况，及时帮助客户解决难题。例如客户购买了空调配件，换季时要提醒客户进行日常维护。这样做既让客户感到销售员的周到服务，同时又能建立长期稳定的销售网络。表7-3就是一张简单的客户回访表样例。

表7-3　客户回访表

客户名称		电话：	
地址			
回访日期	年　月　日	时间	午　时　分
别种配件品质		客户对本公司配件和别种配件的比较	
同业销售政策动向及市场情况		对本公司配件的希望及意见：	
推销及其他活动情况		备注：	

2. 与客户保持联系

（1）与客户保持联系的方法　经常翻阅客户档案，打电话询问客户所购买配件的使用情况，询问是否需要其他帮助。对于基本往来客户可定期或不定期召开座谈会，也可在节日时邮寄贺卡或礼品，或邀请他们参加本企业的一些庆典和文化娱乐活动。所有这些，都是为了加深与客户的感情，以保持今后的业务往来。

（2）与客户联系时应遵循的原则

1）给客户叙述的机会，请客户提出他的要求。
2）专心听取客户的要求并做出答复。向客户表现出热心、真诚的态度，并理解他们的处境。这样做有利于客户提供正确的信息，并取得客户的信任。当客户叙述时，不要打断他们。
3）多提问题，确保完全理解客户的需求。

4）总结客户要求。

三、质量保修与索赔（Ⅰ级）

1. 正确认识汽车配件

（1）消耗件　消耗件是指在汽车运行中，自然老化、失效和到期必须更换的零部件，如各种传送带、胶管、密封垫、电器零部件（火花塞、传感器、继电器、分火头、分电器盖等）、各种滤芯、轮胎、蓄电池等。

（2）易损件　易损件是指在汽车运行中自然磨损而失效的零部件，如轴瓦、活塞环、凸轮轴瓦、缸套、气门、导管、主销、主销衬套、轮毂、制动鼓、制动盘、制动蹄、各种油封等。

（3）维修件　维修件是指汽车在一定的运行周期必须更换的零部件，如各种轴、齿轮、各类运动件的紧固件及在一定使用寿命中必须更换的零部件。

（4）基础件　基础件是指组成汽车的一些主要总成零部件，价值较高，原则上属于全寿命零部件，但可能会因使用条件的变化而造成损坏，通常应予修复，但也可以更换新件，如曲轴、缸体、缸盖、凸轮轴、车架、桥壳、变速器壳等。

（5）肇事件　肇事件是指汽车肇事易损坏的零部件，如前梁、车身覆盖件、灯具、车身玻璃、传动轴、水箱等。

（6）标准件　标准件是指按国家标准设计与制造的，具有通用、互换性的零部件，如传送带、螺栓螺母、灯泡、散热器罩、发动机罩等。

（7）车身覆盖件　车身覆盖件是指由板材冲压、焊接成形，并覆盖汽车车身的零部件，如散热器罩、发动机罩、翼子板等。

（8）保安件　保安件是指在汽车使用全寿命内不允许损坏的零部件，它们一般直接关系到汽车的行驶安全性，如制动系统中的制动驱动元件等。

1）汽车配件消耗的规律。

① 初期（正常运行期）。易损件处于正常消耗阶段。零配件的损坏是随机的、偶发性的，如果其设计和制造质量较好，损坏率一般很低。

② 二期（使用故障期）。在此期间，活塞等易损件、消耗件的消耗量急剧上升。

③ 三期（中修期）。在此期间，以发动机高速运动部位由于磨损造成消耗的零配件为主。

④ 四期（大修期）。在此期间，也是以磨损规律所消耗的配件为主，如发动机、离合器、变速器等。

⑤ 五期（混合期）。在此期间，以定期保养用的配件和磨损消耗的配件为主以及大、中修质量影响造成返修所消耗的配件。

⑥ 六期（二次大修期）。在此期间，除消耗第一次大修用配件外，底盘要全部检修，更换部分零配件，如滚动轴承等。

⑦ 后期（逐渐报废期）。在此期间，配件的消耗下降，配件的储备处于紧缩阶段。

2）汽车维修制度。我国现行的汽车维修制度属于计划预防维修制度，规定车辆维修必须贯彻预防为主、定期检测、强制维护、视情修理的原则，《汽车运输业车辆技术管理规定》对汽车维护做了明确规定。车辆维护分为日常维护、一级维护、二级维护。

① 日常维护。属于日常性作业，由驾驶人在每日出车前、行驶中和收车后进行，其作业的中心内容是清洁、补给和安全检视。

② 一级维护。属于定期强制性维护作业，由专业修理工负责执行，其作业的中心内容除日常维护作业外，以清洁、润滑、紧固为主，并检查有关制动、操纵等安全部件，保证车辆的正常运行状况。一级维护的主要内容包括各总成和连接件的紧固、主要总成和部件的润滑以及在外部检查时发现的一些必要的调整作业。由于一级维护的内容比较简单，通常安排在班期间进行，不占用出车时间。

③ 二级维护。属于定期强制性维护作业，由专业修理工负责执行，其作业的中心内容除一级维护作业外，以检查、调整为中心，并拆检轮胎，进行轮胎换位。同时车辆二级维护前应进行检测诊断和技术评定，根据评定结果，确定附加作业或小修项目，结合二级维护一并进行。二级维护的作业项目较多，需占用车辆一定的运行时间。

车辆维修按作业范围可分为车辆大修、总成大修、车辆小修和零部件修理。无论是汽车维护还是汽车修理，都需要对汽车配件进行更换。因此，汽车配件销售员要掌握客户的汽车维护规律和配件消耗规律，才能更好地为客户服务。

2. 受理客户质量索赔人员要求

质量保修应由专人负责，他们应具备一定的条件并执行规章制度。某汽车厂质量保修专职人员（索赔员）的任职条件及工作职责见表7-4。

表7-4　某汽车厂质量保修专职人员（索赔员）的任职条件及工作职责

岗　位	任职条件	工作职责
索赔员	对质量保修有正确的认识，对工作认真负责	对待用户热情、礼貌
		熟悉、掌握质量保修工作业务知识
	具有高中或相当于高中以上文化程度	充分理解、领会质量保修条例精神
		对每一辆属于质量保修范围的故障车辆进行检查，并做出质量鉴定
	具有三年以上的汽车维修实践经验，具有对汽车故障进行检查和判断的能力	严格按质量保修条例为用户办理质量保修申请
		严格按有关规定填报技术信息、质量保修有关报表/报告，并按要求提供索赔旧件
		主动搜集并反馈有关车辆使用的质量、技术信息
	索赔员需经过培训，合格后发给合格证书，才能正式进行工作	积极向用户宣传质量保修政策，为用户提供使用、技术方面的咨询服务
		受理用户的赔偿应遵照质量保修工作管理条例，并按质量保修工作程序开展工作

3. 办理质量索赔

（1）**质量保修**　目前我国汽车业行业已经出台了质量"三包"的规定。其中第十八条写道：在家用汽车产品保修期内，家用汽车产品出现产品质量问题，消费者凭三包凭证由修理者免费修理（包括工时费和材料费）。家用汽车产品自销售者开具购车发票之日起60日内或者行驶里程3000km之内（以先到者为准），发动机、变速器的主要零部件出现产品质量问题的，消费者可以选择免费更换发动机、变速器。发动机、变速器的主要零部件的种类范围由生产者明示在三包凭证上，其种类范围应当符合国家相关标准或规定，具体要求由国家质检总局另行规定。家用汽车产品的易损耗零部件在其质量保证期内出现产品质量问题的，消费者可以选择免费更换易损耗零部件。易损耗零部件的种类范围及其质量保证期由生产者明示在三包凭证上。生产者明示的易损耗零部件的种类范围应当符合国家相关标准或规定，具体要求由国家质检总局另行规定。

一般而言，汽车生产厂的特约维修站在受理用户的赔偿时，都会遵照质量保修工作管理条例，并按质量保修工作程序开展每一步工作。维修站处理质量问题的工作流程如下：

1）用户至特约维修站报修。
2）业务接待员听取用户的反映及保修内容。
3）业务接待员对车辆进行初步检查，根据故障情况及用户反映的情况，分为普通报修车及申请索赔车。
4）申请索赔车辆交由索赔员检查鉴定。
5）确属索赔范围车辆由索赔员登记有关车辆数据。
6）维修工作结束后，及时在索赔件上挂上标签。
7）用户凭修理单领取车辆，所有属于质量保修范围的修理均可免费。
8）每天工作结束后，由索赔员根据当天的修理情况，填写好故障报告，并将带有标签的索赔件放入索赔件仓库。
9）每周一次向售后服务科寄发"故障报告单"。
10）分阶段完成每月的索赔申请单，最迟应在每月10号前将上月的所有申请单寄往售后服务总部。
11）所有的索赔件保持原样，按有关规定处理。
12）根据计算机清单，每月一次向总部结算索赔费用。

(2) 向供货厂家进行质量索赔　需要申请索赔的质量保修项目，必须填写质量保修索赔申请单，并将其传真给相应配件生产企业的市场开发部售后服务分部，待批准后实施。一般情况下，配件生产企业将尽快予以答复，对于重大质量故障问题，最迟在收到质量保修索赔申请单后两个工作日内给予答复。

1）质量保修索赔申报程序如图7-1所示。
2）需要申请的质量保修索赔项目。

① 安全件。具有安全特性的零部件，即该零部件的损坏将导致安全事故，主要包括制动系统的所有零部件和转向系统的所有零部件。
② 超过2500元人民币的部件（以公司供给服务站价为准）。主要包括发动机总成、变速器总成、发动机缸体、气缸盖总成、压缩机总成、后桥总成、仪表板电线束、仪表板总成。
③ 维修工时超过8h的维修。主要包括更换发动机、更换缸体、更换缸套-活塞、更换活塞环、更换气缸盖、更换蒸发器（包括加注制冷剂）、更换蒸发器壳（包括加注制冷剂）。
④ 易损件。
⑤ 对新车缺件和与原装件不符情况下进行的所有维修工作。
⑥ 油漆的维修工作，覆盖件的维修工作。

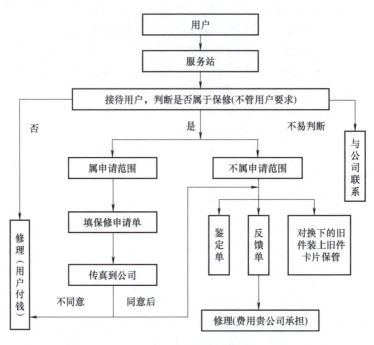

图 7-1 某汽车配件公司质量保修索赔申报程序

⑦ 公司市场部售后服务分部特殊情况下指定的零部件。

3）保修索赔申请单。保修索赔申请单的格式见表 7-5。

表 7-5 保修索赔申请单

××汽车	质量保修申请表		（盖章） 网点名称：____（1）____ 网点编号：_____	
申请单编号（2）	申请日期（3）	备件保修	备件装车里程（9）	
客户单位（4）			备件装车日期（10）	
销售单位（5）			装车派工单号（11）	
车型（6）	底盘号（7）	行驶里程（8）	购车日期（12）	分类号（13）
申请理由（14）：				
需要更换的总成（零件）（15）			总成（零件）编号（16）	
小计				
鉴定人（17）：			网点审核人（18）：	

任务二 客户关系维系与简单售后问题处理

任务目标

知识目标
1. 掌握汽车配件保修索赔期限、条件、原则及范围。
2. 掌握对客户进行跟踪服务的方法。

技能目标
1. 具有根据汽车配件的寿命期判断汽车配件的使用情况的能力。
2. 具有鉴定汽车配件质量故障责任,判断是否赔偿的能力。
3. 具有根据实际情况处理简单的客户售后问题的能力。

素养目标
1. 养成与人积极沟通的习惯。
2. 培养较强的责任感和严谨的工作作风。

建议学时

2学时。

相关知识

一、保持客户关系(Ⅱ级)

1. 客户跟踪

只有对客户进行跟踪服务,才能掌握客户的情况,满足客户的要求,及时调整和实施销售与服务计划。跟踪客户信息的方法很多,如邮寄卡片、电话采访等。无论采用何种方式都应使客户感到亲切、自然,充分向客户表达你提供服务和帮助的意愿。跟踪服务客户应做到:

1)安排好时间,打电话询问客户。
2)始终使用电话登记本。电话登记本可以设计成供销售员能较方便地询问客户的样式。使用电话登记本,可以对跟踪客户的结果进行有效的记录。
3)对消极的反馈信息做出反应。

2. 客户资料保存

对于所掌握的客户资料要妥善保存,可在计算机中建立客户管理档案并及时更新。同时,对于使用登记本登录的客户信息,也要及时进行相应的更改,并将其保存好,以便在需要时能及时查到。

3. 了解产品使用信息

从零部件开始投入使用到损坏,整个寿命期可以分为早期损坏或随机损坏期和耗损损坏期。

总体来说,汽车的损坏规律与零部件相似。图7-2为所出故障与运行时间(或里程)的关系,简称为故障率曲线。曲线可分为三个阶段,即早期故障期、偶发故障期和耗损故障期。

1)早期故障期的特点是故障率高,且随时间的增加会迅速下降。就汽车而言,故障一般是由设计、制造或修理的质量不良而引起的。例如,新车或大修车在刚投入使用时,有一个磨合的过程,在此过程中,某些设计、制造及装配上的缺陷就会暴露出来,该时期的故障一般与使用寿命无关。

2) 偶发故障期的故障率低且稳定,偶发故障是由设计不合理、材料缺陷等偶然因素引起的。偶发故障期是汽车的正常工作期,保持使用性能在正常水平,这段时间的长短标志着汽车的有效寿命。因此,应采取各种措施来维持汽车在这段时期内正常运行。

3) 耗损故障期是汽车使用的后期,某些零部件已经老化耗损,故障随时间增长迅速上升。耗损故障的出现将使汽车丧失使用性能。所以为延长汽车的使用寿命,在耗损故障期到来之前,应及时进行维修。

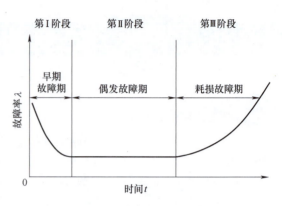

图 7-2 汽车的损坏规律曲线

高质量的产品、优惠的价格固然是销售成功的关键,但车辆零部件在使用过程中总会出现一些质量问题,不要等到客户找上门来再解决,应积极主动了解客户的使用、销售情况,特别是新产品投放市场后遇到的一系列问题,例如新产品正确使用的可靠性、适应性、质量问题的改进,新产品的供应和中间商产品的市场销售情况等。

二、质量保修与索赔（Ⅱ级）

1. 鉴定质量故障责任和决定赔偿

由于车辆的运用条件复杂,车辆零部件使用过程中是否属于质量问题需要做出明确鉴定,并填写保修鉴定单。索赔工作不仅需要较为丰富的理论知识和实践经验,且应严格遵守质量保修规定,分辨是非,既要满足客户的要求,又不致使供货厂家造成不必要的损失。

(1) 保修索赔期限及其相关规定

1) 随整车安装的配件保修索赔期限。整车保修索赔期为从车辆开具购车发票之日起的24个月内,或车辆行驶累计里程40000km内（两条件以先达到的为准）。超出以上两范围之一者,该车就超出保修索赔期。在整车保修索赔期内,特殊零部件依照特殊零部件保修索赔期的规定执行。特殊零部件保修索赔期的规定见表7-6。在整车保修索赔期内由特约维修服务站免费更换安装的配件,其保修索赔期为整车保修索赔期的剩余部分,即随整车保修索赔期结束而结束。

表 7-6 某汽车配件公司特殊零部件保修索赔期

特殊零部件名称	保修索赔期
控制臂球头销	12 个月或 40000km
前减振器、后减振器	
等速万向节	
喇叭	
蓄电池	
氧传感器	
防尘套（横拉杆、万向节）	
各类轴承	
橡胶件	
喷油器	
三元催化转化器	

2）客户单独付费的配件保修索赔期的相关规定。由客户付费并由特约维修服务站更换和安装的配件，从车辆修竣客户验收合格日或公里数算起，其保修索赔期为 12 个月或 40000km（两条件以先达到为准）。在此期间，因为保修而免费更换的同一配件的保修索赔期为其付费配件保修索赔期的剩余部分，即随付费配件的保修索赔期结束而结束。

（2）配件保修索赔条件
1）必须在规定的保修索赔期内。
2）客户必须遵守《保修保养手册》的规定，正确驾驶、保养、存放车辆。
3）所有保修服务工作必须由汽车制造厂设在各地的特约维修服务站实施。
4）必须是由特约维修服务站售出并安装或原车装在车辆上的配件，方可申请保修。

（3）配件保修索赔原则　在配件的保修索赔范围内给予保修索赔，而对不属于保修索赔范围内的配件，不能给予保修和索赔。

（4）配件保修索赔范围
1）符合配件保修索赔条件，经服务站检查确认，需要修理或更换的不合格件。
2）因保修配件引起损坏的相关件，包括辅料。
3）配件保修费用包括零部件费、维修工时费和服务站的外出服务费。

（5）不属于保修索赔的范围
1）不满足配件保修索赔条件中的任何一条。
2）经服务站检查，发现需装上的零部件会受到相关件的影响而损坏，并及时向用户提出需要换相关件，而客户不同意的配件。
3）因客户使用不当或意外事故造成的质量问题。
4）进行了没有经过指定汽车公司认可的汽车改装，且该改装会对保修造成影响。
5）由于外部原因造成汽车损坏，特别是细砾石的溅击或碰撞所致的损坏，大气中或其他化学品的侵蚀对油漆的腐蚀、损坏。
6）配件保修中没有专门规定的费用，如用户因进行配件保修而发生的停车费、差旅费和食宿费等。
7）易损件（如摩擦片、传动带、火花塞、灯泡、轮胎等）正常磨损及损耗发生的维修费用。
8）客户自行修理或到指定汽车公司维修服务站以外的厂家修理后所发生的保修配件质量问题

2. 保修索赔工作流程

（1）保修工作流程图　质量保修是售后服务的重要组成部分，各维修服务站和配件经销商都有各自不同的保修模式和保修条例。图 7-3 为某特约维修服务站的配件保修流程。

（2）质量索赔工作流程　质量索赔属于质量保修范畴。在配件售出后，客户因产品质量问题或其他原因要求退货或赔偿就是索赔。某些厂家或维修服务站都有专门的索赔员处理质量索赔。索赔流程一般是接受客户索赔、进行产品质量鉴定、处理争议以及办理索赔，索赔员根据本单位的索赔条例执行索赔程序。

随着汽车保有量的增加，汽车配件的质量问题接踵而至，对汽车配件质量的投诉呈递增趋势。如果有客户前来索赔，一定要热情礼貌地接待，充分理解客户所表现出来的急躁甚至粗鲁的态度和言行。至于客户所反映的内容属不属于索赔范围，一定要辨别是非，进行质量

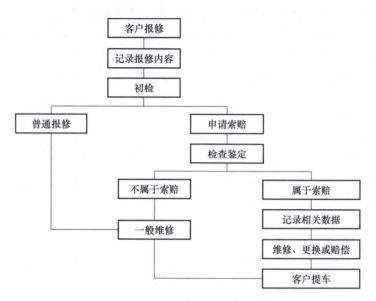

图 7-3 典型的配件保修流程

鉴定。如果客户对鉴定结果存在争议,一定要运用丰富的理论知识和实践经验摆事实、讲道理,既要满足客户的要求,又不给企业造成不必要的损失。最后一步就是办理索赔,填写索赔单,是修还是换,是折价赔偿还是全额赔偿,做出决定后给客户一个结果。在打印索赔单时,一定要注意保证处理结果准确无误,打印完成后,要让客户在索赔单上签字并要求核对其所修项目。

以上介绍的索赔是客户针对配件经销商的索赔,接下来就是配件经销商针对客户的索赔如何向供货厂家交涉联系。比如,特约维修服务站必须准确及时地填写索赔申请单,并将索赔申请上报给总部;其他配件经销商同样也须将索赔申请单和质量检测结果的复印件发给相应的供货商,要求赔偿。

(3) **配件索赔** 客户自行付费且在服务站更换的零部件或总成,在保修索赔范围内出现质量故障,这类索赔情况属于配件索赔。提出这类配件索赔,必须在索赔申请表后附带购件发票的复印件。换件修复后还需要在更换配件的付费发票备注栏内,如实写明当时车辆已行驶的公里数。

3. 质量情况反馈规定

特约维修服务站直接面对客户,最了解客户的需求,掌握着第一手的客户信息、质量信息以及客户对汽车制造厂质量、服务评价的信息。因此,特约维修服务站反馈的信息是汽车制造厂提高产品质量、调整服务政策的重要依据。

每一个特约维修服务站都应该组织一个质量检查小组,由经理带领,会同索赔员、服务顾问、备件管理人员、车间主任和技术骨干,对进入特约维修服务站维修的所有车辆的质量信息进行汇总研究、技术分析、排除故障试验,并向汽车制造厂索赔管理部定期做出反馈。各特约维修服务站应做好以下工作:

(1) **重大故障报告** 各特约维修服务站在日常工作中如遇到重大的车辆故障,必须及时、准确、详尽地填写《重大故障报告单》,立即传真至汽车制造厂索赔管理部,以使汽车制造厂各部门能及时做出反应。

> **小知识**
>
> 重大故障包括影响车辆正常行驶的，如动力系统、转向系统、制动系统的故障；影响乘客安全的，如主、被动安全系统故障，轮胎问题，车门锁止故障等；影响环保的故障，如排放超标、油液污染等。

（2）常见故障报告和常见故障避除意见 各特约维修服务站应坚持在每月底对当月进厂维护的所有车辆产生的各种故障进行汇总，统计出发生频率最高的 10 项故障点或故障零部件，并对其故障原因进行分析，提出相应的故障避除意见。各站需在每月初向汽车制造厂索赔管理部提交上月的常见故障报告和常见故障避除意见。

（3）客户情况反馈表 各特约维修服务站应在客户进站维修、电话跟踪等与客户交流过程中，积极听取客户对汽车制造厂的意见，并做相应记录。意见包括某处使用不便、某处结构不合理、某零部件使用寿命过短、某处不够美观、可以添加某些配备等。各特约维修服务站需以季度为周期，在每季度末提交用户情况反馈表。

4. 根据质量保修信息了解供货厂家质量变化

供货厂家的售后服务部门通过不断收集产品质量信息，通常对产品质量有较全面的了解。例如，日产柴油汽车工业公司对产品质量信息的处理流程如图 7-4 所示。

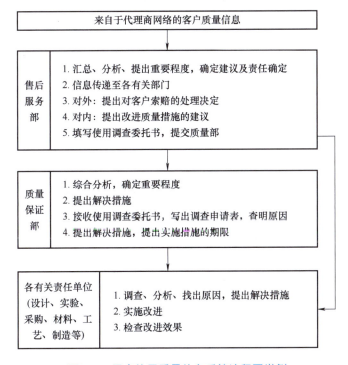

图 7-4 用户使用质量信息反馈流程图举例

汽车配件销售员可以通过了解供货厂家售后服务部门整理的质量保修分析资料，从中可以较准确地了解到该厂家的产品质量变化动态。

任务三　客户数据分析与投诉处理

 任务目标

知识目标	技能目标	素养目标
1. 了解客户培训工作组织的内容。 2. 掌握客户意见分歧及投诉处理的方法。	1. 具有组织汽车配件售后服务培训，向客户宣传、讲解、示范汽车配件相关知识的能力。 2. 具有正确处理客户对汽车配件质量保修的抱怨和投诉的能力。	1. 培养较强的责任感和严谨的工作作风。 2. 养成与人积极沟通的习惯。

 建议学时

2学时。

 相关知识

一、保持客户关系（Ⅲ级）

1. 利用计算机管理汽车配件及客户档案

配件品种极其复杂，现在汽车企业配件营销已全部采用计算机管理。管理覆盖范围包括计划、合同、采购、进货、出库、发票、结算、市场分析、客户管理、总库与分库全部联网管理。同时，由于客户的多样性和复杂性，为及时与客户取得联系及处理相关事宜，客户的档案采用计算机管理可做到及时、快速而准确。

2. 客户培训工作的组织

汽车配件的售后服务工作一定程度上取决于客户对产品性能的了解及合理的使用。因此，汽车企业必须把产品源原本地向客户做宣传、讲解、示范甚至认真辅导。客户培训通常是以产品特征、使用要点的课堂教学为主，辅以生产现场的参观、典型总成的拆装实习和技术服务站基础件的维修工艺实习，同时结合培训向客户提供各种宣传资料和产品的技术资料及培训资料。

邀请参加培训的客户（包括代理商和直接用户）是精心挑选的，这些对象可能成为产品销售及售后服务的骨干力量，因此培训一般是免费的。培训基地可显示本企业的实力；培训资料、技术资料是精美宣传品。经过全面的培训，客户对产品增强了信心。

客户培训工作组织的内容包括制订培训计划，如何实施此计划，如何接待客户，如何进行机关教学等。客户培训工作对汽车配件的销售至关重要，一定要做好公关工作。

二、质量保修与索赔（Ⅲ级）

1. 产品使用特点、故障原因、失效表现形式

（1）汽车零部件产品的使用特点　汽车零部件在使用过程中，其技术状况变化规律可归纳为两点：一是汽车的技术状况随行驶里程或时间而变化，而且总的来说是变坏，汽车经过一段时间使用以后总要发生故障或损坏；二是同一种汽车，由于多种因素的影响，汽车各种技术状况的变化参差不齐。

（2）汽车零部件故障原因　汽车零部件发生故障的原因多种多样，除车辆及零部件本身的质量（包括结构设计、制造、装配等）以外，还包括多种使用因素，如燃/机油品质、气候条件、道路条件、使用技术、维修质量等的影响。

（3）汽车零部件失效表现形式　汽车零部件的失效表现形式主要有磨损、变形、断裂、腐蚀、老化、机械损伤等。

2. 意见分歧及投诉处理

（1）正确认识质量保修意见分歧　客户对质量保修存在意见分歧是正常的，因此正确对待和处理客户的投诉不仅体现了一切为客户服务的宗旨，而且对于联络客户感情、密切客户关系、扩大业务量、占领售后服务市场都有重要的作用，如某汽车公司负责用户投诉的部门是市场售后服务分部技术援助室，对待客户投诉的问题做了以下规定：

1）咨询类投诉。直接回电或回函给用户。

2）一般投诉类投诉。先记录客户反映内容，立即和维修服务站联系查明相关情况，和维修服务站商定处理办法，视情况由维修服务站或售后分部回复客户，请客户到维修服务站解决问题，维修服务站将最终处理结果及时反馈给大区和售后分部技术援助室。

3）重大投诉类投诉。先记录用户反映的情况，立即和维修服务站联系查明相关情况通报给相关大区，和大区、维修服务站商定处理办法。视情况由维修服务站、大区或售后分部回复客户，请客户到维修服务站解决问题，维修服务站处理有困难时，由大区或售后分部派人现场援助。处理完毕，维修服务站进行跟踪，并及时将跟踪结果反馈给大区和售后分部。

（2）客户投诉处理　客户抱怨或投诉一般有三种情况：一是售出的商品质量有问题，客户要求退、换、修；二是客户对商品如何使用不了解，要求提供咨询与使用指导；三是客户对商场的服务质量不满意，前来投诉。为此，汽车配件商店除了要严把进货关外，还要认真执行商场"退、换、修"制度。对大件商品可采取以卖代送（送货上门）、以卖代配（配零部件）、以卖代修、以卖代邮（邮寄）、以卖代运（托运）等方法，以招来客户，以提高信誉。

认真、正确对待客户的投诉，与客户建立和保持良好的互相信任的关系是销售企业处理客户投诉的原则。各级人员对客户的抱怨，应以谦恭礼貌、诚恳的态度迅速接待，让客户投诉，设法解决客户抱怨的问题。客户的抱怨或投诉显示了汽车配件零售企业的弱点所在，除了要随时解决问题外，更不要让同样的错误再度发生。对客户的抱怨或投诉处理过程可以分为六个阶段，见表7-7。

表7-7　对客户的抱怨或投诉处理过程

阶　段	应　对　策　略
第一阶段	听取对方抱怨。首先不可以和客户争论，以诚心诚意的态度来倾听客户的抱怨。为了处理上的方便，在听的时候一定要记录下来
第二阶段	分析原因。聆听客户的抱怨后，必须冷静地分析事情发生的原因和重点。经验欠缺的销售员往往似懂非懂地贸然断定，甚至说些不必要的话，从而使事情更加严重
第三阶段	找出解决方案
第四阶段	把解决方案传达给客户。解决方案应马上让客户知道。当然在客户理解前须花费一些时间做说明和说服工作
第五阶段	处理。客户同意解决方式后应尽快处理。处理得太慢不仅没效果，有时会使问题恶化
第六阶段	检讨结果。为了避免类似的事件再次发生，零售企业必须分析原因，检讨处理结果，吸取教训

参 考 文 献

［1］彭朝晖. 汽车配件管理与营销［M］. 北京：人民交通出版社，2011.
［2］孙凤英. 汽车配件与营销［M］. 2版. 北京：机械工业出版社，2016.
［3］刘军. 汽车配件采购营销运营实战全书［M］. 北京：化学工业出版社，2015.

"十四五"职业教育国家规划教材

职业教育汽车类专业"互联网+"创新教材
汽车技术服务与营销专业"校企合作"精品教材

汽车配件管理与营销实训工单

北京运华科技发展有限公司　组编
主　编　郭　捷　刘　铭
副主编　权春锋　张　鑫
参　编　杨　涛　鲁　玺　王俊喜
　　　　赵一敏　王晓杰

机械工业出版社
CHINA MACHINE PRESS

目录

项目一 汽车配件管理与营销岗前准备 1	实训工单一 汽车及配件行业的认知 1
	实训工单二 汽车配件基础知识的认知 3
	实训工单三 汽车配件管理系统的操作 5

项目二 汽车配件的采购 7	实训工单一 日常汽车配件的采购 7
	实训工单二 汽车配件采购计划的制订及配送验收 11
	实训工单三 汽车配件的采购成本预算及配送投保索赔 17

项目三 汽车配件的保管与养护 20	实训工单一 汽车配件常规仓储管理 20
	实训工单二 汽车配件的优化管理与养护方法 26
	实训工单三 汽车配件的库存成本核算与养护制度 30

项目四 汽车配件市场调研 33	实训工单一 调研、分析汽车配件市场信息 33
	实训工单二 分析现有资源数据并完成营销计划 37
	实训工单三 制订调研方案与管理 41

项目五 汽车配件的销售 44	实训工单一 日常汽车配件销售业务 44
	实训工单二 汽车配件销售业务中的问题处理 48
	实训工单三 汽车配件销售业务开拓 51

项目六 汽车配件的营销 54	实训工单一 普通配件柜陈列与销售核算 54
	实训工单二 店面宣传与订立经济合同 58
	实训工单三 订立配件展会合同与资金管理 62

项目七	汽车配件售后服务与客户关系维系	65
实训工单一	客户建立与索赔	65
实训工单二	客户关系维系与简单售后问题处理	69
实训工单三	客户数据分析与投诉处理	72

附录	75	
	汽车配件仓库管理仿真教学系统简介	75

项目一

汽车配件管理与营销岗前准备

实训工单一 汽车及配件行业的认知

学院		专业	
姓名		学号	

一、接受工作任务

小李是一名刚入行的新员工,在单位专门组织了一次岗前培训中,他对汽车及配件行业有了新的认识,发现对汽车配件从业人员的要求很高,他了解了汽车配件销售人员岗位的主要职责,学习了汽车配件销售人员行为规范以及需要具备的基本素养。

二、信息收集

1)汽车工业直接需求最大的主要是_____、_____和_____3个行业。

2)目前,中国汽车市场销量排名世界第_____位。

3)请列出5个世界知名汽车零部件配套供应商及其配件产品。

供应商	主要配件产品

4)全球汽车配件行业的发展趋势是_____、_____、_____。

5)我国目前已形成_____、_____、_____、_____、_____和_____六大汽车产业集群。

三、制订计划

按照汽车及配件行业的发展，制订工作计划。

1. 工作计划

_____

_____

2. 小组人员分工

_____

_____

四、计划实施

1）查阅资料，了解汽车及配件行业。
2）以小组为单位进行交流学习，总结并制作 PPT 演示文稿。
3）各小组推选代表进行 PPT 展示宣讲，其他小组进行相互点评。

五、质量检查

请实训指导教师检查作业结果。

序号	检查项目	处理结果				
		优秀	良好	一般	差	较差
1	汽车及配件行业认知					
2	团队合作					
3	PPT 展示宣讲					

六、评价反馈

请根据自己在本次任务中的实际表现进行评价。

序号	评分标准	评分分值	得分
1	明确工作任务，理解任务在企业工作中的重要程度	15	
2	掌握工作相关知识	15	
3	能够完成小组任务，表现突出	15	
4	能够制作 PPT，进行内容汇报	25	
5	能够分析我国汽车配件市场的现状	30	
	合计		

实训工单二　汽车配件基础知识的认知

学院		专业	
姓名		学号	

一、接受工作任务

　　小李在工作中渐渐发现，他需要学习的东西还有很多，为此，他找到经理寻求帮助。经理告诉他："要想更好地进行汽车配件相关工作，需要掌握常用工具、汽车配件类型、配件编号规则材料等基础知识。"

二、信息收集

　　1）名词解释。
　　① 零件：_____。
　　② 合件：_____。
　　③ 组合件：_____。
　　④ 总成件：_____。
　　⑤ 车身覆盖件：_____。
　　2）汽车零部件编号由_____、_____、_____、_____、_____、_____组成。
　　3）汽车组合模块组合功能码由组号合成，前两位组号描述模块的_____，后两位组号描述模块的_____。

三、制订计划

　　按照日常工作中对汽车配件基础知识的要求，制订工作计划。
　　1. 工作计划
　　_____
　　_____

　　2. 小组人员分工
　　_____
　　_____

四、计划实施

　　1）汽车配件标准件有哪些？
　　_____

2）请写出下列配件名称。

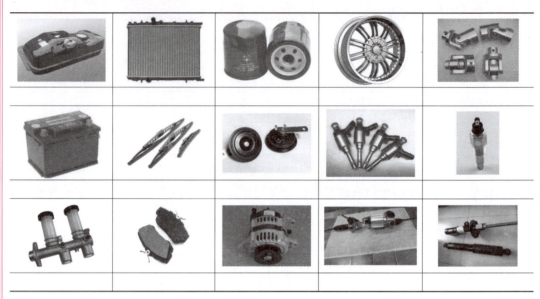

3）某零件的编号为SH010305487A3，填写下列信息。

该零件的企业名称代号：_____　　　组号：_____

分组号：_____　　　零部件顺序号：_____

源码：_____　　　变更代号：_____

五、质量检查

请实训指导教师检查作业结果。

序号	检查项目	处理结果				
		优秀	良好	一般	差	较差
1	汽车配件标准件					
2	汽车配件					
3	配件的编号					

六、评价反馈

请根据自己在本次任务中的实际表现进行评价。

序　号	评分标准	评分分值	得　分
1	明确工作任务，理解任务在企业工作中的重要程度	15	
2	掌握工作相关知识	15	
3	能够讲述汽车配件的类型	20	
4	能够掌握并运用汽车配件的编号规则	20	
5	能够识别汽车配件信息	30	
	合计		

实训工单三 汽车配件管理系统的操作

学院		专业	
姓名		学号	

一、接受工作任务

小李在工作过程中发现，每个环节的工作都需要在汽车配件管理系统中进行相应的操作，为此，他专门学习了汽车配件管理系统的操作流程。

二、信息收集

1）订货询价单需要登记的信息包括哪些？

2）熟悉汽车配件管理系统的界面设置和操作流程。

三、制订计划

根据汽车配件管理系统模块，制订相关业务操作的工作计划。

1. 工作计划

2. 小组人员分工

四、计划实施

在实训教学系统中，完成汽车配件管理系统的操作。
1）汽车配件采购管理系统的操作。
2）汽车配件销售管理系统的操作。
3）汽车配件仓库管理系统的操作。

五、质量检查

请实训指导教师检查作业结果。

序号	检查项目	处理结果				
		优秀	良好	一般	差	较差
1	汽车配件采购管理系统的操作					
2	汽车配件销售管理系统的操作					
3	汽车配件仓库管理系统的操作					

六、评价反馈

请根据自己在本次任务中的实际表现进行评价。

序号	评分标准	评分分值	得分
1	明确工作任务,理解任务在企业工作中的重要程度	10	
2	掌握工作相关知识及检测要点	15	
3	能够进行汽车配件采购管理系统的操作	25	
4	能够进行汽车配件销售管理系统的操作	25	
5	能够进行汽车配件仓库管理系统的操作	25	
	合计		

项目二

汽车配件的采购

实训工单一　日常汽车配件的采购

学院		专业	
姓名		学号	

一、接受工作任务

小李初到一家汽车配件销售企业任职采购员,采购经理要求他按照公司规范完成日常的配件采购工作。小李在了解公司规定以及工作要求后,利用学习到的相关配件采购知识,选择合适的进货渠道并鉴别汽车配件货源质量优劣,之后填写并传递进货凭证进行进货,选择合适的物流运输方式,按照物流配送流程完成配件物流配送,收到货后,按照验收流程完成配件验收工作及其后续工作。

二、信息收集

1）汽车配件的种类很多,根据其进货渠道大致可分_____、_____、_____、_____、_____。

2）假冒、伪劣产品的种类一般有哪些?
_____
_____

3）确定进货点一般要考虑_____、_____、_____三个因素。

4）进货量的控制方法有_____、_____两种。

5）省内、外购进的汽车配件有两种情况:一种是_____;另一种是_____。

6）配件的物流运输方式主要有_____、_____、_____、_____。

7）在选择运输方式时,一般应考虑因素是什么?
_____
_____
_____

8）验收的业务程序可分为_____、_____和_____三个步骤。

9）货物初检应包括哪几个方面？
_____
_____
_____

三、制订计划

按照日常配件采购规范，制订工作计划。

1. 工作计划

2. 小组人员分工

四、计划实施

1）选择进货渠道。写出图中配件的 3～5 个品牌，确定本次进货品牌，并说明选用理由。

1）配件名称	品牌	选择品牌
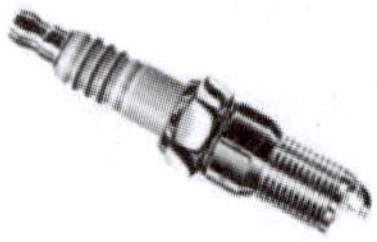		理由：

2）配件名称	品牌	选择品牌
		理由：

3）配件名称	品牌	选择品牌
		理由：

2）根据所选择的品牌配件，每种配件进 100 件，填写采购收货单。

No：00000.1

货位（　）

区　　排

厂名　　年　月　日

单位代码			第（　）季度合同号码				收货仓库：								
商品代码	货号	等级	品名规格	单位	数量	单价	金　　　额								包装件数
							千	百	十	万	千	百	十	元	角	分	
合计	人民币（大写）																

采购检验单　　　保管员收货　　　复制
　　验收
　　日期　　　　月　日　　盖章　　　　核单

3）以上三种配件产品，请分析选用哪种运输方式？为什么？
_____
_____

4）请验收以下配件，查明真伪（在图中标出），并说明原因。

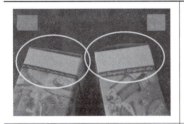		
原因：	原因：	原因：

五、质量检查

请实训指导教师检查作业结果。

序号	检查项目	处理结果				
		优秀	良好	一般	差	较差
1	配件进货渠道的选择					
2	鉴别假冒、伪劣产品应采取的方法					

(续)

序号	检查项目	处理结果				
		优秀	良好	一般	差	较差
3	配件货源的选择					
4	单证的填写					
5	运输方式的选择					
6	验收流程					

六、评价反馈

请根据自己在本次任务中的实际表现进行评价。

序 号	评 分 标 准	评分分值	得 分
1	明确工作任务，理解任务在企业工作中的重要程度	5	
2	掌握工作相关知识	5	
3	能够选择合适的进货渠道	15	
4	能够填写并传递货凭证进行进货	15	
5	能够按照流程完成汽车配件的验收	20	
6	能够检验货源优劣，识别假冒伪劣的汽车配件产品	20	
7	能够根据实际情况，完成汽车配件的初检	20	
	合计		

实训工单二　汽车配件采购计划的制订及配送验收

学院		专业	
姓名		学号	

一、接受工作任务

　　经过一段时间的工作，经理决定让小李拟定汽车配件进货计划，并按照流程完成汽车配件采购工作。他在了解拟定汽车配件进货计划的一般程序后，拟定进货计划，选择合适的进货厂家并鉴别货源质量的优劣，按照进货流程完成进货，却在汽车配件物流配送过程中发现货损货差情况，处理后按时完成汽车配件配送，在收到货后，按照验收要求对新采购的配件进行验收。

二、信息收集

　　1）比较法指用_____、_____做比较，从中鉴别被检零件的技术状况。
　　2）汽车配件零售企业的进货方式一般有_____、_____、_____、_____四种类型。
　　3）采购计划的制订，一般考虑哪些方面？
_____
_____
　　4）配送是一种集_____、_____、_____、_____、_____等多种功能于一体的物流形式，其特点是_____、_____、_____。
　　5）物流配送包装标志按表示形式可分为_____和_____两类。
　　6）标志的文字书写应与_____平行。粘贴的标志应保证在_____期间内不脱落。
　　7）记载汽车配件运输事故的记录分为两种，即_____、_____。
　　8）汽车配件采购员在确定了进货渠道及货源，并签订了进货合同之后，必须在约定的_____、_____，对配件的_____、_____、_____、_____检验无误后，方可接收。
　　9）常见的汽车配件质量鉴别方法有_____、_____、_____。
　　10）什么是"五进、四不进、三坚持"的配件进货原则？
_____
_____
_____
　　11）索取三家配件供应商的配件（如蓄电池、制动片）报价单。

配件供应商报价单

供应商	配件名称	车型	数量	价格/元

12）数量验收的方法主要有_____、_____、_____、_____。

三、制订计划

按照拟定汽车配件进货计划的一般程序，制订工作计划。

1. 工作计划

2. 小组人员分工

四、计划实施

1）分析、鉴别常见的假冒伪劣汽车配件的危害。

配件名称	真假对比图片	纯正件特征	假冒件特征	使用假冒件危害
燃油滤清器				
机油滤清器				

项目二　汽车配件的采购

（续）

配件名称	真假对比图片	纯正件特征	假冒件特征	使用假冒件危害
空气滤清器				
火花塞				
制动片				
正时带				
前照灯				
机油				

2）查阅资料，针对常用配件如三滤、火花塞、蓄电池、制动片制订一份配件进货计划表。

进货计划表

部（组）别：　　　　年　　月　　日　　　　　　　　　　金额单位：　元

品名	编号	产地	单位	单价	要货数量	合计金额	备注

部（组）主任：　　　　　　采购员：　　　　　　制表人：

3）配件订单中哪些要素能使供货商找到准确的配件（在表中标出）。

汽车配件订单

购货单位：XA；　　　购货日期：2019.01.25　　　单号：PE15500051
税号：　　　　　　　账号：　　　　　　　　　　电话：
地址：　　　　　　　开户银行：　　　　　　　　打印时间：2019.01.25

序号	编码	名称	车型	数量/个	售价/元	金额/元	仓位
1	06L 115 562 A	机油滤芯（GP/凌渡）	BM	10	66.50	665.00	C1
2	L 1KD 819 653C	空调滤芯/PM2.5	BM	10	224.00	2240.00	FJ
3	WLZ YQX 007	涡轮增压清洁剂	BM	20	138.00	2760.00	FJ
4	Z00 120 195 Z4	高端机油4L		2	448.00	896.00	C4
5	1KD 615 301 D	制动盘	A4	20	490.00	9800.00	C1
6	BCM 000 750 Z3	制动液		100	50.00	5000.00	C1
7	KIT DAB 500	驾驶人气囊维修包	OT	5	182.00	910.00	C2
8	ZSA 857 221	侧挡防爆隔热膜	OT	4	2718.00	10872.00	C4
9	ZSA 857 202	前档防爆隔热膜	OT	3	5303.00	15909.00	C4

业务员：张娟　　　　　　　　　　　数量：　174　　　￥49052.00
【付款方式：现金】【发货方式：航空运输】
人民币大写：肆万玖仟零伍拾贰元

4）说明下列常用储运图示标志的含义。

图标	含义	图标	含义	图标	含义

(续)

图标	含义	图标	含义	图标	含义
↕⊗		🍷		✛	
×× kg max		(吊钩图)		(重心图)	

5）对冷凝器进行验收时发现如下问题，请进行责任划分。

发现问题		责任划分
	支架断裂	生产厂家　　　　　　（　） 物流运输单位　　　　（　） 收货单位　　　　　　（　）
	内部变形 （外部包装无损坏）	生产厂家　　　　　　（　） 物流运输单位　　　　（　） 收货单位　　　　　　（　）
	表面凹陷	生产厂家　　　　　　（　） 物流运输单位　　　　（　） 收货单位　　　　　　（　）

(续)

发现问题	责任划分
边缘变形	生产厂家　　　　　（　） 物流运输单位　　　（　） 收货单位　　　　　（　）

五、质量检查

请实训指导教师检查作业结果。

序号	检查项目	处理结果				
		优秀	良好	一般	差	较差
1	配件鉴别——燃油滤清器					
2	配件鉴别——机油滤清器					
3	配件鉴别——空气滤清器					
4	配件鉴别——火花塞					
5	配件鉴别——制动片					
6	配件鉴别——正时带					
7	配件鉴别——前照灯					
8	配件鉴别——机油					
9	制订配件进货计划表					
10	常用储运图示标志的含义					
11	货损货差					

六、评价反馈

请根据自己在本次任务中的实际表现进行评价。

序号	评分标准	评分分值	得分
1	明确工作任务，理解任务在企业工作中的重要程度	5	
2	掌握工作相关知识	5	
3	能够根据实际情况，拟定汽车配件进货计划	15	
4	能够识别不同类型的汽车配件物流配送包装标志	15	
5	能够用简单技术手段鉴别汽车配件质量	20	
6	能够处理汽车配件货损货差	20	
7	能够根据实际情况，完成汽车配件验收工作	20	
	合计		

实训工单三　汽车配件的采购成本预算及配送投保索赔

学院		专业	
姓名		学号	

一、接受工作任务

　　某汽车配件销售企业计划采购一批汽车配件，采购经理给小李布置了一个任务：从建立的厂家供货网络中选出本次供货厂家，运用成本分析法优化进货点和进货量，拟好进货计划完成进货，并投保物流配送保险，在收到货后，按照验收要求对新采购的配件进行验收。

二、信息收集

　　1）配件隐蔽缺陷的检验方法有_____、_____、_____、_____。
　　2）对供货厂家的选择主要从_____、_____、_____、_____四个方面进行评价。
　　3）汽车配件进货周期确定应考虑的因素是什么？
_____
_____
　　4）选择好的供货厂家，是决定企业_____的关键因素。
　　5）定量分析法有_____、_____两种。
　　6）目前，我国国内货物运输的附加险有_____、_____、_____等。

三、制订计划

　　按照控制采购成本预算的思路，制订工作计划。
　　1. 工作计划
_____
_____

　　2. 小组人员分工
_____
_____

四、计划实施

　　1）查阅资料，分析对配件隐蔽缺陷的检验方法。

检验方法	原　理	适用情况

2）选择供货厂家进行正确评估。

供货厂家评估表

评估项目	选择意义	优缺点

3）用定量分析法来控制进货批量，进行成本分析。

① 经济批量法可细分为列表法、图示法和公式法，完成下表。

经济批量法优缺点

方　法	计算说明	优　缺　点

② 用费用平衡法来控制计算经济进货量。如：某种配件预计第一到第五周期的销售量各为50件、60件、70件、80件、70件，单价为12元，采购费用为65元，每周期的保管费用率为2.5%，计算经济进货量 Q。

4）汽车配件物流配送保险的投保工作主要包括哪些内容？

5）汽车配件物流配送保险的索赔工作主要包括哪些内容？

五、质量检查

请实训指导教师检查作业结果。

序号	检查项目	处理结果				
		优秀	良好	一般	差	较差
1	配件隐蔽缺陷的检验方法					
2	评估进货厂家					
3	费用平衡法					
4	物流配送保险的投保					
5	物流配送保险的索赔					

六、评价反馈

请根据自己在本次任务中的实际表现进行评价。

序号	评分标准	评分分值	得分
1	明确工作任务，理解任务在企业工作中的重要程度	5	
2	掌握工作相关知识	5	
3	能够对配件隐蔽缺陷进行检验	15	
4	能够运用经济批量法计算经济进货量	15	
5	能够运用费用平衡法计算经济进货量	20	
6	能够完成物流配送保险的投保工作	20	
7	能够完成物流配送保险的索赔工作	20	
	合计		

项目三

汽车配件的保管与养护

实训工单一 汽车配件常规仓储管理

学院		专业	
姓名		学号	

一、接受工作任务

毕业后，小刘在一家汽车配件销售企业任配件管理员一职，经理要求他按照公司规范完成配件的常规管理工作。小刘了解公司规定及工作任务后，利用所学的仓储配件管理的相关知识，首先完成了新一批汽车配件的入库、分区分类和堆码的工作，然后对仓库里的汽车配件进行了日常维护，并保证了本仓库汽车配件的正常出库，最后还对仓库进行了盘点和结果申报。

二、信息收集

1）仓库管理的基本任务，就是搞好汽车配件的_____、_____和_____。

2）入库验收的要求是_____、_____。

3）入库验收的依据有哪些？
_____
_____

4）验收入库的程序是什么？
_____
_____

5）单货不符或单证不全有_____、_____、_____、_____和_____五种情况。

6）汽车配件出库的主要方式有_____、_____和_____。

7）堆码的技术要求是_____、_____、_____、_____和_____。

8）常见的汽车配件堆码方法有_____、_____、_____、_____、_____和_____。

9）盘点的常用方法有_____、_____、_____、_____和_____。

10）盘点的内容有_____、_____、_____和_____。

11）灭火的基本方法有_____、_____、_____。

12）汽车配件仓库常用的消防器材主要包括_____。

三、制订计划

按照汽车配件常规仓储管理的内容，制订工作计划。

1. 工作计划
_____
_____

2. 小组人员分工
_____
_____

四、计划实施

1）现有一批汽车配件，主要有气缸体、机油、制动片、车门总成、机油滤清器等，要放置在发动机仓库 1 号库房，试对该批配件进行合理分类，并进行配件货位编号。

① 根据汽车配件分区分类方法及说明，完成表3-1。

表3-1　分区分类方法及说明

方　　法	说　　明	特　　点
按品种系列分库	即所有配件不分车型，一律按品种顺序，分系集中存放。凡是品名相同的配件，不论适配什么车型，均放在一个仓库内	
按车型系列分库	按所属的不同车型分库存放配件	
依据配件其他属性进行分区分类	按配件种类和性质进行分区分类：一种是分类同区仓储；另一种是单一货物专仓专储	
	按配件发往地区进行分区分类	
	按配件危险性质进行分区分类	

② 思考该批汽车配件入库后，该如何进行分区分类、货位编号及堆码工作。完成表3-2 内容。

表 3-2　配件存放及货位编号

配件名称	分区分类	货位编号	堆码方法
气缸体			
机油			
制动片			
车门总成			
机油滤清器			

2）对前一天的配件出入库情况进行核实，打印前一天配件出入库记录，汇总在盘点表进行账实盘存；按照定期盘点的要求对仓库内的配件进行盘存。根据表 3-3 的任务标准要求，完成盘点工作，并进行考核。

表 3-3　盘点任务工单

	任务标准	完成情况	
		能够做到	有待改进
任务要点与操作	日常盘点工作程序	学时	30min
	1. 登录汽车配件部门管理软件，进入配件管理系统		
	2. 调出该阶段配件入库记录		
	3. 调出该阶段配件出库记录		
	4. 将有过出入库记录的配件品种汇总在下面的附表一"盘点表"中，为日常盘点做准备		
	5. 到仓库内进行盘点		
	6. 盘点结果处理，将盘点结果汇总到附表二"盘点报告"中		
	定期盘点工作程序	学时	30min
	1. 登录汽车配件部门管理软件，进入配件管理系统		
	2. 选择配件编号规则或仓库货架其中一种方式打印配件一览清单，为定期盘点做好准备		
	3. 到仓库内进行盘点		
	4. 将盘点中有账实不符的情况汇总到附表二"盘点报告"中		
	5. 对盘点结果中发现的呆滞配件进行正确处理		
考核结果	准确做出盘点表	A	B	C	D
	盘点正确	A	B	C	D
	盘点结果处理得当	A	B	C	D
	时间控制	A	B	C	D

附表一：盘点表

盘 点 表

编制单位：　　　　　　　　　　　　　　　　　　　　　　　　　　　　　　　　　　　年　月　日

配件名称	仓库货位号	计量单位	截止月日账面数		截止月日新增数		截止月日减少数		截止月日实际库存		盘盈（亏）		原因
			数量	金额	数量	金额	数量	金额	数量	金额	数量	金额	
合计													

操作要求：

1. 日常盘点时配件部门一般选择配件到货之后的时间段进行盘点，盘点时应针对有过动态变化的配件进行原账面数、新增数（该次到货数）、减少（出库）数、实际库存数的统计。

2. 盘点时，选取的相同时间点的账面数、新增数、减少数和实际库存数。尽量不要在此期间发生新的出入库记录，或有产生则另外记录，盘点完再汇总。

3. 对盘盈（亏）的配件应说明原因。

4. 盘点结果汇总在盘点报告中。

附表二：盘点报告

盘 点 报 告

编制单位：

日　期：　　　年　月　日

名称	编码	现库存			盘盈			盘亏			说明	负责人
		数量	单价	金额	数量	单价	金额	数量	单价	金额		
					纯品零件							

(续)

名称	编码	现库存			盘盈			盘亏			说明	负责人
		数量	单价	金额	数量	单价	金额	数量	单价	金额		
汽车精品												
油液保养品												
工具类												

3）客户陈先生急需一批汽车配件：机油30桶、刮水器50个、前照灯总成80套，请填写调拨单，从售后服务部将所需配件调拨至销售一部。

调 拨 单

以下物品从_____调入_____   年   月   日

零件代码	名称及规格	单位	数量	单价	金额	备注
合计			佰 拾 万 仟 佰 拾 元 角 分 ¥			

制单：　　　发货单位及经手人（签章）　　　　　　调入单位及经手人（签章）

4) 该批配件调拨完毕后，联系客户陈先生，结果陈先生因故不能上门自提货物，请联系实际情况选择合适的出库方式，并说明理由。

_____

5) 不同材质的汽车配件在存储中存在质量问题，会有不同的表现形式，请说明维护方法，并写出配件示例。

序号	材质种类	维护方法	配件示例
1	生锈和磕碰伤		
2	铸锻毛坯面		
3	电器、仪表配件		
4	蓄电池和蓄电池正负极板		
5	铸铁或球铁		
6	玻璃制品、橡胶配件、石棉制品		

五、质量检查

请实训指导教师检查作业结果。

序号	检查项目	处理结果				
		优秀	良好	一般	差	较差
1	分区分类					
2	配件堆码					
3	盘点					
4	单证填写					
5	出库					
6	配件维护					

六、评价反馈

请根据自己在本次任务中的实际表现进行评价。

序号	评分标准	评分分值	得分
1	明确工作任务，理解任务在企业工作中的重要程度	5	
2	掌握工作相关知识	5	
3	能够发现并解决仓储配件存在的问题，确保配件的质量、数量、保管条件以及安全性	15	
4	能够完成配件调拨	15	
5	能够运用不同的堆码方法进行汽车配件出入库的操作	20	
6	能够对配件进行准确的盘点并申报配件盘点的结果	20	
7	能够对不同材质的汽车配件进行维护	20	
	合计		

实训工单二　汽车配件的优化管理与养护方法

学院		专业	
姓名		学号	

一、接受工作任务

　　经过一段时间的工作，小刘对本公司的汽车配件管理制度有了更深一步地了解，也更加熟练地掌握了岗位技能，在工作中他对本职工作逐步进行了优化。现在他运用科学的货垛标量法来统计仓储配件，提高了工作效率。同时，他将特殊汽车配件单独存放，将配件容易出现的问题分类，找出更多金属件防锈、配件清洗、橡胶制品养护的方法。

二、信息收集

　　1）写出下列特殊汽车配件的存放方法。

序号	配　　件	存 放 方 法
1	减振器	
2	塑料油箱	
3	爆燃传感器	
4	不能粘油的配件	
5	玻璃制品配件	
6	预防霉的配件	
7	汽车真皮椅套	
8	汽车地毯	
9	布椅套	

　　2）对库存汽车配件进行_____、_____、_____和_____等一系列的工作，称为库存汽车配件数量管理。

　　3）货垛标量常见的有_____、_____和_____方法。

　　4）呆滞件产生的原因_____、_____、_____、_____、_____。

　　5）如何处理已产生的呆滞件？
_____
_____

　　6）控制与调节仓库温湿度的方法有_____、_____、_____和_____等。

　　7）防锈处理通常指加工表面的涂敷处理，按习惯可采取_____和_____进行。

　　8）金属零件的清洗方法有_____和_____。

9）橡胶制品的养护工作如何进行？
_____
_____
_____

三、制订计划

按照配件优化管理的思路，制订工作计划。

1. 工作计划
_____
_____

2. 小组人员分工
_____
_____
_____

四、计划实施

1）根据库存配件的实际情况完成。

① 填写与使用汽车配件多栏式保管卡（图3-1）及货垛卡片（图3-2）。

汽车配件保管卡片

每件	长×宽×高	m³	货号：_____
每件容量	质量		品名：_____
单位毛重		kg	规格：_____

存货单位：_____　　计租等级：_____　　产地：_____　　单位：_____

年		凭证号码		摘要	收入 数量	付出 数量	结存 数量	准存地点						折合质量
月	日	字	号											
			过次页											

图3-1　多栏式保管卡

货卡（　　）

货主单位：_____　　　　　　　　　　　　　　　　货位：_____

| 货号 | | 品名 | | 规格 | | |
| 捆数 | | 色别 | | 生产厂 | | |

年		单据号码	进仓	出仓	结存	总垛 货位	分垛1 货位	分垛2 货位	分垛3 货位
月	日								

图3-2　货卡

② 说明汽车配件保管卡的两种管理方式的优缺点。

2）下图为一批库存的汽车配件，如机油泵、制动盘、轮胎、空调滤清器滤芯、保险杠等，请选择合适的标量方法进行数量管理。

配件					
标量方法					

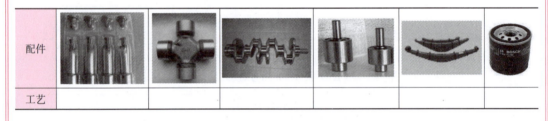

3）不同金属配件的防锈要根据具体情况选择不同的防锈材料和工艺，请为下列配件选择适合的防锈工艺。

配件					
工艺					

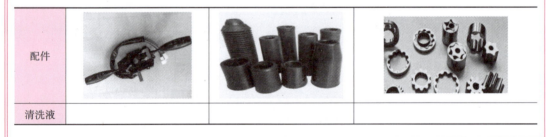

4）不同材质的汽车配件清洗方法不同，辨别下列配件的材质，选择适合的清洗液，运用正确的清洗方法完成配件的清洗工作，并完成下表。

配件			
清洗液			

五、质量检查

请实训指导教师检查作业结果。

序号	检查项目	处理结果				
		优秀	良好	一般	差	较差
1	汽车配件保管卡的管理					
2	货垛标量方法					
3	配件的维护方法					
4	配件的防锈工艺					
5	配件的清洗方法					

六、评价反馈

请根据自己在本次任务中的实际表现进行评价。

序 号	评 分 标 准	评分分值	得 分
1	明确工作任务,理解任务在企业工作中的重要程度	15	
2	掌握工作相关知识	15	
3	能够运用合理的储存方式对特殊配件进行存放	20	
4	能够运用汽车配件货垛标量的3种常见方法	15	
5	能够完成对库存汽车配件进行准确计算、按期清点和核实数量等一系列的工作	20	
6	能够预防配件储存中常见的生锈、破损、老化变形、失效等质量问题	15	
	合计		

实训工单三　汽车配件的库存成本核算与养护制度

学院		专业	
姓名		学号	

一、接受工作任务

经过长时间的工作，小刘通过自己对库管工作的熟练掌握，提高了库管的工作效率，还协同团队完成了汽车配件成本核算与养护的工作，充分发挥仓库的使用效能，节约了库存费用。

二、信息收集

1) 库存成本的核算有_____和_____。

2) 库存成本的内容主要有哪些？
_____
_____

3) 库存费用的考核方法有_____、_____和_____。

4) 费用率是在一定时期内的_____占_____的平均百分比。

5) 测算业务量就是通过_____、_____和_____等方法核定出各项业务量，作为成本核算的依据。

三、制订计划

按照发挥仓库的使用效能，节约库存成本的思路，制订工作计划。

1. 工作计划
_____
_____
_____

2. 小组人员分工
_____
_____
_____

四、计划实施

1) 仓储管理员除完成日常库管员工作外，还需了解库存成本核算的内容，能够进行库存成本的核算工作；利用节约库存费用的方法，尽量降低库存成本。

① 请说明库存费用的考核方法，完成表3-4。

表 3-4 库存费用的考核方法

考核指标	含　义	计算公式
费用额		
费用率		
费用率升降程度		
费用率升降速度		

② 库存费用的管理原则是什么？

③ 采取什么措施，可以节约库存费用？

2）在掌握不同材质汽车配件的养护方法后，库房管理员要定期或不定期地对其进行保养和维护工作。

① 制订汽车配件养护作业制度的原则是什么？

② 需要排队检查的汽车配件情况有几种？

五、质量检查

请实训指导教师检查作业结果。

序号	检查项目	处理结果				
		优秀	良好	一般	差	较差
1	库存费用的考核方法					
2	库存费用的管理原则					
3	节约库存费用					
4	配件养护工作					
5	配件排队检查					

六、评价反馈

请根据自己在本次任务中的实际表现进行评价。

序 号	评 分 标 准	评分分值	得 分
1	明确工作任务,理解任务在企业工作中的重要程度	15	
2	掌握工作相关知识	15	
3	能够进行库存成本的核算,说明库存费用的考核方法	20	
4	能认真执行汽车配件在库检查	25	
5	能够熟知汽车配件养护制度	25	
合计			

项目四 汽车配件市场调研

实训工单一 调研、分析汽车配件市场信息

学院		专业	
姓名		学号	

一、接受工作任务

配件销售员能够通过现有的客户资源，运用电话调研法和面谈调研法进行配件使用满意度市场调研，并进行信息收集。

二、信息收集

1. 填空题

1）市场调研方法包括_____、_____和_____。

2）观察法主要有_____、_____和_____。

3）询问法主要分为_____、_____、_____和_____四种。

4）面谈调研法可采用_____和_____两种形式。

5）实验法主要有_____和_____两种。

6）凡是满足相同客户_____或_____丁同一客户群的公司也互为_____。

2. 简答题

1）收集市场信息的调研方法有哪些。

2）电话调研法和面谈法都适用的调研情况。

三、制订计划

按照市场调研规范,制订工作计划。

1. 工作计划

_____
_____

2. 小组人员分工

_____
_____

四、计划实施

1. 选择调研方法

配件销售员小李要进行配件质量满意度信息的收集,首先需要进行客户筛选,确定调研对象和人数。

① 以哪些条件作为筛选客户的依据?

_____
_____

② 根据哪些条件确定样本量?

_____
_____

2. 运用电话调研法进行配件使用情况信息收集

配件销售员小李需要进行关于配件质量满意度信息的收集,配件主要包括机油、防冻液、制动片、灯泡等常用件。小李首先联系了客户李明。请设计出销售员小李通过电话调研法收集信息的话术,完成下表。

表　电话调研话术及注意事项

序号	调研内容	话　术
1	客户对目前使用的配件前照灯灯泡是否满意	
2	使用中主要存在的问题(包括价格、使用寿命、竞品品牌等)	
3	客户的期望(从价格、使用寿命、竞品品牌等方面)	

3. 分析配件销售员小李进行面谈法收集信息应具备的技巧

1) 访问前应做好哪些准备?

① 心理上的准备。

_____

② 物品文件的准备。

2) 发问的技巧。
发问封闭式问题、开放式问题的技巧。

4. 请你对调研结果进行简单的分析并撰写调研报告（可另附纸张）

5. 简单估算汽车配件需求量
据统计某地区轿车每年平均 100 辆中，就有 35 辆需要更换汽车前照灯灯泡，去年该地区车辆保有量为 271 万辆，请预测该地区汽车前照灯灯泡年需求量？

6. 根据调研结果，请进行简单的客户价值分析

五、质量检查

请实训指导教师检查作业结果。

序号	检查项目	处理结果			
		优秀	良好	一般	差	较差
1	调研方法的选择					
2	信息的收集与分类					
3	调研报告的完整性					
4	汽车配件需求量的预测					
5	客户价值分析					

六、评价反馈

请根据自己在本次任务中的实际表现进行评价。

序　号	评 分 标 准	评分分值	得　　分
1	明确工作任务,理解任务在企业工作中的重要程度	5	
2	掌握工作相关知识	5	
3	能够选择合适的客户进行调研	15	
4	能够运用专业的电话调研话术	15	
5	能够做好面谈工作	20	
6	能够对未来市场需求趋势进分析和预测	20	
7	能够将搜集到的信息分析和整理,撰写市场调研报告	20	
合计			

实训工单二　分析现有资源数据并完成营销计划

学院		专业	
姓名		学号	

一、接受工作任务

销售员能够根据现有配件相关信息对资料进行整理，并撰写市场调研报告和预测报告。

二、信息收集

1. 填空题

1）定性预测法包括_____、_____、_____和_____。

2）市场调研报告一般是由题目_____、_____、_____、_____、_____和建议、附件等组成。

3）对企业竞争策略进行综合归纳，可分为三种基本类型，分别是_____、_____和_____。

4）专家征询法主要采用_____或_____形式，以匿名方式通过几轮函询，征求专家的意见。

5）经验估计法具体包括_____法和_____法。

6）汽车配件消费需求调研主要是为了了解配件消费_____、_____和_____。

2. 简答题

1）影响汽车配件需求量的因素有哪些。

_____
_____
_____

2）定性预测法预测汽车配件需求量的方法有哪些。

_____
_____
_____

3）竞争者的营销目标有哪些。

_____
_____
_____

4）竞争者的营销策略有哪些。
_____
_____
_____

三、制订计划

按照市场调研报告内容和规范，制订撰写工作计划。

1. 工作计划
_____
_____
_____

2. 小组人员分工
_____
_____
_____

四、计划实施

1. 分析市场调研的调研方法包括哪些内容。

启明汽车配件店为对×××市汽车用户配件质量情况调研，随机抽样的方法，选取了300位本店新老客户，分别采用电话调研和面谈法进行调研，共收回有效问卷200份。请根据所给背景，尝试写出调研报告的调研方法说明部分。
_____
_____

2. 审查、整理收集到的资料。请思考下列内容，完成下表。

序号	内容	目的
1	统计回收的调研表份数	
2	统计回收的调研表填答项目是否完整的份数	
3	统计回收的调研表填答项目存在错误的份数	
4	统计回收调研表的访问时间	
5	抽样复检调研表的内容的份数	

3. 撰写市场调研报告标题和目录

启明汽配公司通过网站进行部分产品销售，销售员小王进行了网络配件销售情况调研，主要了解配件每月网上销量情况。

1）请为该调研报告设计出标题。
_____
_____

2）请设计出该调研报告的目录。

3）正文部分三方面的内容包括哪些？基本要求是什么？

4）结尾的基本要求是什么？

5）附录的主要内容有哪些？

4. 简述 SWOT 分析法的技巧

5. 分析市场调研资料陈示的方法
1）消费者购买配件时最关心的内容，请用圆面图进行表示。
质量：60%，价格：15%，服务：18%，促销：4%，其他：3%

2）请用动态条形图表示，2018 年下半年配件店某品牌机油销售量。
七月份销量 300 桶，八月份 345 桶，九月份 450 桶，十月份 615 桶，十一月份 690 桶，十二月份 630 桶。

五、质量检查

请实训指导教师检查作业结果。

序号	检查项目	处理结果				
		优秀	良好	一般	差	较差
1	基本知识的掌握情况					
2	市场调研表的制订					
3	撰写调研报告的标题及目录					
4	调研报告的数据分析					
5	竞争者分析情况					

六、评价反馈

请根据自己在本次任务中的实际表现进行评价。

序 号	评分标准	评分分值	得 分
1	明确工作任务,理解任务在企业工作中的重要程度	5	
2	市场调研表的制订	5	
3	根据经营决策的需要进行市场调研	15	
4	能够完成市场调研报告和预测报告的撰写	15	
5	能够分析影响配件需求量的因素	20	
6	能够对某地汽车配件需求量进行准确预测	20	
7	能够为选择合适的竞争策略和竞争手段提供依据	20	
	合计		

项目四　汽车配件市场调研

实训工单三　制订调研方案与管理

学院		专业	
姓名		学号	

一、接受工作任务

调研员能够根据要调研的主要目标设计市场调研问卷，并根据完成的配件市场调研报告完成市场预测报告的撰写。

二、信息收集

1. 填空题

1）移动平均法可分为_____、_____和_____三种形式。

2）定量预测的方法很多，其中主要有_____、_____、_____。

3）市场调研表通常由_____、_____和_____组成。

4）市场调研表的类型包括_____、_____、_____三种形式。

2. 简答题

1）如何确定调研目标。
_____
_____
_____

2）简述开放式问题、封闭式问题和度量性问题三者的区别。
_____
_____
_____

3）简述我国厂家分销渠道有哪些。
_____
_____
_____

三、制订计划

按照市场调研规范，制订工作计划。

1. 工作计划
_____
_____

2. 小组人员分工

四、计划实施

1. 查阅资料，分析如何进行市场调研问卷的设计

启明汽车配件公司要进行×××市配件市场需求调研，销售员王军负责主要的调研工作，根据公司的要求，小王需要先设计出市场调研问卷。

1）设计出问卷表头部分。

2）设计出问卷表脚部分。

3）请设计出以下内容的封闭式问题及答案。

①受访者的性别；②受访者的年龄；③购买汽车的时间；④是否买汽车精品；⑤什么条件下买；⑥如何了解得汽车精品；⑦喜欢哪些精品；⑧能接受的精品价格范围；⑨购买地点；⑩购买原因；⑪是否网上购买；⑫不购买原因；⑬选择哪些网站购买；⑭网上购买种类；⑮是否加大购买精品投入。

4）请设计出以下内容的开放式问题：

①对汽车精品的要求；②买车时最看重方面；③确定自己购车品牌考虑的方面；④国产汽车的看法；⑤购车之后最关心的方面。

2. 查阅资料，分析如何进行定量预测

启明汽车配件公司对配件市场需求调研结束后，要预测2019年下半年配件的市场需求情况。销售员小李根据领导的要求，要完成配件需求预测报告。

① 某配件的前6个月的销量分别是123，120，110，98，109，120。根据所给数据，请运用算数平均法预测第七个月的销量。

② 根据所给数据，请运用一次移动平均法进行定量预测。分别对 $K=5$ 和 $K=7$ 时预测 11 月份的销售额，完成下表。

月份	实际销售额	五期移动平均数（$K=5$）	七期移动平均数（$K=7$）	月份	实际销售额	五期移动平均数（$K=5$）	七期移动平均数（$K=7$）
1	80			7	98		
2	79			8	86		
3	81			9	75		
4	65			10	101		
5	85			11			
6	82						

五、质量检查

请实训指导教师检查作业结果。

序号	检查项目	处理结果				
		优秀	良好	一般	差	较差
1	设计调研表项目					
2	开放问题的设计					
3	封闭问题的设计					
4	销量的预测					
5	基础知识的掌握					

六、评价反馈

请根据自己在本次任务中的实际表现进行评价。

序号	评分标准	评分分值	得分
1	明确工作任务，理解任务在企业工作中的重要程度	5	
2	掌握工作相关知识	5	
3	能够设计调研表项目	15	
4	能够根据经营决策的需要进行市场调研	15	
5	能够完成市场调研报告和预测报告的撰写	20	
6	能够为企业选择合适的竞争策略和竞争手段提供依据	20	
7	能够通过分析影响配件需求量的因素，对某地汽车配件需求量进行准确预测	20	
合计			

项目五 汽车配件的销售

实训工单一　日常汽车配件销售业务

学院		专业	
姓名		学号	

一、接受工作任务

客户王先生在信达汽配商店购买了奔驰 S 级四门轿车的两种配件，分别是机油泵和机油滤清器，其中机油泵 1 套，机油滤清器 2 个。要求销售员小李完成对客服王先生的配件交付工作。

二、信息收集

1. 填空题

1）市场上常见的配件（汽车用品如油料、辅料不在其列）一般有以下来源：正厂汽车配件、配套厂外销汽车配件_____、_____、_____和_____。

2）销售员在售货过程中的咨询服务内容包括：向消费者提供有关的市场信息、介绍商品的使用及保养方法_____、_____、_____。

3）柜组核算的内容，常采用"售价金额核算、实物负责制"的核算方法，柜组核算的经济指标主要有_____、_____、_____、_____、_____、_____、_____等。

4）汽车配件零售商场的客户投诉五花八门，按投诉的内容可分为：对商品的投诉、对商场服务的投诉、_____、_____、_____。

2. 简答题

1）如何接待客户，应该注重哪些社交礼仪？
_____
_____
_____

2）消费者购买需求如何分类，购买心理过程分为哪几个阶段？

3）柜组的分工方式与各方式的优缺点有哪些？

4）如何挖掘潜在客户？

三、制订计划

按照汽车配件的交付规范，制订工作计划。

1. 工作计划

2. 小组人员分工

3. 注意事项
① 提货单、发票等准备完备。
② 注意配件交付过程的步骤。

四、计划实施

1. 配件产品介绍

客户王先生来到店里想购买奔驰S级四门轿车的两种配件，分别是机油泵和机油滤清器，销售员小李接待了王先生，准备进行配件介绍工作。请设计出小李和王先生沟通的完整话术，完成表5-1。

表5-1 配件介绍话术及注意事项

客户期望	介绍话术	注意事项
1. 店里有奔驰S级四门轿车用的机油泵和机油滤清器		
2. 王先生希望产品性价比高		
3. 王先生希望产品有比较好的售后服务		

2. 配件产品交付

经过销售员小李的介绍，王先生对其介绍的产品很满意，决定购买，小李该如何向客户进行产品交付。

1）填写提货单。

提 货 单

购货单位：　　　　　　　运输方式：
收货地址：　　　　　　20　年　月　日　　　编号：

配件编号	配件品名	规格	等级	单位	数量	单价	金额	备 注
合计								

销售部门负责人（盖章）：　　　发货人：　　　提货：　　　制票：

2）交货流程及注意事项。

3）填写发票。

五、质量检查

请实训指导教师检查作业结果。

序号	检查项目	处理结果				
		优秀	良好	一般	差	较差
1	客户接待					
2	社交礼仪					
3	产品介绍					
4	产品交付					
5	发票填写					

六、评价反馈

请根据自己在本次任务中的实际表现进行评价。

序号	评分标准	评分分值	得分
1	明确工作任务，理解任务在企业工作中的重要程度	5	
2	基本的计算机基础	5	
3	掌握工作相关知识	15	
4	对客户进行简单接待	15	
5	基本的产品介绍	20	
6	配件交付流程	20	
7	配件货款结算	20	
	合计		

实训工单二　汽车配件销售业务中的问题处理

学院		专业	
姓名		学号	

一、接受工作任务

　　有两位客户代表单位来店看件，销售员通过与客户沟通和对其观察，能判断其类型，并且能够为客户进行同类汽车配件的比较。

二、信息收集

1. 填空题

1）一个单位参与采购和影响采购决策的人员形成的组织，可以称为_____。

2）对某一零部件而言，它们当中的任何一个在装配时都可以互相调换，而不需补充加工和修配，就能达到所要求的质量，满足使用要求。零部件所具有的这种性质，称为_____。

2. 简答题

1）简述汽车主要配件通用互换时的注意事项。
_____
_____
_____

2）克服谈判障碍的方法。
_____
_____
_____

三、制订计划

　　按照汽车配件的销售交付规范，制订工作计划。

1. 工作计划
_____
_____

2. 小组人员分工
_____
_____
_____

四、计划实施

1) 了解奥迪 Q5 电动后视镜不同厂家的价格、质量以及售后服务（表 5-2）。

表 5-2　3 个厂家配件信息

序号	厂　家	价　格	质　量	售后服务
1				
2				
3				

2) 对于生产市场的购买者应该了解哪些情况？

_____
_____
_____

3) 分析如何判断客户关键人员类型。

客户李先生和马先生来到信达配件商店购买奥迪 Q5 电动后视镜，销售员小李接待了他们，准备发现客户关键人员。

请设计出小李和两位客户沟通的完整话术，从而判断两位客户的类型，完成表 5-3。

表 5-3　问诊话术及注意事项

客户行为	沟通话术	客户关键人员类型
1. 李先生来店后沉默不语，而马先生不断询问配件价格		
2. 李先生对小李提供的配件仔细观察并和马先生进行交流。马先生对李先生的建议频频点头		
3. 马先生提出选购量大，要求再优惠价格		

4) 如何向客户进行同类汽车配件的对比介绍？

查阅资料，并对奥迪 Q5 电动后视镜的同类配件进行对比介绍。

① 价格：

_____
_____
_____

② 质量：

_____
_____
_____

③售后服务：

_____
_____
_____

5）利用配件手册查询奥迪 A6 四门轿车驻车制动助力泵的通用互换情况。

_____
_____
_____

6）在汽车配件交付过程中，应注意哪些事项。

_____
_____
_____

五、质量检查

请实训指导教师检查作业结果。

序号	检查项目	处理结果				
		优秀	良好	一般	差	较差
1	发现客户的关键人员类型					
2	配件的通用互换性原则					
3	对比介绍同类汽车配件					
4	克服谈判障碍					
5	汽车配件交付					

六、评价反馈

请根据自己在本次任务中的实际表现进行评价。

序　号	评分标准	评分分值	得　分
1	明确工作任务，理解任务在企业工作中的重要程度	5	
2	掌握工作相关知识	5	
3	发现客户的关键人员类型	15	
4	掌握配件的通用互换性原则	15	
5	对比介绍同类汽车配件	20	
6	克服谈判障碍	20	
7	汽车配件交付	20	
	合计		

实训工单三　汽车配件销售业务开拓

学院		专业	
姓名		学号	

一、接受工作任务

客户到配件商店购件，根据客户及配件的情况，销售员选择合理的推荐销售模式，完成配件销售。

二、信息收集

1. 填空题

1）_____是根据销售活动的特点以及对消费者购买行为各阶段的心理演变应采取的策略，总结出一套程序化的标准销售形式。

2）埃达模式中唤起消费者兴趣的示范类方法有_____、_____、_____、道具示范法和示范参与法。

3）迪伯达模式中把客户的需求及愿望与所销售的汽车配件结合起来，从"结合"的内容上看有汽车配件整体概念的结合法_____、_____和_____。

4）_____多适用于向熟悉的中间商销售，或向主动上门购买的客户销售。

2. 简答题

1）收集销售信息的渠道有哪些。
_____
_____
_____

2）国内外常用的销售模式有哪些。
_____
_____
_____

三、制订计划

按照汽车配件销售业务开拓知识，制订工作计划。

1. 工作计划
_____
_____

2. 小组人员分工
_____
_____

四、计划实施

1）查阅资料，了解某头枕、空气滤清器、机油、长城 FD-2A 型防冻液的内容，完成下表。

序号	品牌	配件名称	规格	价格	竞品
1		头枕			
2		空气滤清器			
3		机油			
4		防冻液			

2）利用费比模式进行长城 FD-2A 型防冻液的销售。

客户马先生来到顶达配件商店购买防冻液，销售员小李向他推荐了长城 FD-2A 型防冻液。思考前期准备资料，并设计出小李向马先生进行产品销售的程序和沟通话术，同时完成下表。

① 需要准备哪些关于防冻液的资料？
_____
_____
_____
_____

② 销售。

客户期望	销售程序	沟通话术
1. 马先生想买三桶防冻液，希望产品质优价廉，价格控制在百元内		
2. 马先生觉得小李推荐的产品价格贵。就同品牌而言，该产品比长城 FD-1 型防冻液还贵 10 多元		
3. 马先生觉得小李推荐的产品物有所值，产生强烈购买欲望		

3）如何灵活运用谈判技巧？

客户马先生虽然对小李推荐的产品很满意，但是觉得小李的报价有点高，双方就价格问题难以达成协议。
_____
_____
_____

五、质量检查

请实训指导教师检查作业结果。

序号	检查项目	处理结果				
		优秀	良好	一般	差	较差
1	通过多种信息途径发现潜在客户					
2	根据客户类型，进行不同模式的产品销售					
3	不同类型的客户，制订合适的谈判方案					
4	选择合适的谈判策略，完成汽车配件销售					
5	灵活运用销售技巧					

六、评价反馈

请根据自己在本次任务中的实际表现进行评价。

序号	评分标准	评分分值	得分
1	明确工作任务，理解任务在企业工作中的重要程度	5	
2	掌握工作相关知识	5	
3	通过多种信息途径发现潜在客户	15	
4	根据客户类型，进行不同模式的产品销售	15	
5	不同类型的客户，制订合适的谈判方案	20	
6	选择合适的谈判策略，完成汽车配件销售	20	
7	灵活运用销售技巧	20	
	合计		

项目六 汽车配件的营销

实训工单一 普通配件柜陈列与销售核算

学院		专业	
姓名		学号	

一、接受工作任务

配件商店新到一批配件,销售经理让销售员选一些样品在店内做陈列,并对当天的销售情况进行统计核算,提交经理审核。

二、信息收集

1. 填空题

1)_____是零售商店普遍采用的形式之一,它是在货架上面陈列商品。

2)_____是一种综合性的陈列形式,是商业广告的一种主要形式。

3)_____是汽车配件销售企业在一定时期内,组织商品流转的主要指标,反映其主要经营成果,也是评价其他经营成果的基础指标。

4)汽车配件销售企业为了取得本期的销售收入或营业收入所发生的有关费用,就是_____。

2. 简答题

1)商品流通包括哪几类。

2)汽车配件的陈列应该满足哪些要求。

3)汽车配件的陈列方法及注意事项有哪些。

4）汽车配件的核算包括哪些。

三、制订计划

按照汽车配件陈列的规范，制订工作计划。

1. 工作计划

2. 小组人员分工

四、计划实施

1）查阅资料，了解不同的配件陈列方法都适用于哪些类型的配件？

① 橱窗陈列：

② 柜台、货架陈列：

③ 架顶陈列：

④ 壁挂陈列：

⑤ 平地陈列：

⑥ 查阅资料，分析如何进行合理的配件陈列。

平信配件商店新到一批配件，有喷油泵总成、壳牌机油、火花塞、轮辋、风帆蓄电池，销售经理让销售员小李选取上述配件的样品在店内进行陈列，小李准备进行配件陈列工作。小李根据配件种类选择配件陈列方式，完成下表。

配 件	陈 列 方 式	注 意 事 项
1. 喷油泵总成		
2. 壳牌机油		
3. 轮辋		
4. 火花塞		
5. 风帆蓄电池		

2）如何进行配件销售统计？

① 配件销售额。到月末了，销售经理让销售员小张对今天的配件销售情况做一下统计，根据上述资料计算出今日的累计配件销售额。

项目	增加金额/元			减少金额/元		
	外购进货	内部进货	代销进货	零售销货	批发销货	扣率损失
昨日累计	48000.00	2200.00		45000.00	6500.00	
本日发生	1500.00	1360.00		8000.00	2100.00	

② 配件销售费用。经销售经理统计，本月销售员工资为 10000 元，用于产品促销的广告费为 2000 元，货物运输费为 5000 元，假定再无其他费用发生的情况下，计算出本月的配件销售费用。

五、质量检查

请实训指导教师检查作业结果。

序号	检查项目	处理结果				
		优秀	良好	一般	差	较差
1	汽车配件宣传的准备工作					
2	据实际情况完成普通配件柜的商品陈列					

（续）

序号	检查项目	处理结果				
		优秀	良好	一般	差	较差
3	根据实际情况做好汽车配件财务核算					
4	掌握差错率的计算公式，能够核算差错率					
5	汽车配件销售企业的利润如何构成					

六、评价反馈

请根据自己在本次任务中的实际表现进行评价。

序　号	评分标准	评分分值	得　分
1	明确工作任务，理解任务在企业工作中的重要程度	5	
2	掌握工作相关知识	5	
3	汽车配件宣传的准备工作	15	
4	据实际情况完成普通配件柜的商品陈列	15	
5	根据实际情况做好汽车配件财务核算	20	
6	掌握差错率的计算公式，能够核算差错率	20	
7	掌握汽车配件销售企业的利润如何构成	20	
	合计		

实训工单二　店面宣传与订立经济合同

学院		专业	
姓名		学号	

一、接受工作任务

销售经理让销售员根据店内情况制订一个提升轮胎销售份额的区域促销方案。

二、信息收集

1. 填空题

1）_____就是营销者向消费者传递有关本企业及产品的各种信息，说服或吸引消费者购买其产品，以达到扩大销售量的目的。

2）促销组合可以分为_____、_____、_____和_____四种。

3）_____是指企业运用各种短期诱因，鼓励购买或销售企业产品或服务的促销活动。

2. 简答题

1）简述汽车配件陈列的原则。
_____
_____
_____

2）简述汽车配件广告媒体的选择依据有哪些。
_____
_____
_____

3）签订经济合同时应注意的问题有哪些。
_____
_____
_____
_____

三、制订计划

按照汽车配件陈列的规范，制订工作计划。

1. 工作计划
_____
_____

2. 小组人员分工

_____
_____
_____

四、计划实施

1）上网查阅资料，了解尽可能多的轮胎品牌和性能。

① 常见的几种轮胎品牌有哪些？（列出五个即可）

_____
_____

② 上述品牌轮胎都有哪些规格？对应的价格都是多少？（每个品牌 2～3 种规格即可）。

序号	品牌	规　　格	价格
1			
2			
3			
4			
5			

2）汽车配件的促销方法都有哪些？

_____
_____
_____

3）如何制订区域促销方案。

临近国庆十一黄金周，有许多人准备自驾游，正好是轮胎销售旺季。张平是安达轮胎专卖店的销售经理，为了借此机会提升该店的轮胎销量，他让销售员小马制订一个切实可行的促销方案。由于店内资金有限，所以只能要求促销的总预算控制在 5000 元以内。

① 确定销售促进目标：

_____
_____

② 促销对象：

_____
_____

③ 活动内容：

_____
_____

4）场地布置。
① 店内布置：

② 店外布置：

5）宣传活动。

6）人员分工。

7）促销方案预算。

五、质量检查

请实训指导教师检查作业结果。

序号	检查项目	处理结果				
		优秀	良好	一般	差	较差
1	能够完成汽车配件营业场地布置及汽车配件陈列					
2	能够正确地选择广告媒体，完成汽车配件广告宣传					
3	说明汽车配件促销的方式					
4	解释促销组合策略的含义					
5	制订促销方案的方法					

六、评价反馈

请根据自己在本次任务中的实际表现进行评价。

序 号	评 分 标 准	评分分值	得 分
1	明确工作任务,理解任务在企业工作中的重要程度	5	
2	掌握工作相关知识	5	
3	能够完成汽车配件营业场地布置及汽车配件陈列	15	
4	能够正确地选择广告媒体,完成汽车配件广告宣传	15	
5	说明汽车配件促销的方式	20	
6	解释促销组合策略的含义	20	
7	制订促销方案的方法	20	
合计			

实训工单三　订立配件展会合同与资金管理

学院		专业	
姓名		学号	

一、接受工作任务

某大众汽车修理厂的采购员到某配件商店购买速腾的水泵和氧传感器,双方签订了购销合同文本。由于未能及时交货,双方出现纠纷,寻找解决途径。

二、信息收集

1. 填空题

1) ＿＿＿＿＿＿是当事人双方通过口头或电话等方式而确定的相互权利义务关系的协议。

2) ＿＿＿＿＿＿是合同中权利义务关系所指的对象,在汽车配件购销合同中,主要指汽车配件的品名、品牌、规格、型号。

3) 合同纠纷的＿＿＿＿＿＿是指合同当事人在履行合同过程中,对所产生的合同纠纷,互相主动接触,充分协商,取得一致意见,从而正确解决合同纠纷的一种方法。

4) ＿＿＿＿＿＿并不是法定解决合同纠纷的必然程序,它是在合同双方当事人自愿的基础上进行的。

5) 合同仲裁机关是＿＿＿＿＿＿和＿＿＿＿＿＿。

2. 简答题

1) 简述订立合同应遵循的原则。

2) 简述仲裁的程序。

3) 在采用仲裁或诉讼解决合同纠纷时,应注意哪些问题。

三、制订计划

按照汽车配件陈列的规范,制订工作计划。

1. 工作计划

_____

_____

2. 小组人员分工

_____

_____

四、计划实施

1）上网查阅资料，了解尽可能多的关于速腾水泵和氧传感器的内容。

序号	配件名称	规 格 型 号	价格/元
1	水泵		
2	氧传感器		

2）处理经济合同纠纷的方法有哪些？

_____

_____

_____

3）查阅资料，分析如何进行车辆问诊和预检。

　　吉林维达大众汽车修理厂在明宇汽车配件销售公司处购买了速腾的水泵 20 套、氧传感器 10 个。交货地点在吉林维达大众汽车修理厂，地址为长春市南关区××××××。联系人：×××，联系电话：0431-×××××××。采取汽运方式，其运输费用由卖方承担。交货时间为 2015 年 4 月 10 日，交货当日由买方向卖方支付全部合同金额。产品质量标准按国家质量标准和买受人要求的条件执行。自产品交货后二日内，产品质量有问题的，需在二日内向卖方提出书面异议，并出具有关技术部门的检测报告。产品规格型号及数量有异议的，需在产品运达后一日内向卖方提出书面报告。

　　请根据上述情况设计一份汽车配件购销合同。该合同自双方签字盖章时生效，如出现违约，由违约方赔偿另一方的全部经济损失，并在明确责任后十日内支付给对方。

_____

_____

_____

_____

_____

_____

_____

_____

4）如何解决和处理合同履行中出现的纠纷？

　　吉林维达大众汽车修理厂与明宇汽车配件销售公司签订合同后，由于明宇汽配公司经营管理出现了问题，未能按合同约定时间交付货物。吉林维达大众汽车修理厂根据合同，要求明宇汽配公司支付违约金，但被拒绝，双方发生争议，该如何解决？

五、质量检查

请实训指导教师检查作业结果。

序号	检查项目	处理结果				
		优秀	良好	一般	差	较差
1	能够组织小规模的汽车配件展会，进行汽车配件宣传					
2	能够订立汽车配件购销合同					
3	能够根据实际情况解决和处理合同履行中出现的纠纷					
4	说明汽配购销合同包含的内容					
5	复述合同双方出现纠纷解决的方式					

六、评价反馈

请根据自己在本次任务中的实际表现进行评价。

序号	评分标准	评分分值	得分
1	明确工作任务，理解任务在企业工作中的重要程度	5	
2	掌握工作相关知识	5	
3	能够组织小规模的汽车配件展会，进行汽车配件宣传	15	
4	能够订立汽车配件购销合同	15	
5	能够根据实际情况解决和处理合同履行中出现的纠纷	20	
6	说明汽配购销合同包含的内容	20	
7	复述合同双方出现纠纷解决的方式	20	
	合计		

项目七

汽车配件售后服务与客户关系维系

实训工单一　客户建立与索赔

学院		专业	
姓名		学号	

一、接受工作任务

为了提高客户满意度与忠诚度，扩大市场占有率，销售部经理为汽车配件销售员小王布置了一个任务：为最近三个月内来店消费的客户建立档案，并做好一般性售后跟踪回访。小王在对客户回访过程中有客户提出售出的汽车配件存在质量问题，要求退、换、修，小王在了解汽车配件质量保修索赔申报程序及可以申请质量保修的索赔项目后，协助索赔员受理客户质量索赔，并帮助客户完成索赔。

二、信息收集

1）建立客户档案后，可将客户分为_____、_____、_____三类。

2）对于上述三类不同类别的客户，相应采取何种经营策略？

_____

_____

3）客户档案的主要内容包括_____、_____、_____、_____、和_____、_____、_____等。

4）维系客户与客户保持联系时遵循什么原则？

_____

5）名词解释：

消耗件	
易耗件	

（续）

保安件	
肇事件	
标准件	
基础件	

6）汽车配件的消耗规律是什么？

7）需要申请的质量保修索赔项目有哪些？

三、制订计划

按照售后服务规范，制订工作计划。

1. 工作计划

2. 小组人员分工

四、计划实施

1）建立客户档案并进行客户分类。

① 2019 年 1 月 AAA 汽车售后服务维修站在某汽车配件经销商处，购进一批汽车防冻液和玻璃水。对于新客户，请建立一份客户档案。

制表日期：_____年___月___日　　　　　　　制表人：

消费者信息	消费者姓名		年龄		性别		职业	
	电话							
	手机				电子邮件			
	部门				传真			
	公司名称				信用状况			
	公司法人				银行账号			
	公司经营范围							
	与我公司建立关系日期		年	月	其他联系人			
	详细地址				电话			
					邮编			

(续)

交易记录	第一次	年 月 日		交货日期	年 月 日	
	货物名称					
	总货款			付款日期	年 月 日	
	第二次	年 月 日		交货日期	年 月 日	
	货物名称					
	总货款			付款日期	年 月 日	
	第三次	年 月 日		交货日期	年 月 日	
	货物名称					
	总货款			付款日期	年 月 日	
联系记录	第一次：	年 月 日		对方联系人		
	沟通内容及处理意见					
	第二次：	年 月 日		对方联系人		
	沟通内容及处理意见					
	第三次：	年 月 日		对方联系人		
	沟通内容及处理意见					

② 之后，AAA 汽车售后服务维修站为扩大与汽车配件经销商的合作，指定其为部分配件的供应商进行常年合作。

a. AAA 汽车售后服务维修站属于哪类客户？为什么？

b. 对于 AAA 汽车售后服务维修站可以采用什么样的经营策略进行客户维系？

2）在一次空调配件供货结束后配件销售员小王定期对 AAA 汽车售后服务维修站年进行常规回访，设计出小王进行回访的完整话术，并完成客户回访登记表。

客户回访话术

	回访话术	注意事项
电话刚接通时		
具体回访内容		
通话结束时		

客户回访表

客户名称		电话：	
地址			
回访日期	年　月　日	时间	午　时　分
别种配件品质		客户对本公司配件和别种配件的比较	
同业销售政策动向及市场情况		对本公司配件的希望及意见：	
推销及其他活动情况		备注：	

五、质量检查

请实训指导教师检查作业结果。

序号	检查项目	处理结果				
		优秀	良好	一般	差	较差
1	客户档案建立					
2	客户分类					
3	客户跟踪回访					

六、评价反馈

请根据自己在本次任务中的实际表现进行评价。

序　号	评分标准	评分分值	得　分
1	明确工作任务，理解任务在企业工作中的重要程度	10	
2	掌握工作相关知识	10	
3	能够对客户进行正确分类	25	
4	能够对客户进行跟踪回访	25	
5	能够协助索赔员受理客户的索赔申请，填写索赔申请单	30	
	合计		

实训工单二　客户关系维系与简单售后问题处理

学院		专业	
姓名		学号	

一、接受工作任务

　　经过一段时间的工作，小王已经可以独立进行常规售后服务回访。某次，小王接到一个客户打来电话抱怨汽车配件质量有问题，小王安抚客户情绪后，根据自己对汽车配件保修期限、条件、原则、范围等相关知识的了解，鉴定客户的汽车配件质量问题属于赔偿范围，于是他按照公司汽车配件保修流程，协助客户完成汽车配件保修索赔工作，之后他将此情况记录在《客户情况反馈表》中。

二、信息收集

　　1）从零部件开始投入使用到损坏，整个寿命期可以分为_____或_____和_____。

　　2）配件保修费用包括_____、_____、_____。

　　3）整车保修索赔期为从车辆开具购车发票之日起的_____个月内，或车辆行驶累计里程_____ km 内。在整车保修索赔期内，特殊零部件依照_____的规定执行。

　　4）保修服务工作必须由汽车制造厂设在各地的_____实施。质量索赔属于_____范畴。在配件售出后，客户因产品质量问题或其他原因要求_____或_____就是索赔。

　　5）索赔流程一般是接受客户索赔、_____、_____、_____以及办理索赔。

　　6）配件保修索赔范围包括哪些内容？
_____
_____

　　7）不属于配件保修索赔范围的条件有哪些？
_____
_____
_____

三、制订计划

　　按照售后服务规范，制订工作计划。

1. 工作计划

2. 小组人员分工

四、计划实施

1）查阅资料，分析如何确定配件是否符合质量索赔范畴？

① 客户李先生于2018年5月份在4S店购买了一辆某品牌的汽车，在2018年7月份时发现电动车窗无法正常升降，于是打电话预约到4S店进行维修。服务顾问接待了李先生，并联系了索赔员小王，准备鉴定一下是否属于索赔范围（附：该品牌整车质保2年或6万km）。

鉴定玻璃升降器是否属于索赔范围的依据有哪些？

② 客户李先生的情况经鉴定属于索赔范围，索赔员小王要在计算机系统中填写索赔申请。请根据案例内容模拟填写下表。

××汽车		质量保修申请表		（盖章）网点名称： 网点编号：	
申请单编号		申请日期	备件保修	备件装车里程	
客户单位				备件装车日期	
销售单位				装车派工单号	
车型	底盘号	行驶里程		购车日期	分类号
申请理由：					
需要更换的总成（零件）			总成（零件）编号		
小计					
鉴定人：			网点审核人：		

2）完成索赔后，索赔员小王将换下的升降器旧件进行处理。请思考索赔件如何进行保管？

_____
_____
_____

五、质量检查

请实训指导教师检查作业结果。

序号	检查项目	处理结果				
		优秀	良好	一般	差	较差
1	索赔申请填写完整					
2	配件质量故障责任判断					
3	索赔旧件处理					

六、评价反馈

请根据自己在本次任务中的实际表现进行评价。

序号	评分标准	评分分值	得分
1	明确工作任务，理解任务在企业工作中的重要程度	10	
2	掌握工作相关知识	10	
3	能够判定汽车配件的使用情况	25	
4	能够鉴定汽车配件质量故障责任	25	
5	能够处理客户索赔保修工作	30	
	合计		

实训工单三　客户数据分析与投诉处理

学院		专业	
姓名		学号	

一、接受工作任务

　　在对客户进行售后服务回访过程中，小王发现很多客户对汽车配件的性能及使用方法不是很了解，于是经理决定要求小王针对老客户组织一次免费售后服务培训，帮助客户了解汽车配件的使用特点、故障原因、失效表现形式等。同时，他还发现很多客户对质量保修存在意见分歧，经常对此进行投诉，小王利用学到了处理客户对汽车配件质量保修意见分歧的方法，处理客户对汽车配件质量索赔的抱怨或投诉，并能够协助客户向供货厂家进行质量索赔。

二、信息收集

　　1）客户培训通常是以_____、_____的教学为主。
　　2）客户组织产品售后培训的工作内容有哪些？
　　_____
　　_____
　　3）客户投诉可分为_____、_____、_____三类。
　　4）客户配件投诉的原因有哪些？
　　_____
　　_____

三、制订计划

　　按照客户投诉处理规范，制订工作计划。
　　1. 工作计划
　　_____
　　_____

　　2. 小组人员分工
　　_____
　　_____

四、计划实施

　　1）配件销售员小王接待了客户李先生，在购买配件过程中，李先生询问相关配件的竞品信息，由于小王业务不熟练，对于李先生的问题均表示不清楚，使李先生不满。面对这种情况，小王应该如何处理？

请设计出小王和李先生沟通的完整话术，填写下表。

情况分类	处理话术	注意事项
① 由小王继续处理		
② 小王决定由其他业务熟练的同事接待李先生		

2）2019年1月初，客户李先生在汽车配件店更换了汽车减振器，之后一周发现新减振器出现漏油情况，李先生联系了配件店，由于临近春节，店内暂时缺货，李先生表示自己可以等待到春节过完进行更换。春节后李先生又联系了配件店，由于计划员没有及时登记，新配件没有到货，李先生需要多等一周的时间。李先生对配件店的服务与产品质量均表示不满，找到经理进行了投诉。

思考：针对李先生的情况，配件店如何处理投诉，请根据投诉处理流程完成。

① 客户投诉的原因分析。

② 与客户沟通过程中的话术。

设计出与客户李先生沟通的话术，完成下表。

处理阶段	处理话术	注意事项
① 客户抱怨事件经过阶段		
② 销售员分析原因阶段		
③ 提出解决方案阶段		

③ 思考：应如何改进服务，避免再出现类似情况。

五、质量检查

请实训指导教师检查作业结果。

序号	检查项目	处理结果				
		优秀	良好	一般	差	较差
1	与客户的沟通					
2	客户投诉处理					
3	服务改进					

六、评价反馈

请根据自己在本次任务中的实际表现进行评价。

序 号	评 分 标 准	评分分值	得 分
1	明确工作任务,理解任务在企业工作中的重要程度	20	
2	掌握工作相关知识	20	
3	能够有效地与客户沟通,向客户宣传、讲解、示范汽车配件相关知识	30	
4	能够处理客户对汽车配件质量索赔的抱怨或投诉	30	
合计			

附　录

汽车配件仓库管理仿真教学系统简介

　　汽车配件仓库管理仿真教学系统是一款融合教学、实践、考核测试的综合型教学软件。软件中以三维仿真为主，融入了配件仓库管理中重难点的视频与动画，通过仿真实操训练，达到学中做、做中学的目的，有效地提高学生对配件仓库管理的实操能力；加强了软件的沉浸性。

一、系统特点

1. 三维场景的使用

　　教学系统整体采用三维漫游等多媒体技术，模拟真实工作情境，着眼库管员岗位要求，让学生分阶段、分步骤掌握汽车配件仓库管理技能。

2. 系统总体设置

　　系统总体设置配件认知、流程模拟、学习资源、考核中心、后台管理五个模块。配件认知模块含有传统汽车和新能源汽车相应的配件，配件数量共计不少于 220 个。系统采用配件三维视图模式，可 360°旋转、缩放、平移等功能来查看汽车配件，有助于学生掌握配件名称、认识配件外观、熟知配件种类及功能。

模块内具有认知练习、配件中心功能,考核学生配件认知情况,具备错题本功能,使得学习重点突出、学习更有针对性。

3. 形式多样的学习资源

在学习资源模块中,动画和视频资源量不少于 34 个,包括汽车配件出库流程、汽车配件采购标准流程、汽车配件出单的使用、汽车配件 VIN 码认识、配件进货方式、汽车配件货位编码认知、汽车配件分类、汽车配件盘点方式、汽车配件仓库中的 5S 管理、配件 ABC 类管理、汽车配件养护作业等。

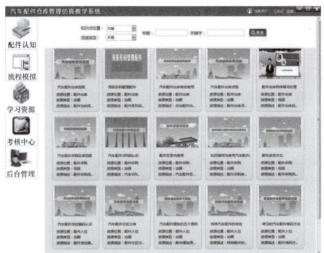

客户可根据资源的类型、标题、关键字等信息进行查询检索,以便快速找到自己所需的资源。

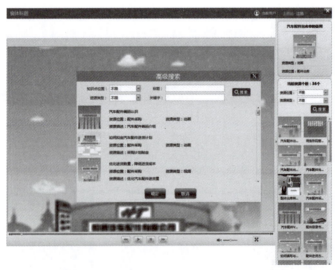

提供 AR 功能,可以通过自制研发的车识堂移动端扫描配件,进行查看配件结构及功用。AR 配件资料量不少于 80 个。

4. 考核中心分为知识考核、实训考核、实操考核三部分

知识考核自带测试题库,支持教师自主组卷、添加试题的功能。学生可查看已参与

过的考试答题详细以及参与正在开考阶段的考试。实训考核中学生可以查看已参与的考试答题详细以及参与正在开考的考试，实训考核采用三维场景实操形式进行，可分环节测验和综合测验两种模式。教师角色用户可以根据系统提供的实训试题来组卷考核学生的掌握情况。

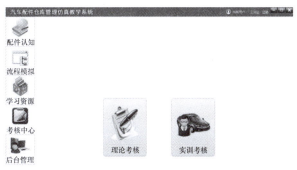

实训考核中教师可以对货架上配件位置进行自由设置，并可在系统内设置货架上摆放配件的正确答案，学生可以使用系统提供的配件名称以及配件标签进行实操演练。教师可以发布试题，提供给学生，进行综合测试。系统能自动统计测试成绩，并可以统计出答题详情。

5. 后台管理模块

后台管理只有教师角色以及管理员角色能使用，主要是供教师、管理员管理系统用户以及试题、考试管理。

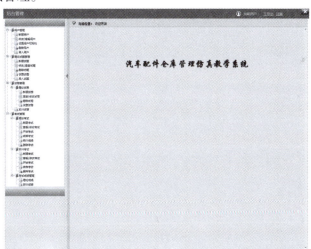

二、系统任务

1. 配件认知

此功能模块可以 720°环视配件三维模型，学习配件相关信息，掌握配件名称，认识配件外观，熟知配件种类及功能。

该模块下主要有配件认知、认知练习、错题本三个分功能模块。

2. 流程模拟

根据汽车配件仓库管理的工作流程，模拟库管员真实工作情境。采用虚拟仿真技术，逐步掌握岗位知识、岗位技能。

模块上显示流程图（配件入位及识别、配件入库、配件出库、配件查询及采购）（见下图），鼠标单击不同流程可进入不同流程的模拟操作。

在以下四个仿真场景中，可以通过按住鼠标左键拖拽进行移动镜头，按住鼠标右键拖拽可以旋转镜头，W 键向前移动，S 键向后移动，A 键向左移动，D 键向右移动，按下左 Shift 键为蹲下。

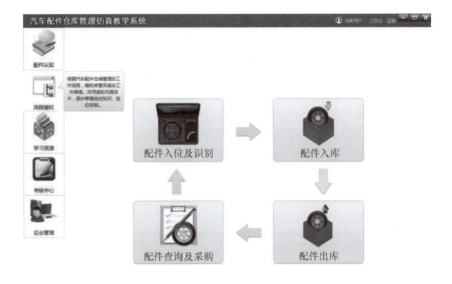